国家社会科学基金教育学一般项目"基于'证据'的混合学
（BCA170076）研究成果

基于证据的
高校课程学业评价

王慧君　张　念◎著

科学出版社

北　京

内 容 简 介

随着高校课程与教学改革的不断深入，课程学业评价问题逐渐进入研究者视线。目前的课程学业评价仍主要沿袭传统学业评价范式，多依据感性的、经验的方法实施评价，未能从根本上实现评价范式转型。针对当前高校课程学业评价中的"软评价"现象，本书以评价三角、发展性评价等理论为基础，借助信息技术、智能技术等技术优势，提出了"基于证据实施学业评价"的理念，并以当前高校主流课程教学形态——混合学习课程为载体，构建了基于证据的高校混合学习课程学业评价模型。为使高校教师理解并有效应用该评价模型，本书的第四章对"基于证据的学业评价"理念、有效的学业评价工具以及具体实施方法等做了较为详细的阐释。

本书适合高校教师学习并有利于指导高校教师的教学实践，也可以作为课程教学论研究生的阅读材料，同时对高等教育教学改革的研究者也有一定参考价值。

图书在版编目（CIP）数据

基于证据的高校课程学业评价 / 王慧君，张念著. —北京：科学出版社，2023.7

ISBN 978-7-03-076037-1

Ⅰ.①基… Ⅱ.①王… ②张… Ⅲ.①高等学校–学业评价–研究 Ⅳ.①G642.475

中国国家版本馆 CIP 数据核字（2023）第 137630 号

责任编辑：崔文燕／责任校对：张亚丹
责任印制：李 彤／封面设计：润一文化

科学出版社 出版

北京东黄城根北街 16 号
邮政编码：100717
http:// www.sciencep.com

北京市金木堂数码科技有限公司印刷
科学出版社发行　各地新华书店经销

*

2023 年 7 月第 一 版　开本：720×1000　1/16
2024 年 8 月第二次印刷　印张：15 1/4
字数：280 000

定价：99.00 元
（如有印装质量问题，我社负责调换）

前言
PREFACE

有效的学业评价对大学生发展具有重要意义，它不仅能够有效促进大学生素质的全面发展，而且是规范和引领大学生成长与发展的风向标。学业评价是否科学、有效，从微观论关乎学生课程学习的公正评价，从宏观论则关乎培养什么人的问题。《国家教育事业发展"十三五"规划》指出，我国教育已进入提高质量、优化结构、促进公平的新阶段。中共中央、国务院印发的《深化新时代教育评价改革总体方案》中明确指出，要充分发挥教育评价的指挥棒作用，引导确立科学的育人目标，确保教育正确发展方向；坚持问题导向，破立并举，推进教育评价关键领域改革取得实质性突破；坚持科学有效评价，改进结果评价，强化过程评价，探索增值评价，健全综合评价，充分利用信息技术，提高教育评价的科学性、专业性、客观性。学业评价是高校教育评价系统的基石，课程学业评价则是构成高校学业评价的最小单元，提倡基于证据的课程学业评价，构建基于证据的课程学业评价体系，既是提高高校学业评价的科学性、有效性以及评价公信力的重要保障，也是提高高校教育评价质量、促进教育教学评价改革向纵深发展的基础和保障。

课程学业评价是对学生学习过程与学习结果的综合评价，其重心在于学习过程的评价。目前，虽然一些高校的多数课程采用了过程性评价与总结性评价相结合的综合评价方式，但学业评价基本上仍沿用传统教育环境下的评价制度和评价模式，以经验思维和教师主观感受为主，实施的是一种缺乏证据意识和证据支撑的"软评价"，评价结果的科学性、有效性及公信力常常受到质疑，同时学业评价的育人功能也大打折扣。如何公正有效地实施课程学业评价，如何提升课程学业评价信效度，是当前高校学业评价改革的一项重要内容。

本书研究正是基于上述实践需求而展开的。研究选取了目前高校的课程主流范式——混合学习课程的学业评价为研究对象，致力于探讨基于证据的课程学业评价的理论样态与实践模式，旨在倡导基于证据的学业评价理念，为高校教师实施基于证据的课程学业评价提供理论和实践的指导。本书的研究主要基于以下四个研究假设：①课程学业评价是一个基于数据和证据的价值推理和价值判断过程；②学生学习过程中有大量多模态的学习证据涌现，通过合适的信息化工具和手段可以获得这些证据，并对其进行存储；③不是所有证据都能成为学业评价的有效证据，需要对这些证据进行甄别、处理和转化；④学业评价的设计、实施等不可避免地会受到评价者个人主观因素的影响，多收集证据、收集有效证据、进行科学推理等有利于弥补主观因素的影响。

本书共有五章内容。第一章高校课程学业评价概述，主要介绍高校课程学业评价的内涵、高校学业评价的经典范式以及我国高校课程学业评价的发展需求。第二章证据理性与基于证据的学业评价，主要阐述证据理性、证据文化及基于证据的学业评价等重要观点，属于本书的立论部分。第三章基于证据的高校课程学业评价模型构建，属于本书的核心研究，主要介绍模型建构的思路、方法、过程以及模型的验证。第四章基于证据的高校课程学业评价行动指南，主要为高校教师使用该模型提供理论、方法、实践的具体指导。第五章高校课程学业评价现状及未来发展建议，主要对我国高校课程学业评价现状进行检视，并针对存在的问题及未来发展提出建议。

针对高校学业评价中的"软评价"现象，本书提出了基于证据实施学业评价的观点，并结合高校课程教学特点、借助信息化教育环境优势，尝试构建了基于证据的混合学习课程学业评价理论体系。概括而言，本书力图在以下两个方面做出贡献：①秉持证据理性，提出基于证据的学业评价观，并构建基于证据的高校课程学业评价模型，为学业评价研究注入新活力，引领高校学业评价由传统范式向基于证据的理性范式转型，提升学业评价的公信力。②将基于证据的学业评价模型应用于高校课程学业评价，克服现阶段高校学业评价弊端，为改善高校课程学业评价疲软的现象提供参考，以期更好地发挥学业评价的育人功能。本书一方面可以为高校教师实施科学的学业评价提供理论依据和操作范式，更好地促进学生发展；另一方面，高校各门课程学业评价的科学、规范、有效，能切实提升整个学业评价的质量，从而为高校教育教学质量把好第一道关。

由于作者视域及水平所限，书中难免有不足与疏漏之处，敬请广大读者朋友批评指正。

目 录
CONTENTS

第 一 章

高校课程学业评价概述

　　评价是一种常见的社会活动，在日常生活和工作中，我们经常用到"评价"一词。从评价某人的厨艺到评价某件商品质量的好坏，从对社会热点问题发表自己的看法到对历史事件的真相做出判断，都有评价的身影。现代社会，几乎每个人都处于各种类型的评价活动之中，被别人评价，也评价自己。何谓评价？广义上讲，评价即基于一定的标准或价值取向对事物、人物、事件的衡量和判断。任何评价活动，无论其评价对象是物质产品还是精神产品都需要以事实为依据，只有在掌握大量的关于评价对象的资料证据的基础上，才能够对被评价对象的价值、质量做出客观准确的判断。高校课程学业评价也不例外。本章主要探讨高等教育领域学校课程学业评价的内涵、范式以及课程学业评价的政策与现实需求。

第一节　高校课程学业评价的内涵

对教育活动的价值评定实践伴随着人类教育活动的产生而出现，但是这种价值评定实践在漫长的历史长河中长期处于经验化、生活化的水平。直到 19 世纪 40 年代，美国教育学者拉尔夫·泰勒才开创了教育评价的理性化、学术化之路。要探讨高校课程学业评价问题，必须首先弄清楚教育评价领域的核心概念及发展史。本节依据宏观到微观的逻辑，对"评价、教育评价、学校评价、专业评价、课程评价、教学评价、学生评价、学业评价"等概念进行阐释；依据概念的范围大小，对"综合性学业评价、具体科目学业评价、高校课程学业评价以及高校混合学习课程学业评价"等进行辨析，以期与读者在一些核心概念上达成共识，促进笔者与读者的视域融合。

一、从整体到部分

（一）评价

要进行教育评价，就需要先了解何为评价。在中国古代，评价一词的含义比较广泛，其中《宋史·隐逸传上·戚同文》提到，"〔宗翼〕隐而不仕，家无斗粟，怡怡如也，未尝以贫窭干人。市物不评价，市人知而不欺"。这里的"评价"是购物时讲价钱。《辞海》关于"评价"的定义：一是评估价值，确定或者修订价值；二是通常通过详细、仔细地研究和评价，以确定对象的意义、价值或状态。[①]评价在哲学、科学及生活等不同的领域有不同的解释，根据古代的解释并结合现代意义上对评价的理解，评价一般是指对事件或人物进行判

---

① 夏征农，陈至立. 辞海. 6 版普及本. 上海：上海辞书出版社，2010：1901.

断、分析并得出结论。

由此可知，评价是一个非常复杂的判断处理过程，评价的过程既是一个对评估目标的判断过程，也是一个综合揣测、观测和征询等方法的复合剖析过程。布鲁姆将评价作为人类思考和认知过程的等级结构模型中最基本的因素。根据他的模型，在人类认知处理过程的模型中，评价和思考是最为复杂的两项认知活动。他认为评价就是对一定的想法（idea）、方法（method）和材料（material）等做出价值判断的过程。它是一个运用标准（criteria）对事物的准确性、时效性、经济性以及满意度等方面进行评估的过程。[①]

综合多方面的因素，评价是指主体对客体（事物）价值的判断和揭示，具体来讲，就是通过评价者对评价对象的各个方面根据评价标准进行量化和非量化的测量过程，最终得出一个可靠的并且逻辑的结论。其中，发动和开展评价活动的人是评价者，即评价主体，评价主体要发挥主观能动性，对评价对象的各个方面进行评价；价值主体与价值客体形成的价值关系即评价客体。

（二）教育评价

1930 年，"教育评价之父"泰勒在其著名的"八年研究"（1933—1940年）报告（《史密斯–泰勒报告》）中，首次提出并正式使用"教育评价"这一概念。他早期的观点认为，"教育评价过程在本质上是确定课程和教学大纲实现教育目标的程度的过程"[②]。1986 年，在《教育评价概念的变化》中，泰勒对该陈述做了修订，认为教育评价是"检验教育思想和计划的过程"[③]。随着教育评价理论与实践的不断发展，人们对教育评价也有了更广泛、更深入的认识，对教育评价概念的界定也越来越丰富、清晰。1963 年，克龙巴赫在其题为《通过评价改进课程》的论文中，把教育评价的内涵阐述为"一个搜集和报告

---

① B. S. 布鲁姆，等. 教育评价. 邱渊，王钢，夏孝川，等译. 上海：华东师范大学出版社，1987：12.（注：布鲁姆也被译为"布卢姆"，尊重原著，未全书统一）

② 拉尔夫·泰勒. 课程与教学的基本原理. 施良方译. 北京：人民教育出版社，1994：85.

③ Tyler R W. Changing concepts of educational evaluation. International Journal of Educational Research，1986，10（1）：1.

对课程研制有指导意义的信息的过程"①。1966 年，斯塔弗尔比姆对泰勒评价理论提出异议，他主张"教育评价不应局限于评判决策者所确定的教育目标所达到预期效果的程度，而应该是收集有关教育方案实施全过程及其成果的资料，为决策提供信息的过程"②。1975 年，比贝把评价定义为"系统地收集信息和解释证据的过程，并在此基础上做出价值判断，目的在于行动"③。1981 年，美国教育评价标准联合委员会对教育评价进行了综合性的界定，认为"教育评价是对教育目标和它的优缺点与价值判断的系统调查，为教育决策提供依据的过程"④。在我国，教育界一般把教育评价定义为：在系统地、科学地和全面地搜集、整理、处理和分析教育信息的基础上，对教育的价值做出判断的过程，其目的在于促进教育改革，提高教育质量。⑤

综合以上定义可以看出，教育评价从本质上来说是对评价对象进行事实判断和价值判断的过程。本书以国内出版的第一本《教育评价辞典》中的界定为基础，认为教育评价是根据一定的教育价值观或教育目标，运用可行的科学手段，通过系统地搜集信息资料和分析资料，对教育活动、教育过程和教育结果进行价值判断，从而不断自我完善和为教育决策提供依据的过程。⑥这个定义在内涵层面上指出教育评价的如下规定性：第一，在词性上，教育评价是一个动词，作为动词的教育评价指称的是一个行为体系；第二，教育评价行为体系由三个部分构成，即以教育价值观（或教育目标）为核心的评价尺度的构建、评价信息资料的收集与分析、教育活动（或过程、结果）的价值判断；第三，教育评价行为体系的核心是价值判断；第四，教育评价行为体系的指向是教育活动、教育过程和教育结果；第五，教育评价行为体系的目的是为教育决策提供依据。至于自我完善，实际上是教育决策实施后的产物。

上述定义在外延上指出了教育评价的范围，即关于培养人的基本目的的一

① Cronbach L J. Course Improvement through evaluation//Madaus G F，Scriven M S，Stufflebeam D L (eds.)，Evaluation Models. Dordrecht：Springer Netherlands，1983：101-115.
② Stufflebeam D L. A depth study of the evaluation requirement. Theory into Practice，1966，5（3）：121-133.
③ 转引自瞿葆奎. 教育学文集·第 16 卷·教育评论. 北京：人民教育出版社，1989：120.
④ 转引自陈玉琨. 教育评价学. 北京：人民教育出版社，1999：17.
⑤ 辛涛，李雪燕. 教育评价理论与实践的新进展. 清华大学教育研究，2005（6）：38-43.
⑥ 陶西平. 教育评价辞典. 北京：北京师范大学出版社，1998：99.

些活动、过程和要素；既指向学校系统教育，也指向非学校系统教育；既指向学校系统中教师的活动，也指向学校系统中学生的活动，还指向校长和其他教育行政人员的活动；既指向课程，又指向教学，还指向课堂等。简言之，教育评价的上述定义在外延上指向没有时间、空间和其他条件限制的教育活动领域的一切人、事和物。①

（三）学校评价

学校评价是教育评价的重要组成部分，前者的评价对象是学校，后者的评价对象是整个教育。学校评价是学校管理的有效策略，能够掌握学生与学校的发展。我国学者王汉澜将学校评价视为"学校办学水平评价"，并将其界定为"教育行政部门或学校自身在一定的时间范围内和一定的环境条件下，根据教育目标的要求，运用科学的教育评价理论和技术，对学校的办学方向、办学条件、各项工作及其效果等进行总体的价值判断"。②《高职高专院校人才培养工作水平评估工作指南（试行）》中明确指出，学校评估的本质是根据一定的教育目标和标准，运用一定的途径和方法，对学校的人才培养工作进行的一种价值判断，即对学校的教育目标和标准适应社会需要的程度、人才培养工作达到的教育目标和质量标准的程度做出价值判断。③卢立涛将学校评价概括为"评价主体（包括学校自身、政府部门及社会中介机构等）通过系统的方法（包括量化和质性的），来收集、分析和解释学校各种资料，予以描述和判断，并通过协商和对话形成共同建构的过程，以确立学校的绩效责任及促进学校的发展与改进"④，并指出学校评价范围涵盖学校行政管理、课程教学、人事组织、办学条件等，以整体学校运作过程和结果的评价作为评价范畴者，则称为整体学校评价（whole-school evaluation）。

综上可知，无论是学校办学水平还是人才培养质量，都是学校评价的主要内容，因此，本书研究将学校评价定义为：学校评价是运用教育评价的理论和

① 刘永凤，袁顶国. 高校学业评价. 北京：高等教育出版社，2021：16.
② 王汉澜. 教育评价学. 开封：河南大学出版社，1995：130.
③ 王书海，陶霞. 社会评价在高职院校评估中的作用. 中国成人教育，2007（1）：104-105.
④ 卢立涛. 发展性学校评价的概念辨析. 继续教育研究，2010（11）：69-71.

方法，根据教育方针的要求，对学校全部工作成绩和管理效能进行的评定估量与价值判断。主要评价内容包括：学校总体目标，即学校贯彻教育方针、实现教育目标和办学思想；学校工作计划；学校领导管理质量；学校教学工作、思想政治工作、体育卫生工作；学校经费、设施和设备状况；教师、校长等。其主要目的包括帮助教育行政部门全面了解学校办学状况，提出指导意见，以改进教学和提高办学质量。

（四）专业评价

专业评价亦称"专业评估"，作为一种高等教育质量保障活动，最早始于美国。19 世纪末 20 世纪初，美国高等学校数量迅速增长，社会用人部门希望有一个统一的最低标准（benchmark）来鉴定各校的教育质量。1905 年，美国卡内基基金会首次公布了给予中学后教育机构的经济资助的标准，并据之进行鉴定，是美国高校鉴定制度的萌芽。1907 年，美国医学协会下的医学教育委员会与医学院校协会共同对医学各专业进行鉴定评审，然后公布通过鉴定的专业与所在学院的名单，这些医学院及其专业被承认能为医学专门职业提供适当的预备教育。于是 1907 年，医学专业鉴定被视为专业鉴定历史的开端，此后不断扩展到其他专业。

专业评价是手段，加强专业管理是基础，促进专业建设是动因，提高专业水平与质量是目标。[1]基于此，我国有学者指出，"专业评价就是以一定的方法、技术对学科专业的计划、课程体系、活动以及结果等有关问题的价值或特点作出事实描述和价值判断的活动"[2]。这里涉及评价对象问题，既包括计划、课程体系、活动与结果评价的标准问题，也包括价值或特点的理解问题、评价的方法与途径问题，还包括事实描述、价值判断等。《教育大辞典（增订合编本）上》将专业评价界定为"对高等学校或中等专业学校各种专业的教育

① 廖益，杨运鑫，周家容，等. 论学科专业评价的目的、类型和作用. 现代教育论丛，2007（5）：20-23，26.

② 廖益. 大学学科专业评价研究：以广东省高等学校名牌专业和重点学科为例. 厦门大学博士学位论文，2007.

质量的评价"①。张彦通等将专业评价界定在高校范围内，指出"专业评价是以专业为对象，依据评价标准，利用可行的评价手段，通过定性与定量分析，对专业进行价值判断的过程。它既是对高校各种专业的教育质量的评判，也是高校办学水平评估的重要组成部分"②。

鉴于此，专业评价是学校办学水平评价的重要组成部分，其目的不是评价，而是为了加强专业管理，进而促进专业建设水平。不同层次、不同类型的学校应有不同的评价标准。专业评价由教育行政部门指定的专业评估委员会组织实施，评估人员包括政府官员、教授、专家和社会用人部门的代表、研究机构的学者、有关企事业单位的代表。③在进行专业评价时，既要看培养过程，又要看最终的发展水平和毕业后从事工作的社会反映。

（五）课程评价

在国内，"课程评价"概念的出现与应用时间并不长，大约始于20世纪末21世纪初，其背景是2000年启动的基础教育第八次课程改革。由于这次课程改革的推动，"课程评价"这个概念迅速在国内教育评价界盛行起来。我国学者钟启泉指出"课程评价"是评价课程本身的活动。④因此，若要正确理解"课程评价"的内涵，还要先谈谈什么是课程。

从词源学上来说，在西方，"课程"（curriculum）源于拉丁语"跑马道"（cursum）。1861年，斯宾塞在其著作《教育论》中将教学内容的系统组织称为课程。在我国始见于宋代，宋代朱熹在《朱子全书·论学》中曾提及"课程"，如"宽着期限，紧着课程""小立课程，大作工夫"等。朱熹所指的课程主要是学习的进程，即学程。《教育大辞典（增订合编本）上》将课程定义为：为实现学校教育目标而选择的教育内容的总和，包括学校所教各门学科和有目的、有计划、有组织的课外活动。⑤《中国大百科全书·教育卷》将课程

---

① 顾明远. 教育大辞典（增订合编本）. 上海：上海教育出版社，1998：1188.

② 张彦通，李茂国，张志英. 关于我国高等教育专业评估工作的若干思考. 高等工程教育研究，2005（3）：37-40.

③ 范爱华. 专业认证与专业评估之辨析. 黑龙江教育（高教研究与评估），2007（11）：90-92.

④ 钟启泉. 走向人性化的课程评价. 全球教育展望，2010（1）：8-14，20.

⑤ 顾明远. 教育大辞典（增订合编本）. 上海：上海教育出版社，1998：892.

解释为：所有学科（教学科目）和学生在教师指导下各种活动的总和，这通常被称为广义的课程；狭义的课程则指一门学科或一类活动。基于学校教育内容的角度来定义课程，是目前人们定义课程的最传统的一种方式，也是最容易理解的方式，因此可以简单地把学校开设的课程表上列出的科目视为课程。①

对于课程评价，部分国外学者将课程评价定义为针对作为学习活动而开发的一连串课程内容为对象，判定其优点、价值、意义的步骤。目前国内教育评价界的一般看法是：课程评价是教育评价的重要组成部分，它是在系统调查与描述的基础上对学校课程满足社会与个体需要的程度做出判断的活动，是对学校课程现实的（已经取得的）或潜在的（还未取得但有可能取得的）价值做出判断，以期不断完善课程，达到教育价值增值的过程。②

综合以上陈述，可以分析出课程评价的内在规定性：第一，从归属关系来看，课程评价是教育评价的一个下位概念，即课程评价实践是教育评价实践的一个重要组成部分；第二，课程评价活动的实质是对课程的价值、意义等做出判断，得出既有课程的价值究竟是高还是低的结论；第三，课程评价的直接目的是完善既有课程，间接目的是实现教育价值的增值；第四，课程评价的对象就是课程。③

（六）教学评价

"教学评价"一直是国内主流的评价概念，其影响很大，且研究成果也较多。国内学者对"教学评价"概念的使用方法至少包括三种：第一，将教学评价等同于教育评价，认为教学评价是对学校各类人员、各项工作的评价。具体来讲，教学评价的对象应当包括对人的评价、对事的评价和对物的评价。其中，对人的评价应当包括对教师的评价、对学生的评价和对包括校长在内的教学管理人员的评价；对事的评价包括对教学计划的合理性、教学组织的严密性、考核学生的准确性、课内外活动配合的紧密性、实践教学的实效性等教学

---

① 杨天平，范诗武. 关于课程概念的跨文化比较. 现代教育论丛，2004（1）：1-6.
② 陈玉琨，等. 课程改革与课程评价. 北京：教育科学出版社，2001：137.
③ 刘永凤，袁顶国. 高校学业评价. 北京：高等教育出版社，2021：18.

软件的评价；对物的评价则包括对教材的评价、对实验条件的评价、对活动场地的评价等方面。第二，将教学评价等同于课程评价，这是在"课程—教学一体化"思想指导下的教学评价观。例如，教学评价就是以一定的方法、途径对课程与教学的计划、活动以及结果等有关问题的价值或特点做出判断的过程，由此将教学评价等同于西方的课程评价。第三，将教学评价的对象严格界定在教学领域。如有学者认为，教学评价是对教师的教与学生的学相统一的教学活动进行基于事实信息的价值判断过程。教学评价一般包括教学过程中对教师、学生、教学内容、教学方法手段、教学环境、教学管理等诸因素进行的全面评价，但主要是对作为课程产品的教学设计方案、学生学业成就和教师教学质量的评价。[①]

基于上文所述，教学评价可以被视为一种中观或微观的教育评价，它是教育评价的一种类型，是对教师和学生双主体的行为活动过程或行为结果的评价。教学评价是依据教学目标（培养目标）对教学过程及结果进行价值判断并为教学决策服务的活动，是对教学活动现实的或潜在的价值做出判断的过程。教学评价的两个核心环节为：对教师教学工作（教学设计、组织、实施等）的评价——教师教学评估（课堂、课外）；对学生学习（学习过程与学习效果）的评价——学生学业评价。

（七）学生评价

学生评价是教育评价中历史悠久又永恒的话题，有了学校教育就有了对学生如何评价的话题。学生的质量不仅是衡量一所学校教育工作质量的标准，还是提高学校教育工作水平的根本所在。因此，学生评价不仅是教育评价的重要内容之一，还是学校教育中每位教师必须实际操作的一项重要内容；它既是教育评价的基础和重点，也是学校教育评价的核心。

关于学生评价的内涵，学术界基于不同角度提出多种观点。部分学者认为，学生评价就是狭义的教育评价，如刘本固认为，教育评价主要针对受教育者，是依据一定的价值评判标准对其发展变化过程中的各种因素进行价值判断

---

① 刘永凤，袁顶国. 高校学业评价. 北京：高等教育出版社，2021：16.

的活动。①布鲁姆指出教育评价是系统收集证据用以确定学习者实际上是否发生了某些变化，确定学生个体变化的数量或程度。从评价的概念出发，陶西平在《教育评价辞典》中提出学生评价是围绕学生的行为所做的价值判断。②从评价内容的视角，陈玉琨认为学生评价是对学生个体的发展状况的评价，包括对学生学习成绩的评定、学生思想品德及个性的评价等。③刘永凤等则认为学生评价意指对于学生的各种身心属性进行价值判断的活动。④其中，学生学业水平的评价、学生思想道德水平的评价、学生身体发育水平的评价、学生的综合素质评价等，都属于学生评价的范畴。⑤从评价目的的视角，王凯指出学生评价是以促进学生发展或对学生进行分等以便甄别选拔为目的而对学生的各种表现进行主客观判断的过程，包括事实判断和价值判断。⑥

综合上述界定，虽然评价角度有所区别，但评价对象均着眼于学生，是对学生的一系列活动进行评价，以判断学生的变化与发展的过程。因此，在明确了评价的目的、主体、内容和方法等基本问题的基础上，本书认同刘美辰提出的观点，即"学生评价是为了实现选拔、发展等目的，由多个评价主体（学校、教师、学生个人、同学、家长等）根据一定的评价标准，运用量化或质性方法，搜集学生身心发展变化的有关资料，对学生掌握的知识、具备的能力、情感态度价值观等进行分析和判断的过程"⑦。

（八）学业评价

从语言学的角度看，学业评价是由"学业"和"评价"两个要素词组组成的一个组合词。评价的基本含义是"对事物的价值做出判断"⑧，即对"客体属性满足主体需要的程度的判断"⑨。学业通常有两层含义：一是指学问，如

① 刘本固. 教育评价的理论与实践. 杭州：浙江教育出版社，2000：55.
② 陶西平. 教育评价辞典. 北京：北京师范大学出版社，1998：322.
③ 陈玉琨. 教育评价学. 北京：人民教育出版社，1999：7.
④ 刘永凤，袁顶国. 高校学业评价. 北京：高等教育出版社，2019：17.
⑤ 王汉澜. 教育评价学. 开封：河南大学出版社，1995：370-374.
⑥ 王凯. 发展性校本学生评价研究. 上海：华东师范大学出版社，2009：4.
⑦ 刘美辰. 普通高中综合实践活动课程中的学生评价研究. 河南大学硕士学位论文，2017.
⑧ 顾明远. 教育大辞典（增订合编本）. 上海：上海教育出版社，1998：1877.
⑨ 陈玉琨. 教育评价学. 北京：人民教育出版社，1999：34.

《晋书·张华传》中的"华学业优博，辞藻温丽，朗赡多通"；二是指学校的课业。学校的课业可指学校的总体课业，又可以单指某个具体科目的学业，如语文课业、数学课业等。从形式逻辑学的角度来看，对"学业评价"概念的界定，就是要说清楚"学业评价是什么"（内涵）和"学业评价包括什么"（外延）。[1]

关于学业评价，不同学者有不同的理解。华东师范大学钟启泉教授认为，学业评价即学习评价，其本质是学力评价，是对学生学习状态及其成果的测量与评价。[2]台湾学者李坤崇认为，学业评价乃评估学生学业成果，以校验教师教学目标的达成程度。[3]闫宁认为，学业评价是对照一定的目标和标准，采用一定的方法和证据来对学生的知识和能力进行价值判断的过程。[4]陈慧认为，学业评价就是对学生学习能力和学习效果的评价，这种评价的形式多样，不仅仅是考试。[5]还有学者认为，学业评价是以教学目标为评价依据，评价主体通过采用量化与质化相结合的科学测量手段，综合评判学生的学习能力与学习成果，改善学生表现的过程。

以上学者从不同的视角解释了学业评价，强调了学业评价的不同方面。结合逻辑学对概念界定的规则以及语言学的词义分析，本书研究将"学业评价"这一概念界定为：以课程（学校科目）的教育教学目标为评价标准，在系统收集学生学习的数据、客观事实材料等证据的基础上，对学生课程学习的发展水平做出价值判断，为学生未来发展提供决策建议的评价活动。简言之，学业评价即对学生所学课程的学习条件、学习过程和学习结果、学习潜能等进行价值判断的评价活动。

---

[1]　刘永凤，袁项国. 高校学业评价. 北京：高等教育出版社，2021：1.
[2]　钟启泉. 走向人性化的课程评价. 全球教育展望，2010（1）：8-14，20.
[3]　李坤崇. 学业评价：多种评价工具的设计及应用. 上海：华东师范大学出版社，2006：1.
[4]　闫宁. 高等职业教育学生学业评价研究. 陕西师范大学博士学位论文，2012.
[5]　陈慧. 中职学生学业评价指标体系构建研究. 西南大学硕士学位论文，2016.

二、从大范围到小范围

（一）综合性学业评价

综合性学业评价是以综合性、整体性为原则开展的学业评价，即综合性原则引领下的学业评价。综合性学业评价强调要把教育评价的对象作为一个有机联系的整体，从整体出发，在对整体与要素、要素与要素，以及整体与环境及其相互之间的关系的考查中做出科学的评价。在学业评价中，其综合性往往表现在从整体上对学生进行的总体评价，主要用来判断学生在一段时期内的综合表现，例如用大学四年的平均绩点、学分以及活动表现等来判断该学生是否符合毕业条件，利用笔试、面试等方式开展研究生入学考试等。坚持综合性评价原则，要求我们用系统的观点、发展变化的观点对教育对象进行客观的、准确的、全面的评价。①

"士别三日，当刮目相看"，吴振利认为，评价需要结合三日前、三日后和这三日内的情形，深入、全面、整体地得出结论，简单相信三日前的结论必然是危险或错误的，单纯知悉三日后的情形则难免片面和以偏概全，仅仅对比三日前和三日后的结论也难以查找原委与掌握全情。②要想准确、客观、科学、切实地开展学业评价，就需要分别评价三日前的情形、三日内的实情和三日后的状态，还需要对三者进行总体评价。据此，吴振利按照学习的整个过程将综合性评价划分为始节点评价、段过程评价、终节点评价、段总体评价，四个阶段分别具有各自的主要评价内容和侧重点。从始节点评价开始，到段总体评价结束，标志着学生一个发展阶段和完整评价流程的结束，然后进入下一阶段，开始新的始节点评价。结束同时也是新的开始，一个发展阶段与评价阶段的结束，就意味着另一个新阶段的开始。开展综合性学业评价必须坚持综合性与整体性，要具有包容、过程、协同甚至游离的意识，既要坚持历史的视角，又要具有发展的眼光，还要加强对现实的深挖和显微，不但要评价学业成绩，还要

---

① 崔因贵，田常好. 教育评价中的整体性原则. 教育科研通讯，1986（5）：3-5.
② 吴振利. 论中小学教师之整体性教学评价. 教育科学，2019（2）：51-55.

参照其过去履历和总体评价的结论，这样最终结论才可信和可靠。①

（二）具体学科学业评价

具体学科学业评价由"学科"和"学业评价"两个词语组成，即根据不同的学科来开展对应的学业评价。从语义学的角度考察，"学科"二字，有学问之分科的意思。《辞海》中对学科有这样的解释，"学术的分类，指一定科学领域或一门科学的专业分支。如自然科学中的物理学、生物学；社会科学中的史学、教育学等"②。《新华词典》也有类似的阐释，"教学中按逻辑程序组织的一定知识和技能范围的单位"③。这基本表达了学科的表面含义，即知识的一种分类和划分。正如王续琨指出的，"学科是具有特定研究对象的科学知识分支体系"④。学科既然作为一种划分知识的手段，就必须具有可以区分其他不同学科的独立特征，正是这些特征确定了其学科规范。李光和任定成指出学科规范由四个部分组成：目的规则、目标规则、研究规则、评价规则。⑤其中，评价规则好比一种潜在的、只可意会不可言传的游戏规则，对遵守他的人，学科给予一定形式的奖励；对违反他的人，给予相应的警告或惩罚，同时评价规则也是决定接受或摒弃某个研究结果的标准。⑥由此可知，不同学科由于特征不同，评价规则也各有不同。

不同学科学业评价与学生学习之间存在复杂的关系，这种复杂的关系又因评价方式和学习的不同方面而有所不同。因此，在进行学业评价时，教师要充分理解自己所在学科的特性、学生群体的特征和不同课程学习评价的特点，科学合理地使用不同的课程学习评价方式，以有效地引导和促进学生的学习与发展；同时也应该理性地看待学生对目前正在使用的评价方式的意见，深入学生学习的过程中，了解不同学科的学业评价是如何作用于学生的学习过程和学业

---

① 吴振利. 论中小学教师之整体性教学评价. 教育科学，2019（2）：51-55.
② 夏征农. 辞海（语词分册）. 2版. 上海：上海辞书出版社，1988：1126.
③ 商务印书馆辞书研究中心. 新华词典. 修订版. 北京：商务印书馆，2001：1117.
④ 王续琨. 交叉科学结构论. 大连：大连理工大学出版社，2003：4.
⑤ 李光，任定成. 交叉科学导论. 武汉：湖北人民出版社，1989：2.
⑥ 魏巍. "跨学科研究"评价方法与资助对策. 中国科学技术大学博士学位论文，2011.

成果的，进而恰当地通过学业评价来有效促进学生的学习与发展。[①]

（三）高校课程学业评价

我们知道，学程可以划分不同的学段，如基础教育学段和高等教育学段。不同的学段对应不同级别的学校，如基础教育学段的小学、初级中学、高级中学和高等教育学段的高等院校。高等院校泛指对公民进行高等教育的学校，层次上包括专科、本科、研究生；类型上，包括普通高等学校、成人高等学校、民办高等学校等。[②]所谓高校课程学业评价，就是指在高等院校内具体学习科目的学业评价。这些科目多是以学期为单元开展的，大部分科目教学时长为一学期，学习一学期即可结业；有些科目教学时长为一年甚至更长，但无论教学时间长短，这些科目每个学期都要对学生进行考核，也就是我们所说的学业评价。基于对学业评价的定义可知，学业评价是教育评价、课程评价、教学评价、学生评价的重要组成部分，同时又具有相对独立性。学业评价的结果既可以作为教育行政部门评价学校办学水平的依据，也可以作为判断课程方案合理性或课程实施结果有效性的重要参照，还可以作为评价教师教学质量、学生学习质量的重要指标。

因此，高校课程学业评价就是在高等院校的课程中，依据一定的评价标准对学生的知识、能力和动力进行价值判断的过程。就其评价对象而言，必定是学生，而且是高等院校的学生；就其评价内容来讲，包括三个方面，即知识、能力和动力。这里的知识主要指以科目为载体的专业知识及各种非专业知识，所以学业评价必定指向对学生知识掌握水平的评价；这里的能力主要指运用专业知识解决专业领域中各种问题的能力，学业评价必定指向对学生专业能力水平的评价；这里的动力是指学生的情感、态度爱好、兴趣、行为习惯与价值观念等多种动力，所以学业评价必定指向对学生动力系统的评价。[③]

①　郭芳芳，史静寰. 课程学习评价与不同学科本科生学习之间的关系. 高等教育研究，2014（5）：63-70.

②　王恒. 中国高校债务风险研究. 青岛大学硕士学位论文，2009.

③　刘永凤，袁顶国. 高校学业评价. 北京：高等教育出版社，2021：3.

（四）高校混合学习课程学业评价

高校混合学习课程是目前高校中应用极为广泛的一种教学模式。其中，混合学习课程即采用线上线下两种方式进行学习的课程。混合学习课程的优势在于可以充分发挥面对面学习和在线学习的优势，并通过整合面对面学习和在线学习活动，使两种学习方式、学习环境优势互补，相辅相成，从而达到 1+1>2 的学习效果。

就学习评价而言，高校混合学习课程中的学业评价与传统学习环境下的学业评价也有不同。传统课堂以总结性评价为主，过程性评价往往因数据采集困难而遭到忽视；计算机辅助教学则可以通过信息技术实时记录学习者的学习过程，并对学习中遇到的问题进行及时反馈，从而捕捉学习过程中学习者的认知成就、学习努力、进步、动机和态度等。因此，混合学习评价不仅应该基于纸笔测验，还应该在全视角学习观的视野下对学习过程、学习效果和学习态度等进行全面测量。①除此之外，混合学习综合运用了不同的学习理论、技术和手段，其学习环境、学习内容、学习方式发生了变化，对评价方法、评价信息的获取方式也提出了更高的要求。因此，混合学习课程中的学业评价不仅要包含传统学业评价的核心特征、遵循学业评价设计的原则，还要综合考虑混合学习自身的特点，充分利用信息技术优势对学生的学业进行评价。

据此，本书研究将高校混合学习课程学业评价界定为，根据教学目标，收集混合情境下学习者学习过程的客观资料、信息和数据，对学习者的学习态度、学习行为和学习结果进行科学的量化与质性分析，并做出价值判断的过程。②

---

① 唐文秀，石晋阳，陈刚. 混合学习五维评价模型的构建与应用——以"现代教育技术"公共课程为例. 现代教育技术，2016（8）：89-95.

② 柯清超. 混合学习的评价方法——以中小学教师教育技术能力培训课程为例. 中国电化教育，2008（8）：16-19.

第二节　高校学业评价的两种范式

一、关于学习的评价：测量视角下的学业评价

（一）关于学习的评价的兴起

千百年来，人们一直在探索"以评促学"的作用机理与实践路径。在古今中外的理论探索中，泰勒（R. W. Tyler）的"目标模式"、斯塔弗尔比姆（D. L. Stufflebeam）的"改进模式"和斯凯瑞文（M. Scriven）的"目标游离模式"从不同的角度解释了"评价究竟有什么用"的问题。经过从泰勒到斯凯瑞文的理论探索，评价如何促进学习的"目标—改进—结果"的过程机理和"方法—应用—价值"实践法则基本明确，也回答了"评价究竟有什么用"的问题，但对于评价如何促进学习的回答却不够细致、不够彻底。[1]因此，在这一时期许多学者继续投身于学习评价的理论热潮中。厄尔在《作为学习的评价：通过课堂评价实现最优化学习》一书中，最早依据评价的目的将学习评价划分为三种类型：促进学习的评价、关于学习的评价以及作为学习的评价，其中关于学习的评价是当前学习评价的主导形式。[2]与此同时，以哈伦为代表的学者对关于学习的评价的理论进行了进一步的深化。[3]在评价实践中，关于学习的评价通常在某学习阶段尾声进行，如单元、周、学期、学年、学段等。它的目的在于判断学生既有的学习结果，主要为了回答下列问题：学生学到了什么？学生学到了何种水平？学生达到熟练水平了吗？学生是否需要被选拔到某个特殊的项目、学校中？[4]该种评价是一种甄别、选拔的评价观指导下的静止的、终点式的评价。从评价对象来说，其关注的是学生的考试成绩，主要依据考试成绩来

---

① 李鹏. 评价如何促进学习？——从泰勒到厄尔的探索与反思. 外国教育研究，2020（1）：31-44.

② Earl L M. Assessment as Learning: Using Classroom Assessment to Maximize Student Learning. Thousand Oaks，CA：Corwin，2003：21-28.

③ 李鹏. 评价如何促进学习？——从泰勒到厄尔的探索与反思. 外国教育研究，2020（1）：31-44.

④ 张雨强. 走向整合的学习评价——访美国国家评价、标准及学生考试研究中心主任 Joan Herman 教授. 基础教育课程，2012（11）：73-76.

实现对学生的鉴定、选拔。它不关心每个学生个体的特殊情况，不去对学生的付出和努力加以肯定。①

（二）测量在学习评价中的作用和意义

从测量视角下的评价的内容不难看出，学习的评价是一种心理测量学根基下发展的产物，考试和评分则是其具体评价方式，而这些具体的评价方式恰恰发挥了评价的测量功能。我国考试文化盛行，在一些人看来，学业评价就是考试，从测量功能角度理解学业评价并不奇怪。首先，考试在我国有悠久的历史，科举制是一项以选拔官员为主旨的考试制度，古代科举在考试领域留下了深刻的印记，对当代考试的影响波及文化、制度与技术各个层面。②1930年，教育评价专家泰勒开始在教育领域使用"评价"一词，此前评价学习的术语就是考试和测验，一些西方国家也是沿用我国的科举制而发展了考试和测验。其次，我国人口众多，经济水平还有待进一步提高，社会诚信体系还不成熟，考试依然是对社会有重大影响力的人才选拔手段。③测量在学业评价中的典型作用就是认证和选拔。由于个体进入社会生活需要获得相应的学业成就水平的证明，高一级教育资源和社会资源相对有限，需要相对公平的分配机制。因此，在当前的学生学业成就评价实践中，其认证性和选拔性依然具有非常重要的地位。监测性评价则源于国家对教育质量的责任和对有关教育质量的信息需求。关于学习的评价同样被广泛地作为对地方、学校、教师和学生个体进行问责并促使其对自己履行职责的情况承担责任的工具。④

（三）关于学习的评价的实施方法

传统的教学法中，教师在设计一个单元的教学活动时往往主要着眼于教学目标、教学策略、教学资源。在教学活动末尾，他们可能设计一个测验或考试

---

① 韩宁. 从关于学习的评价到了学习的评价. 中国考试（研究版），2009（8）：17-21.
② 郑若玲. 科举学：考试历史的现实观照. 厦门大学学报（哲学社会科学版），2000（4）：90-95.
③ 刘声涛. 为了测量还是为了学习：高校公正评价学生学业内涵探析. 大学教育科学，2015（1）：59-63.
④ 刘辉. 促进学习的课堂评价结果处理研究. 华东师范大学博士学位论文，2010.

来作为对教学成果的评价。这种测验或考试一般具有以下特征：学生被赋予一个用数字或等级表示的分数；把学生的成绩和某种预先设立的标准做比较或和别的学生做比较；往往在学习结束时进行。这正是关于学习的评价的一些典型特征，又被称为"终结性评价"。

在基于甄别、选拔的评价观指导下，关于学习的评价旨在根据分数将学生划分为不同的等级。标准化考试则成为衡量学生是否可以升学、学生排名的主要指标。标准化考试一般是终结性测验，往往在一个教学活动结束后进行，考完后又开始新的教学阶段，接着讲授新的内容，按照"新课—测验—新课"的链条循环进行。自然而然，在这样的评价下，学生的考试成绩成为甄别学生完成学习目标程度的指标，教师依据考试成绩对学生进行鉴定、选拔。显然，考试测验这种评价方式在某种程度上保证了评价结果的公正性，通过学生的分数可以直观地甄别、选拔出成绩优秀的学生。

（四）关于学习的评价的局限性

在传统的学生学业成就评价中，其实并不缺少口试、对于实际表现的观察之类的评价方式。可是，受到 20 世纪初心理测量在军事领域中成功应用的影响，美国常青藤联合会的入学考试机构——大学入学考试委员会，在 1926 年采用难度更高的"军队阿尔法"，编制了学术性向测验（scholastic aptitude test，SAT）。很快，这种基于心理测量学的考试取代了原本运用论文式考试的选拔性工作，而发展成为学校教育系统中各种评价的主要形式。尽管后来有许多测验宣称测量"成就"而不是"性向"，但依然采用 SAT 的形式，或者就是心理测量的形式（即这种考试），并在教育评价领域中占有重要地位。

然而，这样一种考试模式获得统治地位的同时，其引发的批评和质疑也不绝于耳。SAT 的倡导者布里格汉姆预见标准化测验可能带来的消极后果。近年来，当知识观、学习观发生变化，尤其是建构主义的学习理论兴起之时，在美国，这种批评"多年来局限于进步的批评家和学术传统主义者"，如今却经常出现在《华盛顿邮报》《纽约时报》《华尔街杂志》《新闻周刊》上，甚至出现在黄金时段的电视节目上。在我国，这种批评同样不再局限于学术媒体，而频繁地出现在《羊城晚报》《北京文艺》《中国青年》《南方周末》等大众媒体上。批评主要针对的是这种考试模式更多关注结果的可比较性和公平性，很少考虑对学习的加强和支持。它鼓励学生对事实性知识的掌握，鼓励再生他人的观点，激励"肤浅"的学习，不能引发对"高等级的思考技能"的学习；当考试具有高利害关系时，一些教师去追求学生取得更高的分数，"为不适当的考而教"，而不是更好地理解学生学习上的困难；一些消极的实践就出现在学生的学习中，使得看似完美、有效的考试在某种程度上导致糟糕的学习。

在这种背景下，标准化测验的统治地位受到猛烈冲击，尽管其市场依然巨大，但诸多冠以"表现性评价""真实性评价""另类评价"之名的新型评价方式正在成为众多评价项目的重要方法，甚至在诸如监测、问责、升学之类传统上采用大规模标准化测验的领域发挥作用。这些新型评价关注高层次学习所要求的批判性思考和知识整合，要求评价任务本身是技能或学习目标的真实例子，而不是替代物，期望学生通过思考生成答案而不是在多个选项中选择正确答案。比如表现性评价，目的在于测量学习者运用先前所获得的知识解决新颖的问题或完成具体任务的能力，常常运用真实的生活或模拟的评价练习来引发最初的反应。表现性评价不仅评价学生"知道什么"，更重要的是评价学生"能做什么"；不仅评价学生行为表现的结果，更评价学生行为表现的过程；不仅评价某个学习领域、某方面的能力，而且评价学生综合运用已有知识进行实践表现的能力。在这一些方面，表现性评价所能做的正是选择式、记忆式的纸笔考试所无法企及的。正因为如此，表现性评价开始成为诸多学生学业成就评价项目中的重要评价方式。如英国各学科的 A 级考试中，借助表现性评价的"中心评审课程作业"普遍占总分数的 20%—35%。又如，我国香港地区，"教师审判制"的表现性评价的分数在高考中占 20%—30%。另外，国际教育成就评价协会在第三次国际数学和科学教育研究中对表现性评价的运用也为大规模进行表现性评价提供了范例。

相对于以往随意化的评价，心理测量学成为教育评价的基础无疑是教育评价发展史上的一个里程碑。然而，当评价的功能发生变化，转向对学习的促进时，教育评价的心理测量学基础就不可避免地受到质疑。从根本上讲，心理测量学的诸多假定都来源于关于测验目的的假定。借用现代科学主义的话语，心理测量学将其所发明的测验称为"工具"，而且是一种外在于历史与文化的，不受感情或价值观影响的、公正无偏的科学的工具，这种工具的根本功能假定为"选拔"，进而"安置"，即对个体或群体进行区分，然后将之归到被认为适当的位置上。区分的根据就是个体身上那种稳定不变的东西，因此，基于心理测量学的测验就只能测量人的少数特性，通常是那些不受教育影响的特性，也就是智力或自然倾向。测验就是要测出个体到底有"多少"这样的特性，而不关注个体在这些方面的表现得有"多好"。当信度和常模成为教育评价的核心关注点时，教育评价就不再关注个体，而是关注个体与他人的比较，这导致学生在教育评价中的被动地位和无力感，因为他们能决定自己的成绩，但不能影响他人的成绩。同样，这种关注使得对统计分析的适合性成为教育评价（包括考试）设计的重要参考点，而对于评价在课堂中的意义，对于评价在促进学生学习和提高学业成就方面的意义，则基本上没有得到关注。而在教育评价中，应当评价的东西与心理测量学期望测量的东西有本质的不同，学生学业成就显然是教育的结果，而不是不受教育影响的固有不变的特质——相对于智力和自然倾向，换言之，作为教学直接结果的成绩，直接受到教学和教师的影响。[①]就此而言，那种基于心理测量学的、看起来非常成熟的技术标准不能完全适合指向于不同目的、需要不同方法的教育评价。而在柏拉克看来，心理测量学范式中测验不只是不适合教育评价的问题，"植根于一个不合时宜的范式之中的标准化和标准参照测验阻碍了学校的更新和重构"[②]。当我们进入 20 世纪最后十年时，至少对于那些外在于测验编制的人而言，标准化和大部分标准参照测验所基于的假定是明显站不住脚的。在这一范式之外，一种新的范式正从许多并不完美地解决教育成就评价的实践问题的努力中缓慢出现，有人将其描述为"评价文化"。它强调真实的情境化的测验，强调运用多元评价，强调对高层次技能而不是知识的再生产的评价；不仅关注对认知的评价，而且包括对

---

① 崔允漷. 促进学习：学业评价的新范式. 教育科学研究，2010（3）：11-15，20.

② Berlak H.The Need for a New Science of Assessment. New York：State University of New York Press，1992：12.

元认知、情感和社会维度以及心理动力技能的评价；关注将评价整合到学习之中；使学生越来越多地承担评价过程中的责任；"对学习的评价"与"为学习的评价"的整合。在这种评价文化中，传统的智慧正被超越，新的智慧正在出现。

二、促进学习的评价：发展视角下的学业评价的新范式

柏拉克将教育评价中心理测量学基础的动摇看成教育评价"范式转换"的一个环节。"范式"和"范式转换"是美国科学史家托马斯·库恩在 1962 年出版的《科学革命的结构》一书中提出的概念。库恩没有对范式下过定义，他在《科学革命的结构》中给出了"范式"的 21 种用法，大致上可分为三个层面：①哲学层面的范式，如信念、有效的思维方式、标准、公认的看法、条理化规则等；②社会学层面的范式，如工人的科学成就、具体科学成就、一套科学习惯、一套政治制度、司法裁决等；③人工科学层面的范式，如教科书或经典著作、工具、仪器、类比、格式塔图像等。但总体来说，一个科学的范式就是一套关于现实的假设，以及说明它所面对的事实的一套规则。具体来讲，范式的基本含义应该包括以下三个方面：共同遵守的"科学共同体信念"；公认的范例；与共同信念和模型相适应的方法。换言之，范式就是共同信念、模型、方法的有机统一。

所谓范式转换，实质上是一个旧范式灭亡和新范式发生的过程，在库恩的话语体系中它等同于科学革命。按照库恩的观点，当已有的范式不能说明与解释新出现的事实与社会现象时，反常和危机（即"例外"）就会出现，于是出现一些争论，这些争论可能引发基础范畴、理论体系的创新，新的分析问题和解决问题方法的产生，信念、理论、方法等重新组合，形成能够更好地解释现实和解决现实问题的新范式。从评价变革看，原有的教育评价范式因为不能有效解决教育评价领域所出现的现实问题而受到根本质疑，一些基础的范畴，如评价的目的、评价的方式，甚至评价方法的基础从根本上受到质疑。

（一）"促进学习的评价"的兴起

20世纪以来，促进学生学习的评价在评价领域中已逐渐成为主流趋势，成为研究和改革的焦点。英、美等国不但有着丰富的研究经验，而且开展了相应的评价变革。促进学习的评价最初由英国评价专家布莱克于1986年首次使用，他于1998年发表《评价与课堂学习》和《黑匣子里：通过课堂评价提高标准》两篇经典之作，证实了评价对改善学生学习和促进学生元认知学习的价值，使得促进学习的评价获得了广泛关注。随后英国评价改革小组的研究成果使得促进学习的评价发展和流行起来，并对其内涵进行了界定，提出了相关的原理，做了一些大型项目研究。在美国，促进学习的评价主要由斯蒂金斯传播和发展起来，他认为促进学习的评价更加关注和支持学生的学习，将其视为学校成功的途径，致力于在教师群体中推广促进学习的评价的理念，使得该理念应用在了美国颁布的各种标准中。①

1. 促进学习成为当今对教育的呼唤

促进学习是当前"基于标准的教育改革运动"的目的之一。20世纪80年代以来，一场以编制标准为起点，依据标准开展课程、教材、评价和教师专业发展等方面一系列改革的国际运动，随之形成，即所谓的"基于标准的教育改革运动"，这场运动希望通过提高教育标准来迎合社会发展的需求。这场运动对课程、教学、评价提出了更高的要求，使学业评价问题也受到更多的关注。关于基于标准的教育改革对于学业评价意味着什么？我们要从原点的问题来思考：学生学业评价的目的是什么？课程标准是怎样促成学生学业评价达到此目的的？基于标准的学生学业评价对外要满足公众问责的要求；对内要满足学生学习改善的要求。美国从20世纪80年代发表《国家处在危险之中》开始，到1990年夏季教育峰会正式揭开基于标准的改革篇章，到1996年完成了所有核心学科的全国性课程标准的制定，然后在州层面编制课程标准和推行基于标准的考试。基于标准的问责成为改革的核心，具体表现在四个方面：①在生成评价工具和界定可接受表现水平时采用"世界级"标准；②所采用的评价方式，

---

① 张志红，王嘉悦. 促进学生学习的评价研究. 比较教育学报，2021（1）：99-111.

要求学生完成更具有实质性的任务，而不是仅仅在选择题中挑出正确答案；③向学校、教师甚至学生施加高利害的问责压力；④测验对象包括所有学生。英国教育与技能部从1997年5月开始决定设定和提高教育标准，经过五年的努力已经形成了一些有效的措施。2001年，英国教育与技能部发布了题为《学校：建立在成功的基础上》的绿皮书，公布了政府转变其教育系统的计划。转换的核心是"高要求、高支持以及互相联系的机制：问责、标准、编制的责任、数据和明确的目标、获得最佳的实践和高质量的专业发展和走向成功的措施"①。同年的另一份报告《学校：取得成功》列出了政府在转换教育系统方面的继续努力和达到目标的执行策略。这些措施与变革直接或间接地影响了教师的课堂评价行为，迫使教师为实现国家对学生学业成就的要求而改进教学评价。提高教育标准和促进学生学习几乎成为当今整个国际范围内的统一行动。

学生评价的本质是促进人的发展，促进学生学习是促进学生发展的必然路径。当前对学习的关注已经成为教育评价改革的主要观念。教学、学习和评价三位一体的关系得以建立，评价被视为镶嵌于教学过程之中的一个成分。对各种新型评价方式的倡导，内部评价（尤其是课堂层面的评价）受到高度关注，对多元评价（尤其是学生参与评价）的倡导，对评价结果的适当运用的规范等，无不反映着"促进学习的评价"的理念。即使在为监测、问责等目的而实施的学生学业成就评价中，促进学生的学习也是一个重要的关注点。学校是发生学生学习的地方，学校中教师对学生的评价应该着力于怎样促进学生的有效学习，而不是考试的"练兵场"。学生学习评价从"甄别、评定等级"向"促进学习"的范式转变是提高教育质量、落实课程改革的必然要求。

2. 促进学习的评价：不让任何一个学生失败

为实现促进学习的目的，需要我们挖掘迄今为止未挖掘的促进学习评价的潜力，以此作为教学改进的有力的工具。根据布莱克、威廉、斯蒂金斯等人的研究，评价范式正在由"关于学习的评价"转向"促进学习的评价"。而目前在大部分课堂教学活动中缺少促进学习的评价。布莱克等认为，促进学习的评

---

① 转引自刘辉. 促进学习的课堂评价结果处理研究. 华东师范大学博士学位论文，2010.

价是指教师与学生在评价自身的教与学时，通过收集信息对教与学进行反馈，进而做出改进的评价。①促进学习的评价是发现和解释证据的过程，这些证据被学习者和教师用来决定学习者在哪个阶段学习、需要达到什么目标以及如何最有效地实现目标。布莱克和威廉姆把促进学习的评价定义为：教师和/或他们的学生从事的一切能提供作为教与学改进的反馈信息的活动。在英国的过去几年里，促进学习的评价对教师来说越来越熟悉，无论是中学还是小学，布莱克和威廉的《黑箱之内》（*Inside the Black Box*）的小册子已经成为激励教师和政策制定者的最有力的工具，而它所倡导的评价方式也使学生收益。

促进学习的评价的缺失，致使评价出现危机。斯蒂金斯从美国的教育实践出发指出，"如果我们想在最大程度上提高学生的学业成就，必须花大力气去改善课堂评价"②。课堂评价是学生评价的重要组成部分，大量的研究表明良好的课堂评价对于学生学习的巨大作用。斯蒂金斯受布莱克等研究的启发，看到了关于学习的评价和促进学习的评价二者的不同作用，提出课堂评价对促进学生学习的积极作用。总之，促进学习的评价是为了让所有学生学得更好。

（二）促进学生学习的评价的内涵发展

目前，与评价本意最为契合的当属促进学生学习的评价。③英国评价改革小组通过一系列研究，推动促进学生学习的评价更深入地发展和具有更广泛的影响力，使其成为重要的课堂评价导向和话语。关于促进学生学习的评价的内涵，最受认可和被引用最多的当属该小组所做的界定：它是帮助学习者和教师获取证据并进行解释的过程，用于确定学习者处于哪里、需要到达哪里、如何最好地到达那里。但是，该定义的措辞容易被误解为频繁地实施总结性测验去评价学生的学习水平，例如英国促进学生学习的评价策略就曾引起这样的误

---

① Black P，Harrison C，Lee C，et al. Working inside the black box assessment for learning in the classroom. Phi Delta Kappan，2004，86（1）：8-21.

② Stiggins R J. Assessment crisis：The absence of assessment for learning. Phi Delta Kappan，2002，83（10）：758-765.

③ 张志红，王嘉悦. 促进学生学习的评价研究. 比较教育学报，2021（1）：99-111.

解。①为避免产生误解，需要结合该小组提出的促进学生学习评价的十条原理。②其核心观点可以概括为：促进学生学习的评价，把评价作为一个日常的过程，考虑到学生的情感动机，倡导学生参与，聚焦于促进和改善学生的学习及表现。由此可见，英国评价改革小组所界定的促进学生学习的评价和实施频繁的测验是截然不同的。

其他学者也对促进学生学习的评价内涵做了论述，这些论述对进一步澄清和理解该内涵有重要的参考价值。布莱克在研究形成性评价的过程中逐渐发展和强调促进学生学习的评价：形成性评价在评价设计和实施过程中需要优先考虑，以促进学生学习为目的的任何评价不同于以实现问责、等级划分或能力认证为目的的评价。③这一表述强调了促进学生学习的理念，将其与传统测验做出了明确区分。布莱克在 2009 年对形成性评价的界定进行了修订：教师、学习者或同伴在一定程度上会获取、解释和使用关于学生成绩的证据，从而决定下一步的教学步骤，这可能比在没有证据的情况下所做的决定更好或更有根据。④这一定义不仅考虑到了促进学生学习的评价要素以及师生在学习中的共同责任，如采用自我评价和同伴评价，还强调证据对促进学习的重要性，有利于人们对促进学生学习评价的内涵形成更为具体的感知。另外，克列诺夫斯基在第三届促进学生学习评价会议上提出，促进学生学习的评价是教师、学生和同龄人日常实践的一部分，通过从对话、示范和观察中获取信息进行反思和寻求回应，并以促进持续学习的方式进行。⑤这一界定得到了广泛认同，因为它既有对以往界定的继承，又有自己的拓展性和深刻性，体现了促进学生学习的评价是一种日常的活动，强调了学习者的中心地位和充分参与性，鼓励学生进

---

① Swaffield S. Getting to the heart of authentic assessment for learning. Assessment in Education：Principles，Policy & Practice，2011，18（4）：433-449.

② Assessment Reform Group. Assessment for Learning：10 Principles. Cambridge：University of Cambridge Press，2002.

③ Black P. Assessment for Learning：Putting It into Practice. Maidenhead：Open University Press，2003：2.

④ Black P，Wiliam D. Developing the theory of formative assessment. Educational Assessment，Evaluation and Accountability，2009，21（1）：5-31.

⑤ Klenowski V. Assessment for learning revisited：An Asia-Pacific perspective. Assessment in Education：Principles，Policy & Practice，2008，16（3）：263-268.

行自我评价和同伴评价，也强调了师生之间的交互作用，同时体现了社会文化理论的视角。此后，威利斯做出了与克列诺夫斯基一致的界定：促进学生学习的评价是在教和学的日常活动中进行的评价，目的是为学生学习提供信息并做出改进，从而增强学习者的自主性。[①]该界定在克列诺夫斯基的基础上进一步凝练，突出了促进学生学习的评价的指向性，即指向改进和学习自主性。基于以上分析，促进学生学习的评价被理解为一套具有特定意义和文化的实践活动，通过参与和互动的方式实现师生的协商以及对学习的共同理解，倡导学习者监控自己的学习表现，从而决定下一步计划和做出改进，发展学生自主学习的能力成为促进学生学习评价的目的和结果。

可见，促进学生学习的评价在本质上是改善与支持学生学习，注重师生的交互性与对评价责任的共享性，关注学生的主体性及自我监控能力，属于第四代评价理念的范畴。它能够体现评价的本意，也与我国以学习为本的教育改革理念相契合。在这种评价导向下，师生是学习共同体，教师由主导者、控制者变为促进者和激励者，并具有评价者的专业身份。原本处于被动位置的学生则变为积极的参与者和自主的学习者，能够进行自我监控和指导。

（三）促进学生学习的评价核心理念

为了支持和促进学生的学习，促进学习的评价有着自己独特的价值取向。如果从是什么、怎么评、谁来评三个核心要素来理解，可以将其崇尚的理念归纳为三个方面。

1）评价是教与学过程中的一个环节。这是从评价、教学与学习一体化的观点来理解评价概念的。评价主张在教师教学和学生学习之后，对教师的业绩和学生的学习做出评价，然后以评价结果来判断教学的质量，这是一种典型的关于学习的评价。这种评价人为地割裂了评价、教师与学习之间的联系，使评价游离于教学之外，是测量学意义上的评价，使评价成为丈量教学水准的一把尺子。同样，传统的课堂评价环境也不鼓励将评价作为一种提高学生学业成就

---

① Willis J. Affiliation，autonomy and assessment for learning. Assessment in Education Principles Policy & Practice，2011，18（4）：399-415.

的工具,只是对学生的学习结果进行区分,让学生在比较中体验成功或失败,结果使学生对评价产生焦虑和恐惧。相比较而言,促进学习的评价更加关注全体学生在学习进程中的学业进步。教师开展日常的课堂评价活动,让学生直接、深入地投入学习,通过对自己的学习过程和学业成就(而不是与同学相比较而导致的失败或成功)的关注增强自信和学习动机。可以说,在促进学习的评价模式中,评价是优化学习效果的教学工具,而不是用来评估和设定分数的事件,评价、教学、学习之间自然形成一个循环圈。

2)兼顾目标与过程两种取向。促进学习的评价作为一种内部评价,强调目标的重要性,更关注过程性的评价信息对后续行为的刺激。"学业目标""学生参与""教师反馈"是促进学习的评价的关键词。没有清晰的目标和完整的过程监控,评价难以完成;只有教师和学生为了共同的目标一起实践,充分利用评价信息,调整、改善教学过程,才能顺利完成评价活动。促进学习的评价目标是明确的,不仅建立合理的评价标准和明确的教学目标,预先告知学生,便于学生学习与理解,而且激励学生主动实现这些目标,为每个学生提供成功的机会。促进学习的评价是过程导向的评价,是不断丰富和充盈教学的过程。在这个过程中,教师为学生提供各种反馈信息,并基于学生的反应调整评价策略,学生学会管理、运用自己的评价信息,师生为目标的达成提供不同的评价证据。

3)教师和学生是评价的主体。学生不是被动地等待外来的评价与考核,而是主动地承担评价任务,并通过自主评价提高学习品质。教师成为评价主体并不意味着教师可以任意地判别学生的学业成就,教师是基于课程标准与目标设计评价活动,将评价信息与结果运用于教学和后续的评价行为。学生作为评价主体,并不意味着由学生决定学什么、测验什么,也不是说让学生自己设定自己的分数,而是指学生运用评价信息来监控自己,知道怎样才能实现预期目标、怎样才能学得最好,并规划下一步改进行动。1998年,布莱克和威廉姆在研究的基础上,提出了"促进学习的评价"十大原则:①评价是有效的教学计划的一部分。强调要将评价整合到学习的整个过程之中,而不是仅在单元或学期结束时进行,教学设计要包括一些策略来保证学生理解学习目标以及用于评价学习的标准，要为教师和学生提供获取并利用学习进步情况的机会。②评价要关注学生如何学习。要求教师进行教学设计时要考虑学生学习的过程，要给学生提供反思学习过程的机会。③评价是课堂实践的中心。强调评价和教学是一个紧密联系的过程。只要教师提问题或布置学生需要完成的学习任务时，评价就发生。学生需要在评价的过程之内。④评价是教师的关键专业技能。评价是复杂和要求很高的工作。教师需要为评价、观察学习、分析和解读学习证据、提供反馈，以及支持学习者自我评价制定计划。⑤评价具有敏感性和建设性。强调教师要充分认识到评价对学生情感的影响，需要敏感和富有建设性地对待评价。⑥评价要激发学习者的学习动机。评价要鼓励学习者，使其增强自信；要通过认可学习者的进步和成就而不是关注学习者的缺陷来实现激励的目的。⑦评价要促进学习者对目标和标准的理解。为了使学生的学习成就最大化，学生需要理解评价目标和标准。⑧评价能表达学习者要达到的目标，并且学习者要有意愿达到这个目标。⑨评价帮助学习者了解如何改进。教师要以恰当的方式向学生反馈其学习进步和改进建议，并为他们提供改进机会。⑩评价发展学生的自我评价能力。要通过学生的自我评价使学生成为反思学习的自我管理者。①

（四）"促进学习的评价"行动策略

新的评价价值观的出现意味着新的教育评价范式正在生成。新的评价范式不会自动出现，需要我们用行动去迎接。如何让评价有效地促进学生的学习是新的教育评价范式要面对的最关键问题。以下行动策略是评价有效促进学习的关键。②

1. 评价必须有清晰的目标

所谓促进学习，实际上意味着学生在达成预定目标的过程中的进步。没有目标作为参照，学生的学习是否得到促进就缺少判断的依据；没有与目标的比较，任何评价结果都是没有意义的。从教学角度看，教师必须有清晰的教学目

---

① 转引自郑东辉. 促进学习的评价：教师的策略. 教育科学研究，2008（10）：27-31.
② 崔允漷. 促进学习：学业评价的新范式. 教育科学研究，2010（3）：11-15，20.

标（即关于学生学习结果的清晰愿景），并且认识到教学目标也是要进行评价的目标。换言之，教师需要清楚地认识到评价要收集的就是学生达成预定目标的状况，用预定的目标作为衡量学生学习状况的标准。从学习的角度看，学生也需要清晰的学习目标。这种清晰的学习目标引导学生学习的方向，并且能够为学生提供自我评价的依据。正因如此，阿特金等将"我要去哪里"当作良好的评价必须回答的首要问题。[①]学生是学习的主体，只有当学生清楚"我要去哪里"且知道"那里"是什么样的时候，他们的努力才有方向，他们才能用目标监控自己的学习，才能根据当前的学习状况与目标的差距来确定下一步的学习内容和学习策略。

2. 评价必须在课堂层面持续实施

教师和学生做出良好决策所需的信息大多是在学校中产生的，课堂是教学的主阵地，能够直接影响教学成效的重要决策通常是在课堂发生的。教学过程本质上就是一个决策的过程，优秀的教师在课堂教学过程中常会做出上百个决策，而良好的决策需要准确、充分的证据和信息支持；学生在学习过程中也要经常监控自己在达成目标过程中的进步，以做出改进学习的决策，这种决策同样需要充分和准确的证据与信息的支持。因此，教师和学生同样是评价信息的重要用户，甚至是比外部决策者更为重要的信息用户。

信息必须具有情境性，即与特定的课堂、特定的学生、特定的学习目标、特定的学习内容及特定的学习环境相联系的。外部评价无法提供这样的信息，只有教师在课堂层面的评价才能提供这样的信息。教师在课堂层面实施的评价能够与其教学和学生的学习直接关联，且更加准确，能够提供有助于支持决策的信息。教师和学生的决策是持续的，因此有持续的信息需求，课堂层面的评价能够及时提供相关信息，满足他们持续的信息需求，有助于保证决策的正确性和有效性。所以，斯蒂金斯指出，如果评价不能在课堂层面有效地运行，其他层面的任何评价都是浪费时间和金钱。[②]

---

① 转引自哈经雄，腾星. 民族教育学通论. 北京：教育科学出版社，2000：558-582.

② Stiggins R. New assessment beliefs for a new school mission. Phi Delta Kappan，2004，86（1）：22-27.

当前的现实是，学校课堂层面的评价实践相当薄弱。要促进学习，课堂层面的评价实践就必须得到改善。对于课堂层面的评价实践的改善，两个方面的努力非常关键，一方面是要采取多种措施来保证课堂层面考试的质量，另一方面是要花大力气开发适用于课堂层面的多种有效评价技术。

3. 评价必须有学生的主动参与

以往的评价范式有两个基本假定：一是只要对学生进行评价，并根据评价结果对其进行排名，就能增强学生学习的动力，因此也就能促进学生学习；二是能够对学生学习改进产生最重要影响的决策往往是由成人做出的，其中教师做出的决策最为重要，因此，只要教师改进教学，就能促进学生的学习。这些假定明显存在问题，它们忽视了评价在学生视角中的复杂性，也忽视了学生对学习效能的决定性。

从学生视角看，评价与学习的关系绝非那么简单。的确，对于一些学生，评价能够带来巨大的学习动力。这些学生通常是那些在以往的评价中持续获得成功经验的学生。可是，对于另一些学生，他们相信无论做出怎样的努力，失败依然不可避免。评价是否依然会带给他们学习的动力？他们会放弃，不再尝试去努力，不努力导致的失败比努力了依然失败更能够避免心理上的冲突或认知上的不协调。他们之所以相信无论做出怎样的努力，失败终究不可避免，一个关键因素是在以往的评价中获得的失败经历。在评价中持续排名低位使得他们怀疑自己作为学习者的能力，丧失取得成功的信心，并陷于无助的境地，最终丧失继续学习的动力。在这里，我们可以看到，评价对学生既可能是动力，也可能是威胁。到底是动力还是威胁，最终取决于学生从以往学习经历中获得的经验和感受，取决于学生是否继续尝试的情绪动力，取决于学生对自己在评价中的表现的认知。[1]学生必须明确评价的目标，主动收集信息来持续监控自己达成目标的过程，并充分运用评价结果的信息进行自我反馈、自我调整。换言之，学生必须成为评价过程的参与者。

---

① 卢乃桂，许庆豫. 我国 90 年代教育机会不平等现象分析. 华东师范大学学报（教育科学版），2001（4）：7-16.

学生参与评价意味着学生应当成为评价的全过程的主体。第一，学生应当参与学习目标的设定。学生必须学会将教师清晰呈现的教学目标转化成学习目标，形成关于学习成果的清晰的愿景，明确学习目标所要求的成果或产品的质量，并以此为努力方向和监控自己学习的标准。在这一方面，教师与学生交流分享教学目标，让学生参与评分规则的制定，对学生极为重要。第二，学生应当主动参与信息或证据的收集。学生必须学会自我反思、自我监控，主动收集自己在达成目标过程中的进步信息，明确自己的优势和差距。档案袋评价的实施能够为学生在这方面的参与提供机会。第三，学生应当参与评价结果的交流。学生主动参与评价结果的交流时，就能更深入地理解评价结果，更好地成为评价信息的用户和基于评价信息的决策者。因此，让学生参与关于评价结果的协商，并参与与家长的交流，将十分有效。

4. 评价需要教师具有高度的评价素养

以往的评价范式中实施的评价在促进学生学习方面的成效并不令人满意。原因可能是多方面的，但其中一个重要原因便是教师评价素养上的缺陷。教师在评价过程中扮演着重要角色，这就需要教师有较高的评价素养。遗憾的是，教师的评价素养现状不容乐观，总体水平相对低下。[1]低下的评价素养是妨碍评价发挥促进学生学习功能的最重要原因之一。如果评价是为了促进学生的学习，那么课堂层面的评价就是促进学生学习的评价的主渠道，提高教师的评价素养就尤为必要。

要提高教师的评价素养，以下工作十分关键：第一，要明确教师评价素养的内涵。这就需要深入分析教师评价实践的应然状态，界定教师从事这些实践活动应当具备的知识与技能，形成教师评价素养框架，进而将其纳入教师专业标准，或者以教师评价专业能力标准的形式加以规定。第二，要将教师评价素养纳入教师入职条件。这需要明确教师资格条件中的"教育教学能力"条件，将教师的评价能力条件纳入其中，并加以严格考核。要大力促进教师评价素养的专业发展：一方面，需要依据教师的专业实践开发评价方面的培训课程，加

---

① 崔允漷. 促进学习：学业评价的新范式. 教育科学研究，2010（3）：11-15，20.

强评价方面的培训，为此需要大量的投入，因为在整个教师培训进入提高型阶段时，评价方面的培训依然是补缺型的；另一方面，需要为教师提供专业的评价实践模式，让教师能够在评价实践中通过团队合作的方式对评价实践进行反思和研究，促进评价素养的专业发展。

5. 评价结果的处理要以促进学生学习为目的

评价结果是指运用评价方法对学生学业成就进行评价所获得的各类信息，包括形成性评价信息和终结性评价信息。我国学者刘辉指出，评价结果的处理是促进学习评价的重要组成部分，并提出促进学习的评价范式指导下的评价结果的处理与从传统评价的结果处理不同，有其自身丰富的内涵，针对促进学习的评价结果的处理提出了自己的观点。①

（1）评价结果处理应该由"关于学习"走向"促进学习"

刘辉分析了当前学业成就评价结果中存在的问题，其中，评价结果的使用中管理主义倾向严重、评价结果处理的主体分工不明确、评价结果的分析与反馈不当、评价结果的报告与交流低效、缺少进一步的改进与干预措施等问题一直存在于我国的学业成就评价中。追其背后的成因，他认为主要受到"关于学习的评价"的评价理念的支配。②这种评价通常是在教师教学和学生学习之后，对教师的业绩和学生的学业做出评价，它通常被用于大规模的统一考试，其评价结果用来评判教学的质量和学校的成绩，因此它是一种典型的控制与甄别取向的评价。可以说，关于学习的评价关注学生学业水平的相互比较，这种比较性的评价信息对学生学习没有直接意义，不能分析诊断学生在特定领域中的学习困难，很难直接支持学生的学习。

当前"关于学习的评价"依然受到关注，"促进学习的评价"逐渐成为主流。在当前的学生学业成就评价实践中，认证性评价和选拔性评价依然具有非常重要的地位，对学习的评价不仅没有削弱，反而正在得到加强。但是，当前教育评价领域中受到最大关注的还是"促进学习的评价"（assessment for

---

① 刘辉. 促进学生学习的评价结果处理研究. 当代教育科学，2009（12）：11-14.
② 刘辉. 促进学生学习的评价结果处理研究. 当代教育科学，2009（12）：11-14.

learning）。这种教育评价是一种支持学习的评价模型，它关注相对于自己而非他人的个体成就；检测能力而非智力；发生于相对不受控制的情境中，因此不能产生"人人都可通用的"数据；寻求最好的而不是典型的表现；当解除作为标准化测验的特征的规则和规定时，它最有效；体现着一种建设性的评价观，目的在于帮助学生而非惩罚学生。[①]促进学习的评价认为评价应当发生于正常的教学过程之中，从评价活动中获得的信息可以用于促进教学。[②]英国评价改革小组（Assessment Reform Group）认为，促进学习评价最关键的特征是使用所获得的信息促进学生的学习，是寻求可以被教师和学生利用的证据并给予解释，从而鉴定学生在学习过程中所处的水平、所要达到的目标和怎样更有效地达到目标。[③]在促进学习的评价范式中，教学、学习和评价被看作三位一体的整体。评价不是外在于教学和学习的，而是镶嵌于教学过程之中的。促进学习的评价及评价结果处理在整个教学、学习过程中的作用与关系如图1-1所示。

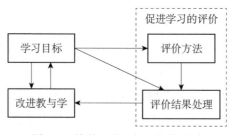

图1-1　教学、学习与评价的关系

在关于学习的评价范式中，评价结果的处理以考试测量学为基础来进行数据的分析，大规模统一考试的评价结果处理是以数据的统计分析方法为主，其目的侧重于分析整体趋势和互相比较，用于选拔、监测、政策评价和问责，很难兼顾到学生的个人学习情况。促进学习的评价通过收集信息对教与学进行反馈，诊断分析学生的学习情况，提供改进建议，进而采取改进措施。评价能否

---

① 崔允漷，王少非，夏雪梅. 基于标准的学生学业成就评价. 上海：华东师范大学出版社，2008.

② Black P，Wiliam D. Changing Teaching Through Formative Assessment：Research and Practice—The King's-Medway-Oxfordshire-Formative Assessment Project. OECD，2005.

③ 转引自刘辉. 促进学生学习的评价结果处理研究. 当代教育科学，2009（12）：11-14.

起到促进学生学习的作用，关键在于评价结果的处理是否以促进学生学习为宗旨和目的。因此，在日常教学中，教师必须转变观念，从"关于学习的评价"走向"促进学习的评价"，以促进学习的评价理念来处理评价结果，使评价结果的运用有利于学生的学习和教师的教学。

（2）促进学习的评价结果处理应该是一个动态循环的过程

刘辉指出，从促进学习评价的视角来看，获得评价结果不仅是教与学的终点，而且是新一轮教与学的起点。[1]教师处理评价结果应充分发挥评价结果在诊断和改进方面的积极作用，有效利用评价信息来反思教学与评价行为，挖掘这些信息对改善教学与提高评价质量的意义，以此规划和改进后续的课程、教学和评价事务。评价结果的处理不是简单地发布与告知，而是侧重于对结果的解释与反馈，提出有针对性的改进建议，引导学生正确对待与利用评价信息与结果，发挥评价结果的增值作用，体现在"学习—评价—获得评价结果—反馈评价结果—利用评价结果规划再学习"这一持续发展的过程中。新一代的评价要求打破以往评价中管理主义倾向，使评价成为评价者与被评价者共同建构的过程。评价的过程本身也是一个不断协商的过程，一个不断发现新问题、不断验证新共识的过程。协商的目的是通过对话解读和分析评价过程中的信息、事实和材料，赋予评价的信息新的各方能共同接受的意义。[2]评价结果的处理要改变教师独自垄断评价权力的状况，学生、家长等各方都应被赋予一定的权力。在这个过程中每个利益相关者都有各自的分工和角色，如果充分发挥各方的积极性，合力的作用就会大于逐个相加的总和。评价结果的处理过程要改变以往的教师对评价信息进行封闭判断的状况，评价信息的分析过程应该是开放的、共同建构的，对评价信息得出的判断结论应该是多方协商、交流和沟通的结果。

---

[1] 刘辉. 促进学生学习的评价结果处理研究. 当代教育科学，2009（12）：11-14.

[2] 埃贡·G. 古贝，伊冯娜·S. 林肯. 第四代评估. 秦霖，蒋燕玲，等译. 北京：中国人民大学出版社，2008：9.

第三节　我国高校课程学业评价的发展需求

一、高等教育教学质量和评价改革的相关政策文件

自 1999 年教育部出台《面向 21 世纪教育振兴行动计划》以来，我国高等教育建设工作获得稳步发展。尤其是《国家中长期教育改革和发展规划纲要（2010—2020 年）》发布以来，如何提升高等教育的教学质量问题引起了教育界持续广泛的关注和讨论，国家层面也将本科教育提高到前所未有的重视程度。2012 年 3 月印发的《教育部关于全面提高高等教育质量的若干意见》，强调要走以质量提升为核心的内涵式发展道路，这是高等教育开始走向内涵式发展的重要标志。随着我国对高校教育质量的关注，教学质量和学习质量成为评价高校教育质量的核心要素，也是高校教育质量评估的必然趋势。

为加快推进教育现代化、建设教育强国，实现我国教育改革发展的宏伟蓝图，2018 年以来，高等教育教学质量和人才培养的相关政策文件数量剧增。2018 年 1 月，教育部印发《普通高等学校本科专业类教学质量国家标准》，这是我国发布的第一个高等教育教学质量国家标准，该标准与全世界重视人才培养质量的发展潮流相一致，对建设中国特色、世界一流的高等教育体系具有重要意义。同年 8 月印发的《教育部关于狠抓新时代全国高等学校本科教育工作会议精神落实的通知》强调，"要切实加强学习过程考核，加大过程考核成绩在课程总成绩中的比重，严格考试纪律、严把毕业出口关，坚决取消'清考'制度"。同年 9 月，全国教育大会在北京召开。会议指出，深化教育体制改革，健全立德树人落实机制，扭转不科学的教育评价导向，是当前高校教育的重要任务；要扎实推进评价制度改革，坚决克服唯职称、唯学历、唯论文、唯奖项的"四唯"现象，要从根本上解决教育评价指挥棒和人才评价导向等问题；要积极投身实施创新驱动发展战略，坚持以教学为中心，突出创新意识和

实践能力，培养更多的高素质的创新型、复合型、应用型人才。[①]同年 10 月，教育部印发《关于加快建设高水平本科教育全面提高人才培养能力的意见》（简称"新时代高教 40 条"），提出"加强学习过程管理。加强考试管理，严格过程考核，加大过程考核成绩在课程总成绩中的比重。健全能力与知识考核并重的多元化学业考核评价体系，完善学生学习过程检测、评估与反馈机制"。2019 年 9 月印发的《教育部关于深化本科教育教学改革全面提高人才培养质量的意见》再次强调，"完善过程性考核与结果性考核有机结合的学业考评制度，综合应用笔试、口试、非标准答案考试等多种形式，科学确定课堂问答、学术论文、调研报告、作业测评、阶段性测试等过程考核比重"。同年 10 月印发的《教育部关于一流本科课程建设的实施意见》再次强调，"以激发学习动力和专业志趣为着力点完善过程评价制度……加强研究型、项目式学习，丰富探究式、论文式、报告答辩式等作业评价方式，提升课程学习的深度。加强非标准化、综合性等评价，提升课程学习的挑战性"。从国家制定的一系列政策可以看出，国家已逐步强调过程性评价在课程学业评价中的重要地位以及其在学生发展中的促进作用。《国家教育事业发展"十三五"规划》指出，"我国教育已进入提高质量、优化结构、促进公平的新阶段"。2020 年 9 月印发的《教育部办公厅关于做好直属高校"十四五"规划编制工作的通知》中强调，高校要牢牢抓住全面提高人才培养能力这个核心点，树立和践行新的人才观、质量观；细化任务分工、有力推动落实；要将规划中提出的目标任务进行分解，制定细化落实的时间表、路线图、任务书、责任状，并可根据需要制定人才培养、科研攻关、考核评价等分领域的改革方案。

2020 年 10 月，中共中央、国务院印发《深化新时代教育评价改革总体方案》，并发出通知，要求各地区各部门结合实际认真贯彻落实。《深化新时代教育评价改革总体方案》是新中国成立后以中共中央名义下发的第一个关于教育评价的政策文件。该方案指出教育评价事关教育发展方向，有什么样的评价指

[①]　坚持中国特色社会主义教育发展道路 培养德智体美劳全面发展的社会主义建设者和接班人——习近平代表党中央向全国广大教师和教育工作者致以节日的热烈祝贺和诚挚问候 李克强讲话 汪洋王沪宁赵乐际韩正出席. 人民日报，2018-09-11（01）.

挥棒，就有什么样的办学导向。学校要充分发挥教育评价的指挥棒作用，引导确立科学的育人目标，确保教育正确发展方向；坚持问题导向，从党中央关心、群众关切、社会关注的问题入手，破立并举，推进教育评价关键领域改革取得实质性突破；坚持科学有效，改进结果评价，强化过程评价，探索增值评价，健全综合评价，允分利用信息技术，提高教育评价的科学性、专业性、客观性；坚持统筹兼顾，针对不同主体和不同学段、不同类型教育特点，分类设计、稳步推进，增强改革的系统性、整体性、协同性。该方案特别强调了要改进高等学校评价，要推进高校分类评价，改进本科教育教学评估，突出思想政治教育、教授为本科生上课、生师比、生均课程门数、优势特色专业、学位论文（毕业设计）指导、学生管理与服务、学生参加社会实践、毕业生发展、用人单位满意度等。该方案提出，到 2035 年，基本形成富有时代特征、彰显中国特色、体现世界水平的教育评价体系。2021 年 12 月，教育部发布《全国普通高校本科教育教学质量报告（2020 年度）》，对部分高校本科教育教学工作提出建议，其中一条就是"高校应倡导以学生成长为中心的教育理念，从学生特点出发，遵循人才成长规律，组织开展各类教育教学活动，将以学生成长为中心的理念贯彻到人才培养全过程中"，还建议高校积极建构以学生成长为中心的人才培养体系。党的二十大报告进一步指出，要办好人民满意的教育，完善学校管理和教育评价体系，健全学校家庭社会育人机制。

二、我国高校课程学业评价改革的现实需求

我国高等教育已进入普及化阶段，全面提高人才培养质量，落实立德树人的根本任务，是高等教育新时代发展的重要课题。教育评价事关办学导向，有什么样的办学导向，就有什么样的课程教学。一个好的课程学业评价体系从小处说是上好一门课、保证高校一门课程教学质量的重要保障，从大处讲则是一所高校教育教学质量乃至其人才培养质量的基本保障。高校要全面提高人才培养质量，贯彻落实高校新时代育人目标，就需要跟紧时代步伐，深刻领会国务院、教育部的高校教育教学评价改革精神，致力于全方位的课程学业评价改革。

（一）评价应回归教育本质，复原其应有功能

新时代对高层次人才提出了新的要求，需要教师形成新的高校教育观与评价观。传统的高校学业评价过于注重鉴定功能，将学业评价窄化为检测学生学业水平、为学生评定等级并给出一个课程分数，忽略了学业评价的诊断、激励、教育、引领等功能。评价功能是指评价活动本身所具有的能引起评价对象变化的作用和能力。它通过评价活动与结果作用于评价对象而体现出来，评价内容与评价活动的结构及运行机制密切相关。学业评价功能定位决定了教师的评价视域以及将实施怎样的学业评价。学业评价的鉴定作用是指学业评价认定、判断评价对象合格与否、优劣程度、水平高低等实际价值的功效和能力。通过学业评价的鉴定功能，教师可以对评价对象（学生）进行优差鉴定、等级区分、排列名次、推优评先等。鉴定功能是学业评价的基本功能，但不是唯一功能。学业评价绝不是给学生贴标签，或者为教学质量评估提供证据，而是为了促进学生的全面发展。过于强调鉴定功能，可能导致一些学生、教师、学校更看重分数，追求显性化、速成性指标，从而背离新时代的高等教育"立德树人""培养全面发展的社会主义建设者与接班人"的核心目标。新时代呼唤新的教育评价观与学业评价观，高校课程学业评价应回归教育的本质，应回应社会对高层次人才的需求，凸显"人"的特点，要充分考虑被评价者（学生）的特点与需求，将学生的发展列入其中并放在核心位置，使学业评价回归教育本真，回归到促进人的发展的轨道上；在彰显学业评价选拔、甄别功能的同时，兼顾诊断、激励、教育与发展的功能，充分运用教育评价、学业评价的整体功能，才能充分发挥学业评价的育人育才功能。

（二）评价目标应围绕学生核心素养，培养全面发展的人

课程学业评价是教学质量评估的重要指标，评价目的是课程学业评价的出发点，也是最终归属地。评价目的是确定评价内容、评价方式乃至评价的合法主体的重要依据，甚至可以说有什么样的评价目的，就会产生什么样的评价结果。评价目的不仅影响教师的评价设计与评价实施，还影响学生努力的方向和结果。

目前，高等教育阶段的课程学业评价仍倾向于"知识本位"，重视对课程内容的知识考核，忽视了对学生在实际社会情境中社会实践和创新能力的评价，也忽视了对学习过程的评价。知识本位的评价标准会带来诸多弊端。首先，知识本位会误导一些学校和教师将关注点更多地放在如何提高学生的课程成绩上，只注重理论教学，而忽视学生创新能力的培养、社会实践能力的提升等。其次，知识本位会让课程学业评价成为一种摆设，不能发挥其真正的作用。例如，部分教师为了让学生取得较好的成绩，会在考试之前划定复习范围，让学生提前学习并关注相关考试内容，学生也会按照教师指定的内容进行考前突击复习，这种评价已经背离了评价的初衷，不利于培养全面发展的人。①

注重分数和排名仍然是目前部分高校学业评价的主要目标。其学业评价只是为了给学生一个学习标签，为学生考研究生、走向工作岗位提供一份证据，而不是为了学生作为主体人更好地发展。注重分数与排名的学业评价，势必导致学生对分数和名次的过分关注，导致学校和教师对能力、情感等方面的忽视，从而导致整个学业评价目的的偏离。按照加德纳的观点，人具有多方面智力，而不仅仅是语言智力和数学逻辑智力。当今时代，某种程度而言，人际关系智力、内省智力、情感智力更重要。新时代的高等教育肩负"立德树人""培养社会主义建设者与接班人"的重任，中国学生发展核心素养为人才培养勾勒出新时代具体的目标体系：以培养"全面发展的人"为核心，分文化基础、自主发展、社会参与三个方面，综合表现为人文底蕴、科学精神、学会学习、健康生活、责任担当、实践创新六大素养，具体细化为人文积淀、人文情怀、审美情趣、理性思维、批判质疑、勇于探究、乐于善学、勤于反思、信息意识、珍爱生命、健全人格、自我管理、社会责任、国家认同、国际理解、劳动意识、问题解决和技术运用18个基本要点。②中国学生发展核心素养旨在于培养学生正确的价值观、必备品格和关键能力。对标素养结构体系，我们不难发现，高校课程学业评价多集中于文化基础，侧重于知识评价。课程学业评价

---

① 王祖霖. 大数据时代学生评价变革研究. 湖南大学硕士学位论文，2016.
② 《中国学生发展核心素养》发布. http://edu.people.com.cn/n1/2016/0914/c1053-28714231.html.（2016-09-14）[2022-04-25].

的题目类型主要为具有唯一答案的客观题目，如计算题、画图题、判断题、选择题、匹配题、填空题等。这些题目类型主要考查学生对知识的记忆水平和学科基础技能的熟练程度。高校学业评价较少为高阶思维、创新能力、协作能力、问题解决能力、情感价值观等设计相匹配的评价任务。评价目标的窄化、片面化不利于培养全面发展的高层次人才。

（三）评价方式应多元化，发展性评价价值日益凸显

学业评价方式就是通过一定的手段检测人才培养目标是否达成的方法，同样也可以将学业评价方式理解为实现评价目标的方法和手段。传统学业评价目标视域下的评价主要考虑的是如何组织考试、考试题目采取什么样的题型、总分（或等级）是按何种比例或规定来确定的，等等。它往往只把考试作为学业评价的手段，过分强调传统的纸笔测验，忽视了多元化的学业评价方法。测验、考试等方式是比较常见的一种定量评价方式，其科学以及量化的手段确实有其积极的一面，例如降低主观评价的概率，评价结果的处理得以简化，但是其缺陷在于无法真实、全面反映学生学习的实质水平。学生生动活泼的个性被僵硬的数字替代，为数不多的关系数量遮蔽了他们发展和进步的轨迹，教育的复杂性和学生状况的丰富性泯灭其中。[①]"以分数论英雄"的极端做法误导和逼迫学生纯粹地为分数和名次而学，片面地追求分数名次带来的所谓"成就感"。分数的作用被一再放大，这违背了学业评价的初衷。新课程改革大力倡导发展性评价，强调运用问卷法、访谈法、学生成长档案袋法、观察法、案例分析法等多元化方法来评价学生学业质量。[②]传统的学业评价已不能适应新时代对高等教育人才培养的需求，发展性评价的实施回应了知识经济时代对高素质创新型人才的诉求，逐渐成为高校课程学业评价方式改革的突破口。发展性的课程学业评价促使以"教师为中心"的单一评价向以"学生为中心"的多元评价转变，凸显了学生的评价主体地位，调动了学生学习的积极性和主动性，

---

①　比尔·约翰逊. 学生表现评定手册：场地设计和前景指南. 李雁冰主译. 上海：华东师范大学出版社，2001：译前言.

②　段作章. 课程评价改革的困境与超越. 教育科学，2007（2）：27-31.

同时有利于培养学生的批判性思维、协同工作、沟通、交流、反思与自主调节等能力。发展性评价不是不要考试和测量，而是不把考试和测量作为唯一的评价手段，多元的评价方式以及学生介入评价更有利于促进学生的全面发展，顺应了新时代教育评价理念。

（四）改革传统评价范式，创建新范式是时代的应然要求

教育评价范式的转型是我国教育与课程改革的一项重要任务。这项任务是由于传统教育评价范式与教育理论及实践产生了尖锐的矛盾。改革传统的评价范式，创建新的评价范式，既是时代的应然要求，也是评价理论研究的呼唤回归，更是教育评价实践的必然结果。[1]

1. 时代要求催促教育评价范式的变革

我国传统的教育评价范式"既源于从西方引进的适应工业时代需要的学校教育理论，又交织着尚未在思想上根本废除的'科举'和'传道授业解惑'的中国教育传统；教育思想打上了农业时代'传承型'和工业时代的'标准件型'的双重烙印"[2]。在这种"传承型""标准件型"的教育观念和应试教育驱动下，曾经在基础教育中盛行知识本位、注重甄别与选拔、主要以量化方法考查学生的评价范式，与当今社会的要求及学生的发展需求产生一系列尖锐矛盾。[3]

1）教育评价过多倚重学科知识，特别是课本上的知识，而忽视了对实践能力、创新精神、心理素质以及情绪、态度和习惯等综合素质的考查。这与竞争加剧的信息时代对人才在实践能力、创新精神与价值观的要求产生尖锐矛盾。

2）教育评价过多强调共性和标准化，忽略了个体差异和个性化发展。这与社会所需人才的多样性和个体的差异性产生尖锐矛盾。

3）教育评价以传统的纸笔考试为主，倚重量化的结果，而很少采用体现

---

① 朱铁成. 论我国教育评价范式及其转型. 浙江师范大学学报（自然科学版），2007（4）：476-480.

② 王岩. 中国基础教育的范式革命——创新教育再解析. 社会科学论坛，2001（8）：44-46.

③ 教育部基础教育司. 走进新课程——与课程实施者对话. 北京：北京师范大学出版社，2002：145.

新评价思想的、质性的评价手段与方法。这种单一的评价方法与真实、公平的评价以促进学生发展的要求产生尖锐矛盾。

4）教育评价中被评价者处于被动地位，基本上没有形成教师、家长、学生、管理者等多主体共同参与、交互作用的评价模式。这种评价主体的"错位"与教育共同体成员（特别是学生）利用评价进行对话与反思，促进自身提高的要求产生尖锐矛盾。

5）教育评价过于关注结果，忽视被评价者在各个时期的进步状况和努力程度，没有形成真正意义上的形成性评价。这与评价要有利于学生的发展、教师的提高和改进教育的作用产生尖锐矛盾。

教育评价范式与教育实践产生的种种尖锐矛盾，严重地干扰了教育的发展性功能，压抑了学生个性的发展。实践证明，在传统的教育评价范式下，这些矛盾难以得到有效解决，探索一种新的教育评价范式十分必要。

2. 教育理论创新呼唤新的评价范式

我们对课程目标、教育、教育评价的本质与价值有了新的认识。课程目标从知识本位转变到以学生发展为本；"教育不再仅仅是一个传授知识、学习知识的过程，还是教师和学生共同建构知识和人生的过程""是以交流、对话、合作为基础，进行文化传承和创新的特殊交往活动"[①]；教育评价不仅仅是一种考查学生知识的手段，也不再是教师主导的独角戏，而是教育共同体成员交流、对话、反思的互相学习和共同提高的过程。

多元智力理论从新的视角提出人的智力与学习理论。人的智力是多元的，这种多元的智力因素不是凝固不变的，可以通过多元化的方式进行学习和训练来提高。与之对应，教育评价也应当是多元化的。而传统的评价采用的是高度统一、用以甄别学生数理逻辑智力差异的测验，这种高度统一、只关注数理逻辑智力进行筛选的教育评价机制是与多元智力及学习理论格格不入的。

建构主义理论指出，学习是学习者主体独特的、主动的意义建构过程，学习者不是被动地接受"正确"意义或拷贝他人的意义，而是根据个体自身的认

---

① 钟启泉，姜美玲. 新课程背景下教学改革的价值取向及路径. 教育研究，2004（8）：32-36.

知结构主动、有选择地感知信息，建构当前事物的意义。由于每个人建构意义的过程和结果都是独特的、有差异性的，建构主义理论反对用统一的标准化考试来评价学生，而认为要用适合学生个性的评价方法，并把评价融入学生学习过程之中。

第二章

证据理性与基于证据的
学业评价

"证据"一词在日常生活与学术研究中被频繁使用。中外学者最早关于证据的研究多集中在法学领域，习惯把证据与外在物体、客观事实、因果逻辑联系在一起来讨论。之后，它被应用于医学领域，用于医学循证。20世纪八九十年代，循证理论开始应用于教育领域，并形成了别具特色的"证据文化"。本章主要对教育领域中基于证据的评价理念、学业评价证据以及基于证据的学业评价相关理论等进行讨论和分析。

第一节　证据与证据理性

一、证据及证据的主要特征

（一）什么是证据

"证据"一词在现代汉语中作为高频使用的词语，在坊间任何一本字典或词典中都能被查到。《现代汉语词典（珍藏本）》修订本中对证据的解释为"能够证明某事物的真实性的有关事实或材料"[1]。该种解释是当前最普遍、最广为接受的证据定义。从该释义中，可以看出证据的作用是证明某事物的真实性，其基本要素是事实或材料。证据与事实或材料、证明活动紧密相关。按照这里的定义，为了证明的目的，有意识地采纳有关的事实或材料，将其运用于证明活动时，事实或材料就成为证据。如果有关事实或材料没有被用于证明活动，那么相关证据就不存在。由此，我们可以判断，证据必须被纳入证明活动中，即只有在证明活动中才有证据，证据的功能指向是客观真实。

在广泛使用的《新华字典（大字本）》中，将"证据"一词看作并列式复合名词。"证"被解释为"用人物、事实来表明或断定"和"凭据，帮助断定事理或情况的东西"[2]，"据"则被译作"凭依、依仗、占据之外"，尚有"可以用作证明的事物，凭证"[3]。这样的解释与《现代汉语词典（第7版）》并无二致。

更具权威性与涵盖性的《汉语大词典-12》中对证据的解释为：①证明事

---

[1]　中国社会科学院语言研究所词典编辑室. 现代汉语词典（珍藏本）. 7版. 北京：商务印书馆，2019：1673.

[2]　中国社会科学院语言研究所. 新华字典（大字本）. 12版. 北京：商务印书馆，2022：633.

[3]　中国社会科学院语言研究所. 新华字典（大字本）. 12版. 北京：商务印书馆，2022：254.

实的依据；②证明，考证；③法律用语，据以认定案件的材料。①可以看出，《汉语大词典》扩大了证据的意义，证据除了是事实或材料，还被作为动词定义为证明、考证。其被定义为法律用语，则表明证据这个词所属的特定专业领域，或者说该领域更依赖证据。

在汉英词语对照中，"evidence"是对"证据"一词的普遍翻译，相对来说，该词与汉语证据一词被结合在一起的情况较为频繁。《英汉大词典》对"evidence"一词的解释是"根据、证明"，这与汉语中"证明之根据"的定义相同。与《汉语大字典》一样，该书将 evidence 区分为名词与动词。名词中第二义为"证据、证词、证言、证人、物证"，第三义则是"迹象，痕迹"。②这样的解释认为证据是可以找到的，无论是证物证言，还是迹象痕迹，都是看得见的事物。作为动词 evidence 其意义主要是证明，也特别表明了专属法律领域。在《牛津英语词典》中，evidence 首义为"The quality or condition of being evident，clearness，evidentness"（明显的性质或状态、清楚明白、明显）。这是英文中 evidence 一词的最初意思，仅仅指无须思考、一目了然的情况。随着 evidence 一词的深入使用，它还有例证、事例、担负证明的东西的意思。evidence 用作法律用语是从 14 世纪中叶开始的，在其法律用语这一大的义项中，evidence 就是证人、证物，即法律调查所给出的用来确定争议之事实或观点的信息。

通过比较中西方对证据概念的定义，可以看出该词在中西方语境中的定义较为稳定，尽管证据有着诸多历史含义，但随着历史的发展演变，中文与英文的证据概念，不约而同向外在事物靠拢，两者在证据概念的外延领域具有相似的概念。不管是中文的"证据"还是英文的"evidence"，是以获得真知、真相为旨趣，"真"（truth）是一个主导着证据概念的关键词。③

中西"证据"一词都与司法密切相关，其本身都是真理看得见的部分。法律是裁判、评定、做出结论的地方，证据的出现与使用就是要把问题都弄清楚。

---

① 罗竹风主编. 汉语大词典编辑委员会，汉语大词典编纂处编纂. 汉语大词典-12. 上海：汉语大词典出版社，1993：432.

② 陆谷孙. 英汉大词典. 上海：上海译文出版社，2001：595.

③ 余伟. 证据的界说——以字典释义为中心的历史语义学分析. 证据科学，2014（4）：401-413.

（二）证据的主要特征

证据和一般"数据、信息和事实"的不同就在于：证据是有意识、有目的的，它是用来回答那些与主体密切相关的问题；证据是对某一过程进行解释和思考的过程，陈述证据的一方需要能够理解证据的含义并能用它来支持某项结论；证据是系统的、完整的，而不是一些毫不相关的事实；证据可以是定量的，也可以是定性的。[①]简单来说，证据是由数据、信息和事实演化而来的。美国西部学校和学院协会（Western Association of Schools and Colleges，WASC）将证据的特征概括为相关性、可信性、典型性、可累积性、可操作性。[②]

1. 相关性特征

任何证据都应与所讨论的问题相关，它是有意识收集的、切入主题的，不仅仅是数据和资料的罗列。理想的证据是具有选择性的，这一选择的过程主要考虑所陈述问题的主题和重点。对于陈述一个问题，人们往往认为在列举证据时要"多多益善"。其实不然，在列举证据时，我们需要选择那些具有代表性的证据，兼顾证据的类别和数量，保证证据的质量和陈述问题的相关性，尤其是与重要问题的相关性。证据的展示最好不要成为"数据的堆砌"。

2. 可信性特征

可信性是指证据的开发过程是否可以重复，以及重复这一过程是否可以得到同样的结果。这点要求呈现的证据必须是具体的，而不是简单、笼统、概括性的陈述。举个例子，一所高校在说明毕业生质量这一问题时，如果该校就此仅说"雇主们经常表达对学校毕业生工作的满意"，这种陈述就不具有可信性。为了完善该证据还须提供其他文件，比如说表达"满意"的具体数字和百分比、调查问卷或焦点访谈的结果。

---

① 刘见芳，李越. 美国高等教育评鉴中的证据使用——美国西部学校联盟高校评鉴委员会对证据的开发使用. 清华大学教育研究，2004（1）：65-70.

② 刘见芳，李越. 美国高等教育评鉴中的证据使用——美国西部学校联盟高校评鉴委员会对证据的开发使用. 清华大学教育研究，2004（1）：65-70.

3. 典型性特征

任何证据都必须是某种情况或条件的代表，而不是一项孤立的案例。如果证据陈述中应用了某项抽样数据，则必须同时指出该样本对总体的代表程度。如果数据是定量的，为了说明某一内在变化或变化趋势，最好提供3—5年的前后对照数据；如果证据是定性的，如案例或文件，最好给出多个案例或额外的数据说明其典型性。

4. 可累积性特征

证据的置信度是随着其产生来源和收集方法的增加而增加的，如果通过多渠道收集的证据能独立地证明同一个问题，我们就说该结论的可信性因此得到加强。因此，证据的收集过程要尽量做到数据源的多样性，防止依靠唯一数据源造成判断错误，这也并不是说每个证据都必须提供好几个数据源。

5. 可操作性特征

正如新的教育评估哲学体系所期望的：通过收集和评估各类定量和定性的证据来提高高校的运作绩效，期望高校的决策是"信息化"的，在高校内营造一种"证据文化"。好的证据应该为该校的行动和改善提供切实的指导，因此，对证据的分析和陈述必须通过合理分解来揭示高校内在的优势和弱点，或者发现实施改变或改善的机会和途径，也就是说，证据的收集是为行动提供指导的。

二、证据理性

（一）证据理性的基本内涵

理性是人类最基本的生存方式，是人类得以存在、延续的根本力量，也是人类必须使用的思维方式。可以说，人类发展的历史就是一部追求和弘扬理性的历史。[1]证据理性则是一种基于证据的理性思维方式。其中证据是证据理性的核心，在实践活动中如何寻找证据，如何分析、解释和使用证据则是其基本

---

① 赵文平. 认识教育研究的理性特质. 现代教育管理，2021（3）：10-16.

内容。目前对"证据理性"概念完整的解释尚未形成，但可以结合与其相似的词"循证"进行理解。两者在核心观点上具有一致性，都有基于证据开展实践活动之意。循，即遵循、依循，证，即证据。循证顾名思义就是依据证据，基于证据。

（二）证据理性的表现

前面了解了证据理性的基本内涵，那么证据是什么以及证据通往理性之路是如何表现的呢？我们将从以下两个方面加以论述。

1. 证据及其获取过程理性

证据是证据理性的核心，证据的核心成分是信息，从证据的定义来看，"证据"是充足的、经过科学证实的高质量信息。[①]一方面，证据的充足性需要证据来源具有广泛性、多渠道性特征，充足的证据不仅可以是量化证据，还可以是质性证据，不仅可以是一次数据还可以是二次数据等；另一方面，证据理性还表现为获取证据手段、程序的科学性与系统性，这样才能保证证据的质量。

2. 基于证据的决策理性

基于证据的决策理性的核心准则是决策者需要基于健全、严谨和公正的政策研究证据做出决策。大数据时代，各个领域都充斥着海量数据，决策者必须依据这些承载与描述事物状态的数据，但数据不能自然而然地成为直接的决策依据，数据要经过收集整理转化为信息，信息要经过解读转化为知识才可以作为决策依据的来源。数据不等同于证据，从数据到证据要经过从数据到信息，从信息到知识、从知识到证据的三个步骤。[②]简言之，基于证据的决策中证据生成、证据评估和证据使用等环节都为决策提供了必要的科学路径。

---

① 桑锦龙. 为教育政策提供证据——当前英国教育政策研究的特点及启示. 教育科学研究，2012（1）：12-17，32.

② 郁俊莉，姚清晨. 从数据到证据：大数据时代政府循证决策机制构建研究. 中国行政管理，2020（4）：81-87.

第二节　证据文化的形成与发展

一、证据在多个领域的应用

在现实生活中，人们所能采集到的信息充斥着大量不确定性，只有在某些特定的条件下才能保证获取的信息是完备、准确的。在此背景下，基于证据的理念深入人心，证据被广泛应用于诸多领域。

（一）证据在法学领域的应用

在中国的证据法学理论中，有关证据的概念问题一直存在较多争论。关于证据的含义问题，法学界出现了多种观点：有的将证据定义为"证明案件真实情况的事实"①；有的将证据视为"证明案件事实的根据"②；有的把证据界定为"证明案件事实的材料"③；还有些学者持一种折中的观点，将证据看作"证据内容和证据形式的统一"④。学者各持己见，分歧也一直存在。如今《中华人民共和国刑诉法修正案（草案）》对证据的概念和法定种类做出了较大调整，将证据概念定义为"可以用于证明案件事实的材料都是证据"，与此同时，对证据的种类也做了适度扩展。尽管我国法学界对证据概念存在诸如"事实说""材料说""根据说""命题说"等不同学说，但证据一直是证据事实和证据载体的有机统一。⑤证据载体则是证据的表现形式。我国的证据立法条例对证据的法定种类做出了明确列举。我国刑事司法实践中出现并得到广泛运用的证据形式多样。按照传统的证据分类，根据其表现形式或载体的不同，证据大体可以被分为实物证据和言词证据两类。其中，实物证据包括物证、书证、视听材料、电子证据等，言词证据包括被告人供述和辩解、被害人陈述、证人

---

① 陈一云. 证据学. 2 版. 北京：中国人民大学出版社，2000：61.
② 杨荣新. 民事诉讼法教程. 北京：中国政法大学出版社，1991：255.
③ 应松年. 中国行政诉讼法讲义. 中国政法大学，1994.
④ 卞建林. 证据法学. 北京：中国政法大学出版社，2000：135.
⑤ 陈瑞华. 证据的概念与法定种类. 法律适用，2012（1）：24-30.

证言和鉴定意见等。随着证据运用规律逐渐为人们所揭示和认识，也随着科学技术手段在刑事司法领域中得到越来越多的运用，证据的表现形式发生着变化。一些新的证据载体被转化为"法定的证据种类"，比如2010年，我国首次将电子证据列为法定的证据种类，并将电子邮件、电子数据交换、网上聊天记录、网络博客、手机短信、电子签名等证据形式纳入其范围。

（二）证据在医学领域的应用

1992年，赛克特领导的研究小组首次提出了"循证医学"的概念，指出循证医学是有意识地、明确地、审慎地利用现有最好的证据制定患者的诊治方案。[①]实施循证医学要求医生在制定医疗决策时要参照最好的研究证据、临床经验和患者的意见。但由于临床研究数量繁多，种类多样，且质量良莠不齐，医疗决策者及临床医生很难花费大量的精力和时间从浩瀚的信息海洋中筛选出真实而适用的证据。于是证据分级体系应运而生，其目的在于对不同来源的证据进行质量分级，临床医生只需充分利用研究人员预先确立的证据分级标准和推荐级别使用各种高质量证据即可，从而达到正确、合理使用证据的目的。[②]

（三）证据在经济学领域的应用

证据既是人类在形成证明性推理的认识过程中所使用的材料，也是对客观世界的认识过程之一。[③]经济学研究的本质就是生产证据和应用证据的过程。[④]证据在经济学中的发展大致经历了萌芽期、成长期、发展期、成熟期四个阶段。第一，经济学证据的萌芽期。证据的来源主要是宗教信仰、神学等，大多基于时代背景下学者的个人经验，证据来源较为单一。第二，经济学证据的成长期。各种经济现象的出现极大地丰富了经济学的证据来源，数据到信息的转

---

① Sackett D L，Rosenberg W M，Gray J A，et al. Evidence based medicine: What it is and what it isn't. British Medical Journal，1996，312（7023）：71-72.

② 陈薇，方赛男，刘建平，等. 国际循证医学证据分级体系的发展与现状. 中国中西医结合杂志，2017（12）：1413-1419.

③ Bentham J，Hildreth R. Principles of legislation. American Journal of Nursing，1965（12）：1476.

④ 魏丽莉，王馨雅，杨克虎. 从理论驱动到数据驱动：循证视角下经济学证据的演化与发展. 图书与情报，2018（6）：25-31.

化程度提高，以历史归纳和抽象演绎为主的经济学证据生产方式走向规范化。第三，经济学证据的发展期。第二次工业化浪潮兴起，为证据的快速发展提供了优越的条件。此时，经济学的证据来源主要是经济现象以及经济决策的各种实践的效果。这一时期数据能够较好地转化为信息，经济学证据来源不断增多，证据生产方式逐渐科学化，形成了许多质量较高的有效证据。第四，经济学证据的成熟期。随着人类从工业社会迈向信息社会，原有的证据来源已经不能满足研究与决策需要，经济学开始将实验结果、行为实验证据、田野调查等其他研究证据纳入经济学的证据范围，提高了经济学证据的影响力和解释力。该时期大量数据中的有效信息均可被提取，经济学证据丰富多样，证据生产方式科学性较强，证据质量较高。

（四）证据在国际公共政策领域的应用

循证决策一直是国际公共政策领域和学界关注的重要研究和实践领域。政策制定可以被视为一种活动或过程，如果这一活动或过程中严格遵循基于证据的原则，就是"循证决策"。循证决策的核心是"使政府的政策行动更具理性，在更大程度上建立在'明智证据的基础上'"[1]。关于循证决策的构成，桑德森提出两个关键要素：一是证据的特质，即证据要具有科学性和高质量性；二是证据在实践中应该被充分有效使用。[2]针对证据的特质，周志忍等将其归结为四个方面：一是证据不同于信息，不是所有信息都可以构成证据；二是信息转化成证据需要多方人员参与，需要借助现代科学研究方法和工具；三是证据的来源必须广泛；四是证据要具有科学性和高质量。[3]

二、证据文化的形成

证据文化是指支配证据实践活动的精神内核以及与之相适应的证据观念、

---

[1] 周志忍，李乐. 循证决策：国际实践、理论渊源与学术定位. 中国行政管理，2013（12）：23-27，43.

[2] Sanderson I. Making sense of 'what works': Evidence based policy making as instrumental rationality? Public Policy and Administration，2002，17（3）：61-75.

[3] 周志忍，李乐. 循证决策：国际实践、理论渊源与学术定位. 中国行政管理，2013（12）：23-27，43.

证据制度、证据实践、运用证据的组织机构和设施、证据意义等的总和。其内容主要有两个：一是支配证据实践活动的精神内核，包括基本精神、社会基础、主要特征和价值取向等；二是这个内核的"外化"过程或方式，包括观念、制度、实践、器物及意义等。因此，证据文化有五个表现形态，即观念形态、制度形态、实践形态、器物形态和意义形态。那么证据文化是如何形成的呢，又是如何渗透到教育领域并不断发展的呢？本小节将进行详细叙述。

（一）时代发展催生循证医学

20 世纪，随着科学化思想进程的推进、日益尖锐的卫生经济学问题、临床医学领域重视科学研究证据等复杂背景，为循证的产生提供了根本动力①，同时也为循证医学打下了快速发展的基础。20 世纪中期后，各种致病因素繁多、发病机理复杂的慢性疾病成为威胁人类健康的主要原因，但卫生服务的质与量远不能满足人们的需要，导致卫生经济学问题日益尖锐。此时，发达国家（尤其是美国）出现严重的医疗浪费现象，为缓解这一现象，美国在 1973 年开始极具影响的"管理医疗"，并于 1989 年成立美国卫生保健政策研究所，为临床医生提供治疗指南与手册，以期通过指导医生正确使用基于研究的证据来降低医疗费用、提高医疗质量。②在诸多因素的影响下，美国流行病学之父戴维·萨基特于 1992 年 11 月在《美国医学协会杂志》上发表《循证医学：医学实践教学的新方法》，此后循证医学便席卷世界各国，被称为影响世界的伟大思想之一。

（二）医学辐射推动大范围循证实践

随着循证医学的不断发展，循证药学、循证护理、循证外科等也应运而生，并辐射至邻近的人文社会科学领域。循证作为一种新方法，其内在的应用价值驱使其在不同领域的拓展应用以及循证实践概念的发展，促成了人类实践

---

① 杨文登，叶浩生. 社会科学的三次"科学化"浪潮：从实证研究、社会技术到循证实践. 社会科学，2012（8）：107-116.

② Goodheart C D，Kazdin A E，Sternberg R G. Evidence-based Psychotherapy：Where Practice and Research Meet. Washington DC：American Psychological Association，2006：37-61.

领域的又一次深刻变革，最终在国际范围内催生了一场声势浩大的循证实践运动。[①]循证实践，又称"基于证据的实践"，它是一种方法，认为政策和实践应该有合理的证据来证明其可能产生的影响。对循证实践的理解，国际上有最佳实践、与实践决策者相关两种解释。最佳实践指的是通过符合明确标准的科学研究内容确立的有效实践。选择的标准包括实践已经通过手册、准则或认证培训而进行了标准化，通过对照研究设计对实践进行评估，采用客观措施证明有价值的成果且已被不同研究小组复制使用等。与实践决策者相关，这一理解归因于萨基特及其同事对循证医学的补充描述，即医生运用最佳证据为患者进行医疗决策，将最佳研究证据、临床专业技能与病人价值观三者整合起来。[②]由此可看出，循证医学强调的不是最佳做法，而是如何利用现有最佳证据做出决策，是一个判决的决策过程。

（三）实践深化孕育证据文化

随着"基于证据的实践"在不同领域的持续与深化，"证据文化"逐渐成为各领域实践的显著特征，特别是在学生学习成果评估、教师教育专业认证等教育评价领域掀起了一股塑造"数据文化""证据文化"之风。以美国教师教育专业认证为典型代表，证据在对教师教育专业认证过程中得到了充分的重视与利用，"证据文化"也在此评估过程中逐步形成与发展。从美国教师教育认证评估的发展演变来看，从 1954 年成立的美国国家教师教育委员会（National Council for the Accreditation of Teacher Education，NCATE），1977 年成立的教师教育认证委员会（Teacher Education Accreditation Council，TEAC），到 2013 年 NCATE 和 TEAC 合并成立的美国教育者认证委员会（Council for the Accreditation of Educator Preparation，CAEP），美国教师教育的专业认证历经数十年，其发展中尤其表现出以认证评估中的证据提交来强调问责的趋势。NCATE 颁布的教师教育机构认证标准中就已经表现出证据倾向。其所制定的两项标准中包括

---

① Ilott I. Evidence-based practice: A critical appraisal. Occupational Therapy International，2012，19（1）：1-6.

② Sackett D L，Rosenberg W M，Gray J A，et al. Evidence based medicine: What it is and what it isn't. British Medical Journal，1996，312（7023）：71-72.

对教师的六项评价维度，每个维度下都有对应的明确的标准内涵以及佐证评估标准的具体证据内容或材料，但该时期的证据形式较为单一，更重视对证据的提交。TEAC 对前期的认证标准体系进一步完善，使其更加客观、全面，同时相应的证据要求和证据材料更加细化。该时期对认证证据的要求更具灵活性，不仅关注教师教育机构是否实现了在开展教师教育项目的过程中由教师教育机构自定的标准，而且关注这些机构是否按照自定标准提交相应的证据。由此可以看出，从 NCATE 管理时期到 TEAC 管理时期，美国教师教育的专业认证已经开始关注证据的重要性。到了 CAEP 管理时期，基于证据的专业认证呈现更加显著的趋势。

首先，从认证申请程序上来看，被认证机构从申请（包括提交评估报告、评分指南和调查报告的证据看是否达到申请资格），到自评过程，上传在线证据、培养证据和工作案例，再到年度报告的提交，包括学生学习和发展的证据、教师实践性学习的证据、雇主的满意度证据等，整个认证程序更加依赖证据的支撑，更加强调证据的真实性、可靠性和多样性。其次，在该时期的认证标准体系中，每个标准下的每条细则中都明确界定了需要提交的证据类型和证据内容。其中，证据类型和证据内容的复杂性和细化度都比 NCATE 管理时期和 TEAC 管理时期更加突出，美国教师教育专业认证中已经表现出明显的证据导向，并且这种证据导向逐渐发展为一种显著的证据文化。

三、证据文化在教育领域中的渗透与发展

（一）美国教育领域的证据文化

1. 证据文化驱动产生循证教育

教育一直是美国的首要议题，也是国际社会的焦点话题。随着循证实践运动的不断持续和深入，证据文化在教育领域的影响力逐渐加大，此外，人们对高等教育标准和问责制的呼吁逐渐强化了基于证据的研究在支持教育改革方面的重要作用，教育领域逐渐成为一支证据文化的驱动力量。于是，戴维·哈格

里夫斯在 1996 年提出，教师应该像医生一样让自己的实践严格地遵循研究证据，进而在教育领域萌发了基于证据的研究思想。①

进入 21 世纪，美国针对国内外出现的新形势，在教育领域掀起改革的新浪潮，并发布《美国教育部 2001—2005 年战略规划》《教育科学改革法》等文件。受证据文化理念的影响及对科学研究、教育改革的重视，美国于 2002 年正式颁布《不让一个孩子掉队法案》，并多次提到教育要重视基于科学的研究证据。为深入贯彻落实该法案，美国教育部采取多项行动支持循证教育运动，如资助有效教学策略网来评价研究，与基于证据的政策联盟合作编写了《将证据驱动的进步带到教育：美国教育部的一项推荐战略》报告，并成立了美国教育科学研究所。其第一任所长格罗弗·怀特赫斯特极力推进循证实践运行，并效仿循证医学界定了"循证教育"的概念，即在教育过程中将专业智慧与最佳且有效的经验证据整合起来进行决策，自此开启美国循证教育的新纪元。②

2. 多领域推广与实施循证教育

由于循证起源于医学，因此最先实施且取得显著成效的也是医学及其相关联的教育领域。目前，循证在特殊教育、教育心理学、课堂管理、研究生教育等多个领域逐渐得到大范围的应用实施，并取得了较多成果，比如出版的《循证教育方法》《为高等教育的循证教学》《循证培训方法：培训专业人员指南》等书籍，描述了教育领域中基于证据研究的理论与实践。③这一时期涌现出的系列成果为美国循证教育的持续推进奠定了基础。

为促进循证教育的发展，美国政府及相关机构积极做出多项举措。例如，2010 年，美国教育部联合规划、评估和政策发展办公室发布《在线学习中循证实践评价：在线学习研究的元分析与评述》（Evaluation of Evidence-Based

---

① Hargreaves D H. Teaching as a research-based profession: Possibilities and prospects. The Teacher Training Agency Annual Lecture 1998. https://www.sagepub.com/sites/default/files/upm-binaries/14790_Hammersley_Chapter1. pdf.（2007-02-27）[2022-08-28].

② Whitehurst G J. Evidence-based Education（EBE）. https://www2.ed.gov/nclb/methods/whatworks/eb/ edlite-slide001.html.（2002-10-08）[2018-04-09].

③ 邓敏杰，张一春，范文翔. 美国循证教育的发展脉络、应用与主要经验. 比较教育研究，2019（4）：91-97.

Practices in Online Learning：A Meta-analysis and Review of Online Learning Studies），为在线学习及混合学习提供循证支持①；2015 年，美国教育科学研究所为提升初任教师效能，发布教师入职初期运用循证教学的关键策略和上岗工具包②；成立了国家教育评估中心，主要用于对由联邦基金支持的教育项目进行公正和大规模的审查、评估及提供技术援助，并通过提供循证信息帮助决策者和教育者就教育项目与干预措施做出合理决定。此外，2006 年，普林斯顿大学成立循证教育中心，致力于帮助学校及其网络和系统改善绩效、改变实践及消除成绩差距，借鉴多元化的策略和工具，以支持基于证据的方法促进学习与成长。

美国高校也极力推进循证教育研究与实践，其中比较具有代表性的是约翰霍普金斯大学。该校于 2004 年成立教育研究与改革中心，主要目标是通过高质量的研究和评估，探究与传播基于证据的研究，进而提升从幼儿园到高中阶段的教育质量。该中心为寻求项目有效性研究的教育工作者、研究人员和决策者提供广泛资源，包括《最佳证据百科全书》（*Best Evidence Encyclopedia*）、循证教育杂志《更好》（*Better*）、电子通信《最佳证据简介》（*Best Evidence in Brief*）以及关于循证教育改革的博客等。该中心主任斯莱文（R. Slavin）和该校的麦登（N. Madden）创立了"为了所有人的成功"（Success for All，SFA）项目及其基金会（Success for All Foundation，SFAF），通过创建和传播以研究为基础并经过严格评估的计划来改造学校，采纳和有效实施经过验证的计划，更广泛地推动有利于学校改革的政策。

3. 在政府主导下开展多方协作与整合

循证教育受科学研究的证据文化驱动，是教育实践领域科学化发展的结果，同时也是一场"自下而上"的实践运动，需要自上而下地推行。在美国循证实践推进过程中，有强大的政府领导的运动，存在包括教育在内的许多社会

---

① Means B，Toyama Y，Murphy R，et al. Evaluation of Evidence-Based Practices in Online Learning：A Meta-analysis and Review of Online Learning Studies. Washington D.C.：US Department of Education，2010：1-93.

② American Institutes for Research. Evidence-Based Instruction and Teacher Induction. https://lincs.ed.gov/publications/te/ebi.pdf.（2015-08-10）[2018-04-14].

科学领域建立基于证据的做法。美国原总统奥巴马曾呼吁人们："我们的任务是找出那些对成就影响最大的改革，为他们提供资金资助，并消除那些没有产生成果的项目。"①《不让一个孩子掉队法案》和《让每个孩子成功法案》均指出，联邦基金应该支持并优先资助"以科学为基础的研究"支持的教育活动。在联邦政府的支持下，美国教育部及教育科学研究所采取一系列措施，同时与循证政策联盟、教育捐赠基金会等开展多方协作和整合，促进全美教育领域中循证研究的实施与发展。得益于美国政府的高度重视和社会各界的大力支持，以及逐渐形成的学术界、实践界与行政界的协同创新及政府各职能部门精诚合作的氛围，循证教育在全美范围内的建设与发展取得了巨大成功，不仅形成了一套较为完善的循证教育大纲，而且催生了一系列循证教育项目，如"阅读优先"（Reading First）、"写作教学"（Writing Instruction）等，为循证教育的广泛开展提供了可靠的证据资源。此外，政府与社会组织还致力于创建支持循证的教育政策和评估标准，聚焦循证实践，消除实践中的误解和个人偏见。

4. 创建本土化的循证教育证据资源库

在循证教育实施过程中，一个关键问题就是证据的不确定性，并由此带来不相关、不清楚、不可用等一系列证据问题。同时，证据之多，又各有不同，审查并保证研究者所提供的证据为最佳证据，已成为循证教育得以健康实施的首要前提。证据审查可以在回顾总结证据的基础上明确有效和无效的证据。因而，类似于循证医学，美国教育部依据所用研究方法的严格程度将证据分为六个等级，即随机实验或者真实验、比较组实验或者准实验、前后比较研究、相关研究、案例研究、趣闻轶事。②其中所用方法越严格，所得结果越接近事物的本质，从而对应证据的级别也就越高。为推进循证教育快速发展、缩短教育理论与实践的距离，美国按照证据的六级划分标准对证据进行审查，在严格把关有效性的基础上建立了一系列本土化的证据资源库。例如，有效教学策略网

---

① Obama B. The Audacity of Hope: Thoughts on Reclaiming the Award American Dream. New York: Crown Publisher，2006：161-163.

② Whitehurst G J. Evidence-based Education（EBE）. https://www2.ed.gov/nclb/methods/whatworks/eb/edlite-slide001.html.（2002-10-08）[2018-04-09].

为一线教育工作者提供有关教育中不同项目、产品、实践及政策的现有研究信息，以供其选择有效性的最佳证据，并将干预报告、实践指南、个人研究综述及数据等证据以分级的形式形成证据资源数据库；《让每个孩子成功法案》的证据资源网站，由多方合作制作并免费提供有关符合《让每个孩子成功法案》证据标准的课程信息等；《最佳证据百科全书》提供了不同作者和机构编写的科学评论摘要以及全文链接，为教师、决策者和研究人员提供判断教育方案有效性的证据，旨在帮助教师根据可靠的证据选择教学方案，帮助校长选择符合国家标准的教改方案，帮助决策者利用证据指导决策，帮助研究人员找到对教育方案的严格评估方式，帮助儿童使用经证明有效的方式学习。[1]

5. 探索循证教育的行动框架

循证教育不只是一种价值理念，还是一整套原则与实践行动框架。它可在两个层级上运作：一是利用世界范围内关于教育和相关学科的研究与文献中已有的证据；二是在现有证据缺乏或存在疑问、不确定及薄弱的情况下建立健全的证据。第一层面上的循证教育是各级教育工作者都能进行实施的，也是通常意义上的循证教育。第二层面属于较高层级，此时教育工作者需要规划、执行和发表符合科学研究与评价最高标准的研究，并将其纳入社会科学、自然科学、人文主义和解释性学科。在这个层次上，循证教育的目标是确保未来的教育研究符合科学有效性、高质量和实际相关性的标准，而这些标准有时在关于教育活动、过程和结果的现有证据中是缺乏的。

效仿循证医学，美国循证教育针对第一层面已形成了一般实践模式或流程，即提出循证问题、寻找最佳证据、综合评价证据、整合专业智慧、评估所做工作。第一，提出循证问题。根据在教育过程中所遇到的情况，确定一个待解决的问题。第二，寻找最佳证据。根据确定的问题，查看相关教育指南、手册，或者从相关数据库进行条目检索，并根据提出的问题评判搜索结果和研究包括或者排除的标准，从而获取"最佳可得"证据。第三，综合评价证据。对寻找到的证据水平、质量标准、功能方法等进行综合评价，考虑其质量、透明

---

① 李霞. 循证教育：英国的实践探索. 比较教育研究，2021（8）：71-78.

度和相关性。第四，整合专业智慧。将所得研究证据与专业、家庭智慧及价值观相结合，并制订整合后的实施方案。第五，对以上过程所做的工作进行评估，在保证所做工作有效性的同时，可为之后实施循证教育积累经验。

从宏观意义上借鉴萨基特及其同事对循证医学的补充描述，循证教育是一个包含研究者、教育者、学习者、管理者等相关人员的复杂发展体系。其中，研究者通过科学化研究提供最佳证据，教师基于经验证据和专业智慧实施教学，学生及其家长根据文化背景、偏好、价值观等因素考虑参与教育实践的决策，而管理者通过循证可以制订教育政策协调整个教育过程。在这个体系下，只有多方协调与配合，才能共同促进循证教育的持续健康发展。

6. 教育质量评估彰显"证据文化"

自20世纪80年代，美国高校一直承受着巨大的外部问责压力，并为被动回应不同利益相关者的利益诉求付出了很大代价，但这并没有减少外界对高校的批评和质疑。所谓问责，是指对绩效管理的回应能力，问责的内容是多种的，包括汇报、解释、证明、回答资源使用及其效果等多方面。[1]此时的美国高等教育迫切需要完善问责制和透明度文化。高校绩效应该如何衡量？高校应该如何主动应对外部问责？高校应该向社会各界提供什么样的信息？采用何种方式能够更有效地增加高等教育的透明度？以上是美国高校和相关组织一直在思考的问题。与其被动地接受问责，不如主动出击，美国高校及其他各方经过不断努力，形成了两种自愿问责方式：一是美国公立高校的自愿问责系统，二是由学生学习与问责新领导联盟开发的高校自我评估工具。[2]总的来讲，高校问责的客体就是各级各类的高校。问责又可分为内部问责和外部问责。[3]不管对于何种问责，证据在其制度中都有着重要的作用和地位。

（1）用证据回应外部问责

在外部问责方面，高校主要回应外部机构（包括外部认证机构）对院校所设置的标准达标与否，是一种针对高等教育的外部利益相关方（包括以州政府

---

① 蒋爱花. 美国高等教育问责制的运行特点及对我国的启示. 中国行政管理，2017（10）：136-140.
② 高耀丽. 由被动到主动：美国高等教育问责制度的发展与启示. 高等教育研究，2014（2）：95-101.
③ 蒋爱花. 美国高等教育问责制的运行特点及对我国的启示. 中国行政管理，2017（10）：136-140.

为主体的高校利益相关者）对高校在教育质量、教学效率、教学效果等方面进行监督的一种机制。各州政府均有立法规定，高校每年或某个阶段要向州政府提交教育报告，内容应该体现教育质量自我评价、招生人数和毕业率、在校生与毕业生追踪分析、毕业生就业率和继续升学率、社会和用人单位对毕业生的评价等证据。[1]上述内容要求有数据、有图表，并进行相关的分析，以证明高校取得的绩效。通过公开报告的形式，州政府和社会公众获取高校问责方面的至关重要的信息。这些信息在互联网上可以公开查询，成为学生报考、招生就业、社会评价的测评指标。

（2）用学生学习成果证据回应内部问责

美国高等教育历来有对学生学习进行评估的传统，最初多为对学生个人的评定。20世纪80年代中期，美国高等教育界开展的"评估运动"则将学生学习评估的重点转向对院校整体或学生整体的评估。这一时期，美国陆续发布了几项专门针对高等教育的重要报告，都不约而同地指向高等教育质量下滑问题。面对社会各界的种种质疑，以及伴随着高等教育规模不断扩大而带来的财政投入压力，政府开始加强对高等教育质量的问责。在评估运动早期，州政府主要通过立法、制定政策、拨款等方式推动学生学习成果评估。许多州政府要求高校开展对学生学习的评估并汇报评估结果。联邦政府则主要通过对院校和专业认证机构的资质认定，促使认证机构将对学生学习评估的要求纳入认证标准。1992年，修正后的《高等教育法》首次以法律形式明确了认证机构应将对学生学习成果的评估作为认证标准的一部分。[2]

目前，以学生学习成果为主要内容的评估逐渐成为美国高等教育质量保障的核心。学生学习成果评估的重点是学生在大学学习的体验和收获，强调学生的个人发展与价值"增值"。高校中实施学生学习成果评估起初是为了应对外部的问责，进而演变为大学自身不断提升的诉求，许多院校开始自己设计评估方法，对教师和员工进行专门的培训，鼓励教师利用多种评估方法和工具取得学生学习方面的信息，丰富学生的学习体验，不断提高教学和学习质量。在对

---

① 程星，周川. 院校研究与美国高校管理. 长沙：湖南人民出版社，2003：63.

② 俞佳君. 美国高校中的学生学习成果评估. 外国教育研究，2016（1）：17-29.

学生学习成果评估的实践中，主要是根据直接证据和间接证据来评估学生的学习质量。直接证据主要包括"核心课程"的成绩、专业和实习成绩、教师命题考试的成绩、校外各类考试的成绩等材料；间接证据主要包括学生的学习档案袋、作业，以及学生、校友和毕业生用人单位的自我报告等材料。①作为学生学习效果评估的间接证据，近年来许多国家开始关注大学生学习经验的研究，重视从大学生的学习经历中收集教学质量的证据。②

在崇尚实证科学主义的美国，政府、社会、用人单位、学生家长等外部利益相关者要了解大学教育的质量，需要有关学生学习成果的数据和信息。高校、教师、学生要了解学生在接受大学教育后的"增值"情况，同样需要有关学生学习成果的测量数据。这些"证据"既是高校办学绩效和教师教学效果的有力证明，同时，更加明确了高校、教师对学生学习的责任，提供了教学改进方向的信息。例如，科罗拉多州立大学的研究改进和支持使命计划（Plan for Researching Improvement and Supporting Mission，PRISM）针对不同的利益相关者，设置开放平台，提供有关学生学习证据的链接。教师、学生、家长、校友、学校管理人员、评估小组均可以通过这个平台了解到有关学校教与学的信息。该校教师置身于这样一种评估文化：他们会习惯性地问："你有什么证据证明你教给学生的东西达到了预期的目标？"③这种强调证据的评估文化在美国高校的评估活动中得到充分体现。当然，这种证据更多地用于外部评价和内部自身改善，较少与教师的奖惩直接挂钩。

（3）质量提升期：学校塑造证据文化成为有效回应质量问责的重要手段

2006 年，斯佩林斯领导下的美国高等教育未来事务委员会提交的关于提升教育质量的报告《领导力的考验：规划美国高等教育的未来》，作为激励整个高等教育质量发展的重要内容具有里程碑式的意义。报告指出，学生学习是美国高等教育所面临的六大严峻挑战之一，21 世纪的学习成果评价被赋予新的使

① 李奇. 试析美国本科教育质量评估中的问卷调查. 比较教育研究，2008（3）：70-75.
② 魏红，钟秉林. 重视学生学习效果改善教育评估效能——国际高等教育评估发展新趋势及其启示. 中国高教研究，2009（10）：16-19.
③ Barr R B，Tagg J. From teaching to learning：A new paradigm for undergraduate education. Change：The Magazine of Higher Learning，1995，27（6）：12-26.

命。学习成果的评价工具和评价结果的运用应得到改良，实现院校机构间的比较和学生成绩的提升。

同时，这个报告充分肯定并激励高等教育院校实施学生学习成果的评价。自 2007 年起，部分学院在充分调查研究的基础上发起倡议，对项目层面和通识教育层面的学生学习开展质量评价改革，根据新时期的核心能力要求、企业与学生的需求等设置学习成果目标，并通过课程进行全面培养。州层面以及院校层面发起质量运动，分阶段推进学习成果评价项目，建立完善学习成果评价实施框架。①

为保证学习成果的可测量性和为回应问责提供数据支持，"证据文化"的塑造显得尤为重要。在机构个性化层面上，学生学习成果评价用以反映机构的特殊使命、课程目标及学生需求的被满足程度。以透明和问责作为主要特征的全国性评价，其作用在于突出标准化测试的优势以及加强院校之间的可比性。塑造证据文化是有效回应问责的手段，学校更愿意提供诸如毕业率、资格考试通过率等易于收集的数据，而这些数据不能有效说明学生学到了什么。美国教育考试服务中心（Educational Testing Service，ETS）利用自身资源帮助高校机构测试、定义、评估构建"证据文化"的策略，展示学习成果，并于 2006—2008 年发表关于证据文化的系列白皮书。白皮书第一篇报告对评价的现状做了微观审视，对缺乏学生学习经验数据的问题提出了建议②；第二篇报告对评价学生学习和参与度的主要工具进行研究③；第三篇报告提出，应通过某种证据，用以反映适合整个高等教育的普遍性学习成果或适合个体院校特色的个性化学习成果，即重视在学习成果评价中塑造"证据文化"④。以证据为中心的设计（evidence-centered design，ECD）是一种根据评价目标调整评价产品和过

① 李妍. 美国社区学院学生学习成果评价研究. 天津大学硕士学位论文，2017.

② Dwyer C A，Millett C M，Payne D G. A Culture of Evidence：Postsecondary Assessment and Learning Outcomes. https://files.eric.ed.gov/fulltext/ED500004.pdf.（2006-06-25）[2022-08-28].

③ Millett C M，Stickler L M，Payne D G, et al. A Culture of Evidence：Critical Features of Assessments for Post-Secondary Student Learning. https://files.eric.ed.gov/fulltext/ED499995.pdf.（2007-02-14）[2022-08-28].

④ Millett C M，Payne D G，Dwyer C A, et al. A Culture of Evidence：An Evidence-Centered Approach to Accountability for Student Learning Outcomes. https://www.xueshufan.com/publication/2726050659.（2008-05-11）[2022-08-28].

程从而确保效度的一种评价框架。首先，根据院校使命和学生应掌握的知识技能规定对学生的成果要求；其次，确定反映学生学习成效的证据形式，并对其与成果要求的适切性做出解释；最后，设计评价工具和评价活动。美国州立大学与赠地学院协会（National Association of State Universities and Land Grant Colleges，NASULGC）和美国州立学院与大学协会（American Association of State Colleges and Universities，AASCU）于 2006—2007 年联合成员机构建立了自愿问责系统（voluntary system of accountability，VSA），对学生学习成果进行有效评价并形成报告是该项目的重要目标之一。2008 年，自愿问责系统要求成员院校通过使用国家学习成果评价中心（National Institute for Learning Outcomes Assessment，NILOA）的透明度框架（Transparency Framework）对学生学习成果证据进行报告，包括如何评价学生学习成果，以及怎样使用评价结果以增强学习。

（二）英国教育领域的证据文化

1. 成立推进循证教育的组织

今天的英国，除了教学专业人员外，还有许多独立的组织在支持"循证教育"的工作，其中包括产生证据的研究小组（学术机构、政府和非政府组织等）、综合证据的审查小组、解释与转化证据的经纪人等。这些组织和人员在不同领域、不同教育阶段开展工作，积极致力于改善和推广证据的供应和使用。

1998 年，希拉奇（J. Hillage）等建议采取更具战略性的方法来规划对证据的研究、综合与交流。[①]作为回应，1999 年，英国政府资助设立国家教育研究论坛（National Education Research Forum），以制定国家教育研究战略。另外，政府还资助成立证据知情政策和实践中心（Centre for Evidence Informed Policy and Practice in Education），以提高对教育证据进行系统审查的能力。

国家教育研究基金会（National Foundation for Educational Research）是一个独立的教育研究组织，成立于 1946 年。在循证教育运动兴起后，它以"产生证据"为使命，通过研制和分享关于教育政策和实践的研究证据和见解，为

---

① Hillage J，Pearson R，Anderson A，et al. Excellence in Research on Schools. London：DfEE，1998：12.

决策者和从业者提供信息，支持教育系统的积极变革。教育研究和证据使用中心（Centre for the Use of Research and Evidence in Education）成立于 1997 年，致力于在学术研究和专业实践之间搭建桥梁，促进与支持证据的使用。近年来，该中心主要帮助学校领导了解什么是真正有效的改善成本效益的方法，提高教师反思课堂教学的兴趣和能力，利用研究来支持教师的专业发展，提高决策者实行循证决策的愿望。[①] 循证教育联盟（Coalition for Evidence-based Education）于 2009 年启动，由研究人员、决策者和实践者组成，致力于改进教育系统使用和交流研究证据的方式。

有效教育研究所（Institute for Effective Education）和教育捐赠基金会（Education Endowment Foundation）对于循证教育的支持是全方位的。有效教育研究所是一个独立的慈善机构，成立于 2007 年，总部设在约克大学，由鲍兰德信托基金（Bowland Trust）资助。该机构努力为教育决策者和实践者提供循证教育的专门知识和实用工具，包括帮助学校和教师在缺乏研究证据的情况下开展研究、推广和总结教师的研究结果及其实践成功经验、探寻将研究与实践联系起来的新方法。教育捐赠基金会也是一个独立的慈善机构，于 2011 年 7 月正式启动，由萨顿信托基金会（Sutton Trust）牵头，与动力信托（Impetus Trust）共同合作成立，并得到教育部的资助。教育捐赠基金会致力于通过生成和综合有关教育创新的证据，鼓励学校和政府等相关机构充分利用证据，采用有效的创新举措，促进处境不利儿童的发展。教育捐赠基金会也是政府指定的有效教育中心（What Works Centre for Education），其工作范围包括产生证据、综合证据和促进良好证据的应用等，具体工作包括为有潜力的研究方案提供资助，在全国各地推广优秀方案，以产生积极、持久的影响，支持教师使用高质量的研究和数据来改进教学实践等。

2. 创建循证教育的证据资源库

循证教育的前提是提供有效的、无偏见的高质量证据，其中建立证据基础是一项巨大的工程，需要开展大量的研究工作、投入大量的研究资金。在过去

---

① 李霞. 循证教育：英国的实践探索. 比较教育研究，2021（8）：71-78.

的 20 多年，众多资源库的建立使研究证据更容易获得。

1997 年，工党政府上任后，强调证据对发展公共服务的重要性，开发了一系列方案和资源，以提高教育研究的质量、可及性和可用性。其中，规模与影响最大的是经济和社会研究委员会（Economic and Social Research Council）资助的"教学和学习研究方案"（Teaching and Learning Research Programme）。该方案支持前沿研究，并为整个英国的教与学提供信息，同时提升英国高校的教育研究能力。

学校培训和发展署（Training and Development Agency for Schools）制作了教师培训资源库（Teacher Training Resource Bank），帮助教师了解教育研究的成果及最佳实践经验。教育部主办的"研究知情的实践网站"（Research-Informed Practice Site）也是为教师开发的基于证据的资源库，提供了大量来自教育研究期刊的论文摘要，帮助教师快速了解与教育实践有关的最新研究。国家教育研究基金会建立了由政府资助的数据库"英国当前教育研究"（Current Educational Research in the UK），收录了 2000 年以来英国教育学领域已完成或正在进行中的科研项目。另外，国家教育研究基金会还联合一些组织共同开发了门户网站"教育证据门户"（Educational Evidence Portal）。

有效教育研究所和约翰·霍普金斯大学教育研究和改革中心合作创建了《更好的》与《最佳证据百科全书》两个资源库。前者旨在帮助教育领导者和决策者基于研究证据做出更好的决定，后者提供了不同作者和机构编写的科学评论摘要以及全文链接，为教师、决策者和研究人员提供判断教育方案有效性的证据，旨在帮助教师根据可靠的证据选择教学方案，帮助校长选择符合国家标准的教改方案，帮助决策者利用证据指导决策，帮助研究人员找到对教育方案的严格评估方式，帮助儿童使用经证明有效的方式学习。

为使教育实践者更容易获得研究证据，教育捐赠基金会开发了"教学和学习工具"（Teaching and Learning Toolkit）作为循证教育的指南。该工具在总结广泛使用的教育干预措施证据的基础上，将多个来自世界各地的教育研究整合成一个在线工具，使教师和学校领导可以比较不同类型教育干预的影响和成本，帮助他们找到最有效教学方法的证据。根据国家审计办公室（National

Audit Office）的一项调查，现在英国大约 64%的学校领导者使用该工具来指导他们的决策。[1]该工具最初由萨顿信托基金于 2011 年推出，现由教育捐赠基金会与杜伦大学合作开发，该工具定期进行更新和扩展。

3. 促进循证教育的持续发展

循证教育是将专业知识与现有的最佳研究证据相结合，以提高实践质量。研究证据的使用还需要与专业判断相结合，教师是否具备批判性评价和使用证据的能力对于循证教育的发展非常关键。为了让证据资源变得有用，有必要对教师进行培训，使其学习研究工作原理的基础知识，了解如何进行不同类型的研究，以及每一种研究方法的优缺点。[2]过去几十年，英国开展的各种研究方法培训为提高教育从业者循证教育能力提供了重要的机会。

通过学校领导学校来提升从业者的循证教育能力是一种有潜力的方法。有效教育研究所与教育捐赠基金合作，创立了"研究学校网络"（Research Schools Network），以推动学校使用证据改进教学实践。每个研究学校将成为其所在区域支持、传播和实施循证做法的协调中心。研究学校与其他学校合作，鼓励合作学校通过定期交流和活动来利用循证方案和做法；为中层领导者和教师的专业发展提供支持，使他们了解如何在现有最佳证据的基础上改进课堂实践；支持合作学校制定改进教与学的创新方案，并向其提供评估教学创新的专门知识。英国首批 5 所研究学校于 2016 年 9 月开始工作，第二批 5 所研究学校也于 2016 年 12 月命名，并于 2017 年 4 月开始工作。

也有一些学校通过与大学合作来提升教师的循证教育能力，同时塑造学校的循证文化。2014—2016 年，20 个教学学校联盟（Teaching School Alliance）与曼彻斯特城市大学合作开展"循证教学：提高学校探究能力"（Evidence-based Teaching：Advancing Capability and Capacity for Enquiry in Schools）项目，以确定能有效支持循证教学和提升联盟内教师循证教学能力的方法。该项目的重点是促进学校使用证据来指导教育决策和教学实践，并评估这种变革带

---

①　Education Endowment Foundation. The EEF at 5. https://educationendowmentfoundation.org.uk/public/files/Presentations/Publications/5th_Anniversary_Brochure_Final.pdf.（2016-11-08）[2020-07-12].

②　Goldacre B. Building Evidence into Education. London：DfE，2013：17.

来的影响。曼彻斯特城市大学组建研究小组与联盟进行合作，为每个联盟分配一名研究导师，帮助提高他们的研究能力，同时还通过教师指南、教师工作坊等方式提供研究方法与证据评估方面的支持。此外，研究导师还会帮助联盟教师对研究证据进行评估并使用证据改进实践，帮助他们成为学校循证教学的倡导者。①

第三节　基于证据的学业评价

一、一种学业评价观：基于证据的推理

认识学业评价的本质对于实施科学的学业评价具有重要的指导作用，学业评价作为教育评价中内容最丰富、最复杂的部分，因此，探究其本质不妨从认识教育评价的本质入手，前者与后者逻辑上应有相同的本质。1994 年，梅斯雷弗对教育评价中的证据和推理问题专门进行了阐述。指出无论什么类型的教育评价，本质上关注的是对学生的知识、技能和成就做出一定的推理，而这种推理需要关于学生能力的证据作为支持，即期望从学生所说、所做或所提供的具体事情上来推论出他们知道什么和能做什么；从而评价可以看成"基于证据的推理"（reasoning from evidence）的过程。②

2001 年，美国国家研究协会（National Research Council，NRC）在《教育评价的科学和设计》中提出了对评价本质的看法，以一般性的、本质化的视角来看待评价，影响深远。报告中讨论的很多理论适用于任何目的下的评价。美国国家研究协会指出，任何评价都是一种工具，其设计是用来观察学生的行为并产生数据的，在一定程度上教师可以合理地利用这些数据来推理学生"知道了什么"。这种收集证据用来支持评价主体做出推论的过程即称为"基于证据

①　Hammersley-Fletcher L，Lewin C，et al. Evidence-Based Teaching：Advancing Capability and Capacity for Enquiry in Schools Interim Report. Nottingham：NCTL，2015：5-6.

②　Mislevy R J. Evidence and inference in educational assessment. Psychometrika，1994，59（4）：439-483.

的推理"。①这一命题本身就蕴含着要对学生做出哪些推理，需要哪些类型的证据，需要设计怎样的情境和任务来观察学生的表现，以及利用哪种工具对证据进行解释等方面的问题。需要指出的是，这种关于学生学习的推理过程是所有评价应具备的特征，包括课堂小测验、标准化成就测验、学生和教师进行的交谈等。通过追溯梅斯雷弗的观点可以发现，梅斯雷弗是从评价活动的本质特征，即所有评价都遵循的一般原则来阐述的。所有形式的教育评价实质上都是对学生知识、技能和成就的推理，这种推理需要证据作为支持，这样的逻辑适用于任何形式和任何理念下的评价，无论是传统行为主义范式下的测验理论，还是新兴认知主义和建构主义范式下的质性评价。

总之，根据上述美国国家研究协会对评价的定义，评价并不是对学习结果的价值判断，其本质应该是基于证据进行推理的一个过程。在这个过程中，关注哪些证据、如何收集证据、解释证据以及在此基础上怎样推理是评价关注的核心问题。

二、基于证据的学业评价模型

（一）ECD 模型

1. 模型提出的背景

在基于证据的学业评价观指导下，梅斯雷弗等于 1997 年提出了一个关于系统性进行评价设计的模型——以证据为中心的评价设计（ECD）模型，并将该模型应用于美国国家教育测量服务中心的研究项目中。历经多年的改造和完善，该模型已得到美国国家评价标准、学生测试研究中心、教育测量服务中心等评价机构的大力提倡，成为美国教育评价领域的主要研究方向和应用模型。②ECD 模型是一种系统地设计评价的理论模型，强调以证据为中心开展评价设计，包括证据的获取、解释、总结和报告等。在基于证据推理的评价观的

---

① Pellegrino J W，Chudowsky N，Glaser R，et al. 2001. Knowing What Students Know：The Science and Design of Educational Assessment. Washington D.C.：National Academy Press，2001：50-51.

② 冯翠典. "以证据为中心"的教育评价设计模式简介. 上海教育科研，2012（8）：12-16.

指导下，ECD 模型重在使用关于学生能力的证据（表现和其他作品）作为评价设计任务的基础；以学生的学习评价如何关注过程，如何清楚地描述学生获得和使用知识、技能以及个人能力发展过程中的轨迹，通过什么样的方式获取能够体现学生知识、技能等综合发展的证据，以及怎样把这些证据转化为数据及结论的相关策略为基本逻辑[①]；指出教育评价是收集学生证据并做出能力和其他品质推论的过程。精确推论能够支持明智的决策，ECD 模型则提供了可以获得精确推论的途径。

2. ECD 模型的概念框架

ECD 模型的概念框架提供了评价设计系统的整体蓝图，是 ECD 模型的核心。它包括六个模式，每个模式都要回答一些关键性问题，比如，"要测量什么""如何测量"等，其核心模式为学生模式、证据模式和任务模式。[②]

（1）学生模式

学生模式，也称能力模式，其回答的问题是"期望测量什么样的学生的知识、技能和能力的综合体"。学生模式定义了期望测量的知识、技能和能力的一个或多个变量，这个或这些变量应是可以被观察的，即基于变量就可做出关于学生知识、技能和能力的推理。做出的推理可以是一般化的（比如李某的数学能力较强），也可以是具体的（比如王某在解决方程的问题上有很大困难）。

通俗地讲，所谓学生模式或能力模式，就是我们期望评价学生哪方面成就的观点或陈述，是一项评价设定的评价目标。评价的各个部分和不同过程都起源于这样一个评价陈述。

（2）证据模式

证据模式回答的问题是"什么样的行为能表现测量目标的不同水平"。证据模式分析了学生和问题的互动情况和学生对问题的反应情况，这些情况就是表征学生模式的证据，基于此，可以进行关于学生模式的推论。一个证据模式

---

① 许锋华，大卫·威廉姆森·谢弗. 美国科学教育测评系统 ENA 评介. 电化教育研究，2015（9）：104-111.

② Mislevy R J，Almond R G，Lukas J F . A brief introduction to evidence-centered design. ETS Research Report Series，2003（1）：i-29.

包含两个部分，即证据规则和测量模式。二者在评价推理中扮演不同的角色：①证据规则，即量表或评分模式，可以看作对学生在与任务或学习环境的互动中形成的作品的输入，即应以什么标准如何看待学生的表现或提供的作品质量。证据规则描述了从学生在该任务中提供的作品来看，可观察的变量如何说明学生在具体任务中的表现。这些可观察的变量是任务的主要成果。根据任务的种类不同，学生作品可能是简短的回答、艺术品、一系列的动作等。作为输出，证据规则产生可观察的变量的具体取值（水平判断），即分数，可以看作对作品的总结式评价。②测量模式，也称统计模式，它提供关于学生模式变量与可观察变量的取值（即分数）之间关系的信息，这种关系可能是概率性的或逻辑性的。条件性概率是在现有数据基础上，通过某个人在 X 技能上的熟练水平来估计他在 Y 技能上的熟练水平；而测量模式关注的是使用学生模式变量来累积和综合不同任务中的证据。

（3）任务模式

任务模式回答的是"什么样的情境可以引发组成证据的学生行为"，它关乎评价工具和评价任务。证据模式描述了如何组织情境类型，从而使人获得证据模式中所需的证据种类。任务情境可从以下方面描述：①呈现形式（是使用纸笔测验还是实际操作等）；②具体的作品（是几何证明还是诗歌朗诵等）；③其他的变量（如难度）。任务模式既描述了提供给学生的任务情境，也描述了学生作为对任务情境进行回应的作品。

（4）组合模式

组合模式并不是一个独立的模式，而是由学生模式、证据模式、任务模式构成的整体，它描述了这三个模式如何协同运作起来形成评价。组合模式的目标在于描述如何准确地测量出每个学生模式的变量，以及任务如何恰当地反映出了测验的范围，也描述了不同任务间如何平衡一起构成评价。简而言之，组合模式是将所有已知的数据组成测验，其形式可能是纸笔测试或实际操作等，具体要看评价者的目的。

（5）呈现模式

呈现模式描述了在一项评价设计之后，如何呈现给学生以及如何与学生互动，它是设计好的评价任务向学生进行延伸和发挥作用的过程。现在的评价经常以很多不同的方式进行，比如使用纸笔、使用计算机或网络，或学生组织的档案袋。呈现模式描述了呈现给学生的任务情境是如何组织的，即在不同的情境下任务是什么样的。

（6）发布系统模式

发布系统模式描述的是作为一个评价整体的五个模式，它们之间是如何相辅相成、共同运作的。发布系统模式也会对模式面临的安全、时间等问题进行说明。

（二）形成性评价过程模型

1. 模型提出的背景

20 世纪末期，随着高利害标准化考试弊端的暴露，人们更加清楚地认识到外部总结性评价的问题，并纷纷转向关注内部的课堂评价，探究课堂评价如何行使形成性功能和支持学习的过程。由于课堂评价具有形成性功能，人们往往把课堂评价与形成性评价联系在一起。有学者提出课堂评价其实是一种典型的形成性评价[1]，这为探究形成性评价的过程要素奠定了研究基础，推动了形成性评价的发展。1997 年，新西兰教育部委托怀卡托大学的考伊和贝尔负责调查教师的课堂评价如何促进学生思维发展的过程，并揭示这个过程的本质和特征，确定过程中的关键要素。他们通过对 10 位科学教师课堂评价的实证研究，提出形成性评价的包括评价目的、收集证据、解释证据和采取行动四要素，为之后的研究者奠定了基础。[2]20 世纪 90 年代末以来，一群英国学者对课堂评价进行研究，推动了形成性评价的发展。布莱克等于 1998 年发表一项关于形成性评价的研究综述，他们发现形成性评价是课堂活动的必要组成部分，改善形成性评价可以提升学业成就的标准。[3]要改进形成性评价，应该关注三个方面：第一，通过教师的反馈，让学生体验成功；第二，加强学生的自

---

[1] 郑东辉. 试论课堂评价与教学的关系. 课程·教材·教法，2014（12）：33-38.

[2] 梅珍兰. 试论形成性评估作为一项关键的教学技能. 教育发展研究，2020（20）：62-69.

[3] Black P，Wiliam D. Inside the black box：Raising standards through classroom assessment. Phi Delta Kappan，1998，92（1）：81-90.

我评价和同伴评价；第三，形成性评价与教学融为一体，通过评价来改善教和学。在此基础上，英国评价改革小组更进一步，创造了一个新的名词"促进学习的评价"来指代形成性评价，他们认为"促进学习的评价是发现和解释证据的过程，这些证据被学习者和教师用来决定学习者在哪个阶段学习、需要达到什么目标以及如何最有效地实现目标"①。

随着 21 世纪初世界范围内国家课程标准的陆续出台，许多国家对学生的学业评价有了判断的依据，加上反馈在课堂评价中的重要性日益受到重视，一些评价专家增添或提出了一些新的促进学习的课堂评价要素。其中，斯蒂金斯提出高质量的课堂评价包括五个要素：明确的评价目的、清晰的评价目标、准确的评价设计、有效的评价结果交流、学生的参与。②21 世纪初，美国国家评估、标准和学生测验研究中心副主任赫里蒂奇（M. Heritage）通过多年在英美两国多所学校的行动研究，于 2010 年提出形成性评价过程模型。

2. 模型的基本环节

在赫里蒂奇的设计中，形成性评价过程模型（图 2-1）包括 10 个环节，各个环节之间存在动态的互动关系，一个环节的变化将会使过程中的其他环节发生变化。③

（1）学习进程

赫里蒂奇认为从本质上而言学习涉及进程，"如果想要形成性评价能为师生提供指导，它必须与学习进程相关联"④。学习进程是指"在一个特定的知识范围或一个相对较长的时间内对学习如何发展的经验上的一种描述，它可以提示、指导随后的学习目标和成功的标准"⑤。为了能在学习进程出现时提供支持，赫里蒂奇指出，教师需要理解学生沿着学习进程前进的轨迹，因为这些

---

① 转引自张志红，王嘉悦. 促进学生学习的评价研究. 比较教育学报，2021（1）：9-111.

② Stiggins R. From formative assessment to assessment for learning: A path to success in standards-based schools. Phi Delta Kappan，2005，87（4）：324-328.

③ 赵士果. 促进学习的课堂评价研究. 华东师范大学博士学位论文，2013.

④ Heritage M. Formative Assessment: Making It Happen in the Classroom. Thousand Oaks，California: Corwin Press，2010：10.

⑤ Heritage M. Formative Assessment: Making It Happen in the Classroom. Thousand Oaks，California: Corwin Press，2010：11.

轨迹或进程是教学和评价的基础，明确的学习进程可以让教师更清晰地定位学生与期望目标之间的距离，从而调整自己的教学。

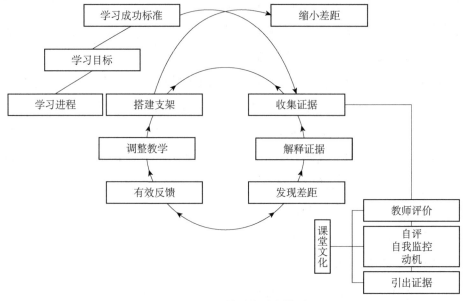

图 2-1 形成性评价过程模型

（2）学习目标

赫里蒂奇指出，教师把握学习进程之后，需要从学习进程中发现并确定学习目标，学习目标规定了学生在教学过程中将要学习的内容。[①]在她看来，学习目标不仅应该清楚、容易管理，适合学生的学习需要，而且还应与成功的标准相一致，容易被师生理解和交流。并且，她强调只有当学生理解了他们应该学习什么知识和技能，这些知识和技能才能成为学习目标。

（3）学习成功标准

成功标准不仅是教师判断学生实现目标程度的依据，也是学生从事学习活动的参考指南。教师要想有效地利用学生在学习过程中产生的学习证据，成功标准不仅要恰当、清晰、与学习目标相一致，而且要公平、无偏见，并能够被所有学生理解。成功标准的作用具体体现在：学生开始学习之前，通过与学生

① Heritage M. Formative Assessment：Making It Happen in the Classroom. Thousand Oaks，California：Corwin Press，2010：11.

共享这些目标和成功的标准，可以使学生对学习的结果有明确清晰的认识；在学习过程时，可以使学生使用标准追踪他们实现目标的程度，必要时对自己的学习做出调整。当学生参与同伴评价时，他们也可以利用成功的标准解释这些证据、给彼此提供关于如何改进学习的建议；在学习结束后，也可以使他们参照标准反思自己的学习，指定下一步的学习改进计划。

（4）收集证据

在教学过程中，教师要使用不同的策略引出并获取学生在实现学习目标过程中产生的证据。为了能够系统地收集学生学习的证据，这些策略和方法应该与学习目标、成功标准相一致，并与评价目的相匹配，且收集的证据应能反映学生学习的过程和学习效果，能使教师获取关于学生如何发展的信息。一般情况下，应该在教学开始之前做好评价设计，确定好收集证据的渠道和来源。

（5）解释证据

无论是预定还是随机的形成性评价，教师都需要分析与解释这些与成功标准相关的证据，以便决定学生的学习状态，如学生理解了什么，错误的观念是什么，掌握了哪些知识和技能。也就是说，教师解释学习证据的目的是确定学生所处的学习水平或在学习进程中所处的位置，了解需要为他们提供哪些额外的教学和学习帮助。

（6）发现差距

发现差距指教师理解并确定学生当前的学习水平和预定的学习目标之间的差距。在赫里蒂奇看来，学生在课堂中学习一些新知识时，他们原有的知识和经验必然与其正在学习的新知识与新经验之间存在一定的差距，即维果斯基所提出的最近发展区。如果教师不能发现这种差距，学生的学习往往不能被促进。

（7）有效反馈

要想有效地促进学习，就要将反馈置于核心地位，对学生的学习情况进行反馈是使学生进步的必要条件。在课堂中，有效反馈并不是简单地告诉学生结果的对错或者为他们提供模糊宽泛的建议，而是为他们提供详细、具体的有益线索，指明其努力的方向。此外，赫里蒂奇还强调不同的反馈主体的重要性，并指出"教师并不是唯一给学生提供反馈的人，学生同伴也可以提供反馈帮助他们学习，学生也可以通过自评得到关于自己学习情况的反馈"[①]。

（8）调整教学

教学调整指教师获取反馈信息之后，采取一些必要的行动调整教学，以适应学生的学习需求。换言之，教师可以通过提供额外的学习活动，鼓励学生参与讨论或者提出探究性问题，帮助学生改进学习。此外，通过让学生参与自我评价，也能够使其调整自己的学习需求。

（9）搭建支架

搭建支架指教师为学生提供必要且恰到好处的支持，以便学生将新知识内化，从而独立地读写和制作等。赫里蒂奇认为，"搭建支架可以使学生从已经知道的过渡到下一步他们能够做的，缩小当前学习水平和学习目标之间的差距"[②]。此外，她还强调，在教师搭建支架的过程中，学生要进行回应，并与教师一起使用反馈以及他们自己的学习策略。

（10）缩小差距

缩小差距是形成性评价过程中的最关键的一环，也是其最终目标。在赫里蒂奇看来，"缩小差距指的是当学生沿着他们的学习进程前进时，缩小在他们当前所知道的、说的、做的和学习目标之间的差距"[③]。随着这种差距的消失，教师选择新的学习目标，由此，新的差距被创建，新一轮的形成性评价循环又会重新开始。

教师并不是形成性评估的唯一主体，同伴、学生自己也可以参与形成性评估。此外，在良好的课堂文化中，学生可以获得心理安全感，敢于说出自己不理解的东西，敢于为同伴提供建设性意见或接受来自同伴的建设性反馈。

图2-1模型中心的反馈回路源于工程设计。在工程设计中，反馈的核心特

[①] Heritage M. Formative Assessment：Making It Happen in the Classroom. Thousand Oaks，California：Corwin Press，2010：12.

[②] Heritage M. Formative Assessment：Making It Happen in the Classroom. Thousand Oaks，California：Corwin Press，2010：14.

[③] Heritage M. Formative Assessment：Making It Happen in the Classroom. Thousand Oaks，California：Corwin Press，2010：15.

征是，设计人员必须在反馈回路中找到这样一种机制，以不断缩小目前状态与预期状态之间的差距。教育也是如此，对教师教学而言，不断缩小学生目前现状与预定目标差距的这个机制便是"形成性评估"[1]。

从赫里蒂奇构建的过程模型可以得到这样一个关键信息，即教师若要有效地实施形成性评估，必须具备四项关键能力：一是向学生传达学习的目标和成功的准则，让学生理解并认同它们；二是运用多种策略去获取学生学习的相关证据，并对证据进行分析和解释；三是为学生提供有效反馈，包括取得的成绩与不足、具体的改进建议；四是依据来自学生的反馈信息调整和改进教学，以缩小学生目前水平与预定目标之间的差距。[2]学习进程是经验性地描述在某一时间段里，特定内容或领域的学习是如何发展和取得进步的，主要体现在学习目标和成功标准上。学习目标描述学生一段时间学习之后的结果期望，成功标准则判断学生是否达成目标的具体要求与指标，两者要保持一致。收集证据就要依据学习目标和成功标准展开，通过特定的策略和方法，系统地搜集学生学习过程中出现的各种证据。随后，教师解释证据，与学生一起诊断学习中存在的差距，分析学生的学习状况，弄清楚哪里需要强化学习和补充教学，明确学生的预定学习目标和成功标准之间的距离。在此基础上，教师向学生反馈怎样才是成功以及如何改进的具体信息，并通过调整教学来支持学生的学习；学生则在教师的指导下进行自我监控，找到自己可以改善之处以及与之匹配的学习方法。接着，教师为学生提供适当水平的支持等，并为其学习搭建支架，引导学生理解支架及行动策略。最后，学生利用支架，采用合适的学习策略，沿着学习轨迹缩小目前学习状况（包括知道的、说的、做的）和学习目标之间的差距。从上述过程来看，课堂评价不仅仅是评价事件，还是一次教学决策过程和重要的学习体验。评价和教学融为一体，已很难分清彼此，甚至可以说"评价即教学"。在这一过程中，出现两条明暗交错的线索，明的是教师的决策，暗的则是在教师指导下的学生选择。教师对教学做出的各种决定都源于掌握准确而具体的学习证据，正因为有了这些证据，教学决策在实施过程中变得更加容

---

[1]　梅珍兰. 试论形成性评估作为一项关键的教学技能. 教育发展研究，2020（20）：62-69.
[2]　郑东辉. 试论课堂评价与教学的关系. 课程·教材·教法，2014（12）：33-38.

易，也更具有针对性，才能更好地帮助学生达成目标、体验或实现成功。用于决策的证据是师生共享的，有了教师的有效指导和学生的自我评价，学生选择信息处理方法也变得自主和轻松。不管怎样，教和学的决策都离不开证据的采集、解释、诊断和反馈，这些又是评价的重要手段，两者在方法上达成一致。另外，评价也指导着教学决策的发展方向，促使教学决策不以鉴定或区分学生的表现为目的。

（三）基于证据的学业透明度框架

1. 透明度框架提出的背景

20世纪70年代，随着美国经济危机的爆发，越来越多的教育者开始对美国高等教育的使命、教育的目的与社会发展方向给予关切，社会开始对教育进行反思，从而产生了高校的教育问责制度。问责制是向利益相关者解释、说明、阐述某种资源如何被使用并产生何种结果的管理制度。[①]

学生学习成果透明度框架（简称透明度框架）是为了回应问责制度而提出并广泛使用的学业评价框架。迫于纳税人、捐赠者的要求以及公众了解高等教育的需求，大学需要分享其对学生的影响、对社会的价值等信息，学业评估数据不失为一个好的选择。但当时高校关于成果评估的公开信息还非常有限，特别是关于评估计划、评估资源、评估活动或评估结果等相关信息，通常只是在高校内部流通，很少在其网站、出版物或新闻稿中公开分享。因此，除了毕业率、滞留率、就业率、学位授予率等整体性衡量输出指标外，社会公众几乎无从得知学生在接受课程教学、专业培养、公民教育等一系列高等教育活动后，在态度、情感上有何改变，在知识、技能上有何提升。为了解决这一问题，美国国家学习成果评价中心的研究团队对2000多所美国大学的评估网站进行了调研，分析处理了大量数据，并据此开发了透明度框架。该框架现已被华盛顿州立大学、北卡罗来纳州立大学等多所高校使用，成为高校内外部沟通的媒

---

① 胡佳楠，王丹丹. 美国高等教育质量问责机制的能力向度及对我国的启示. 中国成人教育，2017（19）：107-109.

介。[①]从当前框架的实际使用来看，该框架并不是每个院校都要遵循的清单，而是为院校提供了可能性指南。院校可根据自身情况对框架进行修订，但都保持这一个原则，即着眼于通过在线的形式向外界传达关于学生学习的有价值的信息。

2. 透明度框架的基本内容

透明度框架旨在帮助各学校、各机构将开展的基于"证据"的评估实践开放化、共享化，回应公众对高等教育质量的问责。该框架主要由六部分组成：学生学习成果声明、评估计划、评估资源、当前的评估活动、学生学习的证据、学习证据的使用。

（1）学生学习成果声明

学生学习成果声明包括清楚地说明学生期望从教育经历中获得的预期知识、技能、态度、能力和思维习惯。透明的学生学习成果声明要求：声明的学生学习成果与学校的培养目标或课程计划相一致；对于学生学习成果的声明或陈述表述清晰且容易被理解；将对学生学习成果的声明或陈述突出显示、链接在学院网站上的多个地方；定期更新以反映当前的学生学习成果；可以对相关学生学习成果信息进行反馈和评论。

得克萨斯农工大学在学生学习成果声明这一方面做得很有特色。得克萨斯农工大学共享一套学生学习成果，并鼓励追求改进的评估文化；强调公平、公正，强调对透明度框架负责任地评估实践的承诺。该大学的 Empower U 网站是美国国家学习成果评价中心特色网站。网站依靠美国国家学习成果评价中心的透明度框架及其组件来指导访问者获得可用信息。访问者可以在网站找到六项全系统学习成果的信息：道德和社会责任，全球化和多样性，特定知识，整合，沟通和解决问题，批判性思维。信息内容包括对每个结果的描述，以及用以支持该结果的多种证据及其来源的概述；同时，在该网站上还可以查询其他高校如何通过循证和持续改进实施评估和质量提升的相关信息，如特克萨卡纳学院、中得克萨斯学院和草原风光农工大学。除此之外，访问者还可以在该网

---

① 王兴宇. 美国高校学生学习成果评估的价值转向. 高教发展与评估, 2019（5）: 27-37，114.

站找到有关得克萨斯农工大学的学生入学率、毕业率、授予学位、财务指标的数据缓存等信息。

拉斯波西塔斯学院网站提供了关于学生学习成果和评估的丰富材料。该学院的学生学习成果网页也是美国国家学习成果评价中心的特色网站。访问者可以很方便地在网站上找到有关如何编写项目和课程成果的提示。该学院使用透明度框架的经验丰富,其做法被很多学院效仿。该学院提出了面向不同层面的学生学习成果声明,并专设一个网页来解释这些学生学习成果声明,犹如形成一个学生学习成果手册,以为学习成果和评估提供有用的介绍和指南。在该学院的网站上,访问者可以找到学院在机构层面、项目层面和学生服务方面的若干评估结果以及其他评估相关信息的存档资料。除了一些数据信息外,该学院还在网站上提供了一份内容丰富的评估工具指南,讨论了各种评估工具的相关好处和挑战。

(2)评估计划

评估计划包括评估学生学习成果的方法,数据收集工具以及实施评估的时间表等。透明的评估计划包括:清晰地表述机构评估的过程、评估程序及相关的评估活动;具体的评价措施,比如采用哪种评价工具,如何使用这些工具以及收集证据的频率等;评估计划的说明应清晰易被理解;为了使得评估被受访者理解,将评估计划链接在网页上显眼的地方并定期更新当前的评估活动;评估计划相关信息的下载不受浏览器和次数的限制,随时可以下载访问,对于这些信息访问者甚至可以对其质量和实用性进行反馈评论。

在评估计划方面,圣马特奥学院具有丰富的实践经验。在该学院的网站上提供了有关评估计划的丰富资源,包括评估计划的目的、评估计划的模板、评估计划的指南、各种评估的研讨会以及评估日历等,以帮助访问者了解该学院的实践情况。

(3)评估资源

评估资源包括向教职员工提供的信息或培训,以帮助他们理解、开发、实施、交流和使用学生学习的证据。透明的评估资源包括:以评价新手可以理解的语言呈现评估资源;将评估资源链接在网站上的多个地方;评估资源可通过多种网络浏览器快速下载或访问；定期更新当前评估活动的新资源；接受有关额外资源、培训或潜在专业发展需求的反馈或评论。

田纳西大学诺克斯维尔分校的机构研究与评估办公室（Office of Institutional Research and Assessment，OIRA）在评估资源方面具有出色的实践经验。通过该学院的网站，访问者可以快速找到各种机构的评估数据和报告，这些数据的呈现方式多样，虽然一些数据以独立图表的形式展示，但更多的数据具有交互性。OIRA 网站提供了包括 2020 年 2 月以来发布的评估计划指南以及评估指导委员会制定的一套评估报告评估准则，以衡量数据是否得到高效使用。此外，网站访问者还能在评估资源中找到有关课程评估、教学大纲设计、撰写学生学习成果目标、评估工具箱、形成性和总结性评估技巧等有用的资源。

詹姆斯麦迪逊大学的学生事务评估支持服务（Student Affairs Assessment Support Service，SASS）网页对学院的评估资源有更为详尽的介绍。学生事务评估支持服务为评估过程的每个步骤提供了大量资源，包括用于制定学生学习成果陈述（student learning outcomes statement，SLOS）的资源、良好 SLOS 的特征、编写 SLOS 之前要考虑的重要事项，以及确保结果可衡量的 ABCD 方法。此外，评估工具的选择和设计的资源包括将工具与 SLOS 对齐的技巧，以及选择现有工具与创建自己的评估工具的优缺点等。此外，网站访问者还可以找到有关评估专业标准的信息、詹姆斯麦迪逊大学的评估结果报告指南、过去评估研讨会的演示幻灯片，以及有用的评估组织、会议、奖项和期刊的链接等。

（4）当前的评估活动

当前的评估活动包括有关最近完成或当前正在进行的一系列项目和活动的信息，以衡量学生的学习现状、提出改进措施或响应问责制。透明的当前评估活动主要包括：用受众都能理解的语言清楚地说明当前的评估活动；阐明如何开展特定的评价活动及其与学校培养目标和愿景之间的关系；在学校网站的多个位置张贴当前评估活动的链接；定期更新以反映当前的评估活动；通过提供联系信息或发送反馈来接受外界对当前评估活动的监督。

伊利诺伊大学厄巴纳香槟分校的网站由学习成果评估委员会监督，该委员会是一个跨校园的教师小组，负责监督和支持校园内的评估工作。该网站将校内开展的评估活动和评估研讨会发布在网站上，以便让受访者及时了解当前的评估活动的内容和进展情况。鲍灵格林州立大学学术评估办公室通过网站呈现各种与评估相关的主题研讨会和咨询会，以为教师和项目提供专业发展，并帮助该学院收集和传播评估数据。

（5）学生学习的证据

学生学习的证据包括评估活动的结果，包括间接（如调查）和直接（如组合）的学生学习的证据以及绩效指标（如执照通过率）。学生学习的透明证据包括：用简单易懂的语言解释、分析这些评估活动的结果；阐明证据对学校发展和学生学习的意义；适当地使用文本和图像呈现证据；针对不同的群体进行传播和总结这些证据，并与其他学校进行比较；在网站的多个位置张贴相关链接；定期更新，以反映当前证据；接受对有关证据解释的反馈。

加拿大韦士敦大学的"在线成长"（Thrive Online）网页是共享学生学习证据的特色示例。该学院采取的做法是让学生自己讲述学习故事。"在线成长"是西方大学生分享他们的学习故事和生活经历的空间，这样即使不在校园里，同龄人也可以互相分享、参与彼此的学习故事和生活经历。而这些故事和经历恰恰是学生学习成果的最佳证据。此外，学生可以将自己的作品发表在《学者生活》印刷杂志上，然后附上自己的简历。学院还鼓励学生提交课程博客作业，或分享在完成课程作业过程中自己的所思所想，学生可以发布包括 学术、文化和社区、学生体验、健康等主题的讨论帖，采用多种渠道将学生学习的证据展现并保留下来。

（6）学习证据的使用

学习证据的使用主要是指学生学习证据在多大程度上被用于学校政策的制定，以及新政策实施可能带来哪些领域的改进，从而为学校的决策计划、问题识别、目标设定、教师发展、课程修订、项目审查等活动提供信息。学习证据的透明使用包括：记录学校使用证据进行决策的过程；展示决策实施后对学生学习的影响；为教职员工、管理人员、学生、家庭等提供学生学习的相关信息；使用证据来改善学生学习和学校业务流程；对学生学习证据使用的表述清晰且易于理解；在学校网站的显眼部分呈现；定期更新，以反映当前活动；通过提供个人联系信息或发送反馈表格来收集对基于证据的决策方案的反馈。

美国布劳沃德学院在使用证据方面做得最为出色。该学院于 2011 年开始实施质量改进计划（Quality Enhancement Plan，QEP），将提高学生批判性思维能力作为目标，在 NILOA 的学习成果评价透明框架的基础上制定了本校的方案，实施批判性思维能力评价。在使用证据方面，该学院每年都举办数据年会，向利益相关者展示 QEP 的评价结果，总结所取得的成就，并提出改进建议。除了使用证据来回应外部问责外，评价结果对 QEP 的实施、教与学的策略和教师专业培训等方面也具有重要影响。

（四）以证据为核心的学业质量评价框架

近年来，中小学生学业质量的测评和国际比较研究备受关注，并成为世界各国和教育研究机构的研究热点领域之一。例如，在国际学生评估项目（Program for International Student Assessment，PISA）和第三届国际数学与科学研究（Third International Mathematics and Science Study，TIMSS）等大型学生学业质量评价项目中，一些国家和地区非常关注学生在数学、科学、阅读等领域的国际排名。

我国 2017 年版普通高中各学科课程标准对学业质量提出要求，并对不同水平做出质量描述，但是如何开展学业质量评价，还需要厘清相关问题。例如，学业质量评价的基本价值取向是什么？如何科学、规范地进行评价整体规划和设计？这些问题都将影响学业质量评价的效果，进而影响教育质量和学生的全面发展。2019 年，王健等从促进学生学习的评价价值取向出发，以评价三角理论为理论指导，构建以证据为核心的学业质量评价框架（图 2-2）[①]。该框架将核心素养作为评价的认知基础，将学科能力和核心概念作为评价的重要内容，将证据收集和解释作为评价设计的基本范式。

---

① 王健，李连杰，单中伟. 基于评价三角理论的学业质量评价设计. 中国考试，2019（1）：30-39.

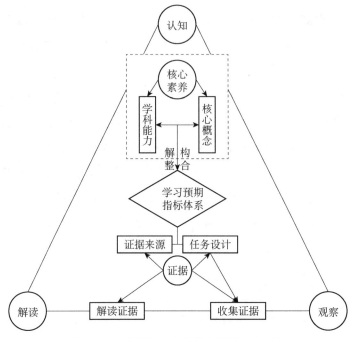

图 2-2　以证据为核心的学业质量评价框架

1. 核心素养是学业质量评价框架的认知基础

王健等指出核心素养与传统的三维目标不同，核心素养是对学生多年学习成果的一种预期，是学生在拥有一定教育经历之后所具备的关键素养和能力。[①]它不仅涉及学科的核心知识、基本技能以及情感、态度与价值观，还涉及学生在这三个维度上的整合能力，以及将其运用于分析和解决实际问题的能力。核心素养既关心学生知道什么，更关注他们在现实情境中能够做什么。发展核心素养是课程设计和发展的主线，课堂教学以及教育评价都应与之相呼应。

2. 学科能力和核心概念是学业质量评价的重要内容

学科能力和核心概念是形成核心素养的基础，也是学业质量评价的重要内容。王健等认为学科能力是学生适应社会发展、进行终身性学习的必要条件。它是学科教学的目标指向所在，对学科能力的系统化架构能够为教育评价改革

---

① 王健，李连杰，单中伟. 基于评价三角理论的学业质量评价设计. 中国考试，2019（1）：30-39.

提供重要的依据，符合国际评价趋势。[①]

核心概念是核心素养逐步形成和提高的基础，属于学科中的内容领域。核心概念主要涉及学科内容中的一些重要概念、原理、理论等概念性知识。

3. 学习预期是学业质量评价设计的核心指标

王健等指出，学习预期的描述需要综合考虑学科核心素养、学科能力和核心概念。[②]协调好三者的关系，是制定科学合理的学习预期指标体系的关键所在。连接三者的桥梁纽带则是典型的评价活动任务。预测学生在完成特定的任务过程中所表现出的关键能力与核心素养，是制定学习预期指标体系的前提。

4. 基于证据进行推理是学业质量评价设计的基本范式

王健等认为在学业质量评价中证据是其核心所在。[③]要对学生的学业进行评价，获取学生的学习表现的证据是其前提。

（1）确定证据来源

纸笔测验是获取证据的重要来源，随着评价理论的发展，关于学生学业质量的证据来源也在不断丰富和拓展，实作评价、课堂观察也越来越多地被应用于课堂，帮助教师通过多种途径广泛地收集有关学生所知和所能的各种证据。

（2）设计评价任务

评价任务是收集证据的重要载体，其质量直接影响证据的可靠性。王健等指出，在设计评价任务时应以核心素养为出发点，既要考虑到与学习预期的相关性和匹配性，又要保证评价任务的科学性和规范性，此外，在设计评价任务时，还需要开发相应的评价标准或量规。

（3）证据的收集与解读

通过评价任务，可以收集到有关于学生学习不同方面的证据。完成相关的证据收集后，需要对证据进行整理和筛选，并对其有效性进行评估。筛选整理完毕后，可通过多种数据分析方法对其进行处理和分析。对证据的解读则是在

---

① 王健，李连杰，单中伟. 基于评价三角理论的学业质量评价设计. 中国考试，2019（1）：30-39.
② 王健，李连杰，单中伟. 基于评价三角理论的学业质量评价设计. 中国考试，2019（1）：30-39.
③ 王健，李连杰，单中伟. 基于评价三角理论的学业质量评价设计. 中国考试，2019（1）：30-39.

对证据进行分析之后进行的，主要包括对统计结果的阐释和说明，以及基于此做出的可能推论。

王健等强调，无论是证据的收集还是证据的解读，都要遵循公平的原则进行，比如：要给所有学生真正展示其学业质量的机会；在设计评价任务时，任务应该适用于所有学生；在进行数据分析时，确保分析方法的客观、公正。[①]

---

① 王健，李连杰，单中伟. 基于评价三角理论的学业质量评价设计. 中国考试，2019（1）：30-39.

第 三 章

基于证据的高校课程学业评价模型构建

　　前两章主要从学理的视角对什么是基于证据的学业评价、为何要实施基于证据的学业评价等进行阐释。如何贯彻和落实基于证据的学业评价理念则是本章要重点探讨的内容。模型是沟通理论与实践的桥梁，可操作性的模型对教师实施基于证据的课程学业评价具有重要的指导作用。本章主要以高校目前的主流学习课程形态——混合学习课程为载体，介绍基于证据的高校混合学习课程学业评价模型的构建过程，并对该模型的特点进行阐释。

第一节　基于证据的高校课程学业评价的理论基础

一、评价三角理论

（一）评价三角理论的提出

评价三角理论是基于美国评价基金委员会 1998—2001 年的研究成果提出的。在美国国家科学基金的支持下，美国国家研究委员会于 1998 年 1 月成立评价基金委员会，其目的在于回顾、综合科学和测量方面的最新进展，并探索这些进展对于改进教育评估的意义。评价基金委员会的工作中心是发展教育评估的新类型以便更好地服务于公平的目标。经过三年的研究，美国国家研究委员会提出关于教育评估的基本观点：第一，教育评估是一个综合的整体，其目的是发展教育，而不是寻求测定学生如何学习的方式；第二，教育评估发展的理论基础是认知科学，认知科学的进步对评估概念的拓展、测量科学的进步、解释复杂证据的能力的提高等都起到了决定性作用；第三，教育评估的适用原则为"一种类型的评估不能适合所有的情境；同时，一个单一的评估又能用于多种目的"[①]。由此可以看出，尽管在不同情境为不同目的而使用的评估看似不同，但所有评估都具有确定的普遍原则。其中一个重要的原则就是评估总是从证据中进行推理的过程。在以上观点的基础上，美国国家研究委员会提出了评价三角理论，并给出该理论的解释框架。因为评估总是从证据中进行推理的过程，因此每一个评估，不管其目的如何，都依靠三个支柱，即认知、观察、解释，代表了设计任何评价都必须考虑的三个要素（图 3-1）。在此基础上，美国国家研究委员会进一步提出，三个要素需要密切相关、互相依赖，要使设计

[①]　孙芙蓉，谢利民. 美国"评估三角形"研究：框架、设计及应用. 外国教育研究，2007（3）：71-75.

的评价有效，必须同时考虑这三个要素。

图 3-1　评价三角框架

（二）评价三角理论的内容

1. 评价三角理论的构成要素

评价三角理论由认知、观察和解释三个要素构成。认知是评价三角的核心和基础。美国国家研究委员会指出，"认知"是指关于学生如何在一个学科领域中呈现知识和发展能力的一整套理念或模型。在任何具体的评价实践中，在一个领域都需要学习理论来确定所要测量的知识和技能。换句话说，评价设计不仅始于对评价的知识和技能的具体了解，而且包括对知识在该领域如何发展的把握。"观察"代表了对能够引出学生有效反应的评价任务或情境的一种描述或一套说明，换言之，"观察"是指设计某种任务和情境，以引出和收集学生学习的证据。为了能够进行某种可靠的推论，设计者必须仔细设计这些任务和情境，使其能够促进学生去说、去做，或者创造重要的知识和习得新的技能，除此之外，这些任务和情境必须与学习的认知模型紧密相关，能够提供与其有关的证据。解释是指所基于的某种假设和对证据的解释模型。[①]在评价三角理论中，"解释"包括所有用来从可能产生错误的观察中进行推论的方法和工具，它呈现了从一系列评价任务中得出的观察如何形成关于评价的知识和技能的证据的过程。

从以上分析我们可知，美国国家研究委员会所提出的评价的三个要素都是相当抽象的概念，都有自己内在的规定性。"认知"指的是学习理论和认知模型，缺乏认知能力如何发展的理论和模型，教师就无法从评价信息中获得有价

---

① Pellegrino J W，Chudowsky N，Glaser R，et al. Knowing What Students Know：The Science and Design of Educational Assessment. Washington D.C.：National Academy Press，2001：36.

值的结论。"观察"指的是引出和获取学习证据的方法和策略，包括教师用以收集学生信息的多种工具。"解释"具体是指教师理解观察所得到的信息的方式，以对学生做出判断，并决定教什么内容，教师通过解释观察得到学生的认知状态，能够了解某项观察是否容易出错。

2. 评价三角理论要素之间的关系

在评价三角理论中，每个要素不仅相对独立，具有自己的地位，而且与其他的两个要素密切联系、互相支持，从而保证教师通过评价提供的信息进行正确、可靠的推论。三个要素之间的具体关系如下：①认知和观察。在某个学科领域，人们呈现知识、发展能力的认知理论是观察任务或情境的依据，观察任务的性质和作用的特征则有助于评价设计者通过设计恰当的任务引出所要推理的知识和能力的相关信息。换言之，观察任务是认知的必要手段，没有观察任务，认知将失去凭证。②认知和解释。在某个学科领域，人们呈现知识、发展能力的认知理论也是解释证据的方法的依据，这些解释的方法能恰当地将学生表现出来的这些证据转化成评价结果。同时，解释证据的熟练程度还能够提供一套方法，以处理一些棘手的、模糊的证据问题。③观察和解释。观察任务或情境是不同解释模式的必要条件，因为没有观察任务或情境就不能引出学生表现的相关证据，解释证据也就无从谈起。同样，解释模式对观察任务或情境而言不可或缺，因为只有从证据中进行推理或者解释时，通过观察任务或情境引出的学习证据才具有意义。

二、泰勒评价原理

（一）泰勒关于"评价"的界定

早期的学业评价以测量为主，在评价时往往将测验的结果等同于学生的学业发展水平，具有局限性。泰勒提出课程评价的相关原理，使学业评价得到进一步发展。作为把评价引入课程领域的第一人，泰勒在《课程与教学的基本原理》一书中指出，评价过程实质上是一个确定课程与教学计划实际达到教育目标的程度的过程。然而，由于教育目标实质上是指人的行为变化，也就是说，力求达到的目标是要使学生行为方式产生所期望的某种变化，因此，评价是一个确定实际发生的行为变化程度的过程。①其中，泰勒特别强调这个概念有两个重要方面：第一，评价必须评估学生的行为，因为教育所追求的正是这些行为的变化；第二，评价在任何时候都必须包括一种以上评估，因为要了解变化是否已经发生，必须先在早期进行一次评估，再在后期进行几次评估，从而才可能确定所发生的变化。为了明确"变化"，泰勒建议通过系统收集证据来确定学习者的学习是否发生变化，以及变化的数量或程度。因此，要了解或者评估学生学习行为的实际变化，仅靠期末测验或者在学期开始和学期结束时的两次测验是不够的。需要对学生进行追踪研究，以便得到学生在学习期间学习效果的进一步证据。利用这些连续性记录、累积起来的证据才能有效评估所期望的教学目标是否实现以及学生在哪些地方实际上并没有发生变化。泰勒特别强调，由于评价涉及获得有关学生行为变化的证据，所以任何有关教育目标所期望的行为的有效证据，都可以提供一种适当的评价方法。认识到这一点是很重要的。②泰勒还指出将评价等同于纸笔测验是错误的，纸笔测验只是评价的一种方法，问卷、观察、交谈、学生作品等也是获得学生学习行为证据的有效途径。无论在学校还是在学院，能获取教育目标所指的各种行为的有效证据的任何途径，都是恰当的评价方法。

（二）评价的过程

1. 明确教育目标

评价过程是从教育计划的目标着手的。由于评价的目的在于了解这些目标实际上实现得怎样，所以评价的过程需要得到每个主要教育目标所隐含的每种行为的证据。而教育目标的确定过程是一个复杂的价值选择过程。确定恰当的教育目标必须以教育哲学的价值体系为基础，以学习心理学所揭示的规律为依

---

① 泰勒. 课程与教学的基本原理. 施良方译. 北京：人民教育出版社，1994.

② 施良方. 泰勒的《课程与教学的基本原理》——兼述美国课程理论的兴起与发展. 华东师范大学学报（教育科学版），1992（4）：1-24.

据，综合考察学习者的需要与兴趣、社会生活的要求以及学科专家的意见，若孤立地考察其中任何一项，都会失之偏颇。教师或课程编制者必须先根据上述要求确定一般目标，然后把一般目标分解为"行为成分"和"内容成分"，再用二维分析坐标表的形式将教育目标转化为一系列明确具体的可依据的规格，制定一张规格明细表。这种规格明细表既是教育活动的指南，又是课程评价的标准。因此，课程评价任务的第一步就是确定教育目标，并制定规格明细表。

2. 创设评价的情境

评价的情境是指"能够使学生有机会表现我们所要评价的行为"[①]的情境，只有在特定评价情境中，才能得到学生行为改变的证据，评价才能进行。因此，创设具体恰当的评价情境是课程评价的第二步。由于所要评价的行为复杂而多样，因此评价情境不可能是单一的。例如，"通过问题情境可了解学生掌握、运用语言材料的有关情况，而通过观察学生与他人相处的情境，则可获得他们个人与社会调节适应的材料"[②]。不同的评价情境会得到有关行为的不同材料，因此，一定要依据具体的行为目标来创设恰当的评价情境。

3. 选择和编制评价工具

要在评价情境中获取所需的行为材料，须凭借一定的评价工具。因此，评价工具的选择和编制就构成课程评价的第三步。这一步包括检查现存的评价工具和编制新的评价工具。不论是哪种评价工具，都须"引发出教育目标所期望的那种行为"[③]。评价工具的选择和编制恰当与否，通常可通过客观性、信度与效度三个指标来检查。在这里，客观性指同一评价工具的使用不因评价者的不同而有不同的评价结果；信度指运用评价工具所取的样本能代表所有被评行为的可靠程度；效度指评价工具实际提供的所需行为证据的程度。这三者构成了检查评价工具的效标。

---

① 雷晓云. 泰勒的课程评价模式述评. 课程・教材・教法，1989（4）：27-30.

② 罗明东. 泰勒课程编制原理研究. 高等师范教育研究，1990（2）：21-28，9.

③ 罗明东. 泰勒课程编制原理研究. 高等师范教育研究，1990（2）：21-28，9.

4. 分析利用评价结果

通过上述三步，对行为变化的证据进行了初步收集，获得证据后，要通过对所获得的各种证据材料进行比较分析，估计学生的行为变化量，最终用"分数"（量化）或"叙述"（质性）的方式表述评价结果。另外，还可以利用这些证据指出课程的各种优缺点，提出产生这些优缺点的假设，并在实际的教育教学过程中验证这些假设，以改进课程设计。①

三、基于学习产出的教育模式

（一）基于学习产出的教育模式的提出

基于学习产出的教育（outcomes-based education，OBE）模式最早出现于美国的基础教育改革。20 世纪 80 年代到 90 年代早期，OBE 在美国教育界是一个十分流行的术语。美国学者斯派帝撰写的《基于产出的教育模式：争议与答案》一书中对此模式进行了系统研究。该书把 OBE 定义为"清晰地聚焦和组织教育系统，使之围绕确保学生在未来生活中获得实质性成功的经验"。②他认为 OBE 实现了教育范式的转换。因为在 OBE 教育模式中，学生学到了什么和是否成功，远比怎样学习和什么时候学习重要。西澳大利亚教育部门把 OBE 定义为"基于实现学生特定学习产出的教育过程"③。在该过程中，教育结构和课程被视为手段而非目的，如果它们无法为培养学生特定能力做出贡献，它们就要被重建。特克认为"outcomes-based education 与 outcomes-focused education（OFE）是同义词。无论是 OBE 还是 OFE，都是一个学习产出驱动整个课程活动和学生学习产出评价的结构与系统"④。虽然对 OBE 的定义不尽相同，但其共性较为明显。在 OBE 系统中，教育者必须对学生毕业时应达到的能力及其

---

① 雷晓云. 泰勒的课程评价模式述评. 课程·教材·教法，1989（4）：27-30.

② Spady W G. Outcome-Based Education：Critical Issues and Answers. Arlington：American Association of School Administrators，1994：1-10.

③ 朱春艳. OBE 工程教育模式下应用型人才培养方案设计与思考——以宁波工程学院为例. 宁波市教育局，2016.

④ 转引自顾佩华，胡文龙，林鹏，等. 基于"学习产出"（OBE）的工程教育模式——汕头大学的实践与探索. 高等工程教育研究，2014（1）：27-37.

水平有清楚的构想，然后寻求设计适宜的教育结构，以成果为导向，通过学生在学习后的产出（即证据）判断学生是否达到这些预期目标，以确保学生的学习成效。学生产出而非教科书或教师经验成为驱动教育系统运作的动力，学生真正成为教学活动的中心，这显然同传统上内容驱动和重视投入的教育形成了鲜明对比。从这个意义上说，OBE 模式可被认为是一种教育范式的革新。

（二）OBE 模式的评价观

学习产出（即"学习结果证据"）的评估工作是 OBE 模式必不可少的环节，也是牵扯教师精力最多、最复杂的环节。

OBE 模式的评价观倡导以学生的学习产出为依据，对学习者进行评价。在 OBE 模式中，学生可以清晰地感受到来自教师的期望，通过持续的形成性评价获得成就体验。通过开展学习产出评价，教师可以及时了解学生是否达到阶段性教学目标，并根据结果及时调整资源配置、教学设计与学生辅导等工作。同时，通过向家长、教育行政部门和社会公众等展示学生的发展情况，提供学生的学习成果作为努力改善教学质量的证据，可以提高高等教育质量的透明度。从本质上讲，OBE 模式就是围绕"定义预期学习产出—实现预期学习产出—评价学习产出—使用学习产出"这条主线展开的，评价学习产出是教育质量持续改进闭环中的一个重要环节。

按照美国高校学生学习评价实践的理论和经验，学习产出评价可从以下几个方面进行划分：①按层次，可以分为课堂层面、专业层面和学校层面；②按评价内容，可以分为直接评价和间接评价；③按主体，可以分为教师、学生、校友、用人单位、管理者等。美国高校学生结果评价开展由来已久，已形成较完善的体系，一方面表现为开发了很多学校层面的、用于评价学生学习产出的工具，例如全国大学生学习投入调查（National Survey of Student Engagement，NSSE）和大学学习评价（Collegiate Learning Assessment，CLA）；另一方面表现为形成了各高校积极参与、评价中心定期进行学生评价的体系，最终结果是形成了全国性的学情数据库系统，这为动态地跟踪高等教育质量以及"学生学习增殖"提供了有效证据和有力的信息反馈来源。[①]

四、发展性评价理论

（一）发展性评价理论产生的背景

随着社会的飞速发展，终身教育思潮、学习化社会、素质教育及主体性教育思潮不断涌现，教育更多地着眼于全体学生的发展，着眼于全体学生的全面发展，着眼于学生的未来发展。教学的重心由教师的教转向学生的学，由学生被动地学转向主动地学。教育教学理念迎来了新一轮更迭，理念的更新必然促使课程学业评价理念的转变：打破评价主体单一化，提倡评价主体多元性；打破评价主客体对立，提倡评价主客体的理解与交流；打破评价目标单一化，提倡评价目标多元性；打破评价方式量化，提倡定性与定量评价相结合，重视证据的收集；打破总结性评价一统天下，提倡过程性评价、形成性评价；注重客体不断发展，面向未来的课程的发展性评价备受青睐。

发展性评价始于 20 世纪 80 年代，作为一种教育评价理念，其非常重视评价客体在评价中的作用，主张评价目标和评价计划由评价主体和评价客体相互理解、相互交流、相互适应、共同发展的过程。发展性评价是一种依据目标、重视过程、及时反馈、促进发展的评价活动，是形成性评价发展的高级阶段。"评价不是为了证明，而是为了改进""评价不是为了甄别，而是为了发展"便是发展性评价的内核所在。

（二）发展性评价的主要观点

1. 以人为本的整体性评价

传统的课程学业评价是精英教育观下的一种评价制度，其主要的功能在于实现对学生的甄别和选拔，从而使教育的重点集中于学生的课程学业成绩上，更确切地说是学生最终的课程分数上，而长期以来对分数的过分重视与关注，

---

① 顾佩华，胡文龙，林鹏，等. 基于"学习产出"（OBE）的工程教育模式——汕头大学的实践与探索. 高等工程教育研究，2014（1）：27-37.

导致了教育对人的发展的忽视。刘青等指出，当前我国高校传统的课程学业评价是以终结性评价为主，重成绩，忽视学生的发展，这明显不符合我国社会对人才的需求。而发展性评价是以促进学生全面发展为核心的评价体系，坚持多样化和综合化的评价原则，强调对学生进行全面的了解和认识进而给予学生客观、公正的评价。[①]这种以促进学生发展为目标的评价体系正好符合我国高等教育和社会的需求，将成为我国高校课程学业评价的趋势。

2. 注重参与的自主性评价

传统的课程学业评价完全是由教师来进行和操纵的，包括学生考试、课堂表现、平时作业等都是由教师来评定优劣的。在评价中，学生几乎没有发言权，学生往往不能发表意见。传统的课程学业评价强调自上而下的考核，在这种被动接受评价的过程中，教师对评价项目指标的制定、评价的具体操作步骤、评价结果等通常没有太多解释，缺乏"证据"的呈现。因此，评价难以引发教师的主动积极性，甚至出现弄虚作假的行为。由此不难看出，传统的课程学业评价往往忽视被评价者自身的参与，忽视激发被评价者的内部动机，使被评价者在评价活动中处于被动的地位。

发展性评价强调在"评价共同体"中对被评价者进行评价。在"评价共同体"中，整个评价活动以被评价者为中心，信任和尊重被评价者；强调评价者与被评价者之间的平等对话，并从多方面收集来自不同渠道的评价信息；强调被评价者可以比较民主地参与评价，并可以比较自由地发表意见；注重被评价者的自评与互评，以最大限度地发挥被评价者的积极性，充分挖掘被评价者以及被评价群体中蕴藏的潜力。由此可见，发展性评价非常注重被评价者自身的参与性，是一种自主性评价。

3. 不断进取的激励性评价

传统课程学业评价过分注重甄别和选拔的功能，是一种终结性评价；发展性评价则淡化了评价的选拔功能，强调评价的激励功能，突出评价的发展性。

---

① 刘青，王根顺. 发展性课程评价——高校课程评价发展的新趋势. 商业文化（学术版），2010（9）：245-246.

发展性评价的激励性主要表现在以下几个方面：其一，重视质性评价的作用。传统课程学业评价过分重视量性评价的作用，忽视了质性评价的作用，而被忽略的质性评价往往注重根据学生学习过程中产生的证据，能够指出学生的不足与发展优势，更有针对性地对学生进行评价，以促进学生的不断发展。其二，在对评价结果的解释上，发展性评价强调使用鼓励性语言，其目的在于鼓励学生敢于正视并改正自己的弱项，鼓励学生不断完善与发展自己的强项。其三，在整个评价过程中，发展性评价倡导挖掘学生的闪光点，收集证据，让学生切实地感受到学习的成功体验。其四，发展性评价吸纳学生作为评价主体，尊重学生的发言权，信任学生，激发学生的积极性，使其积极参与到评价中。

（三）发展性评价对基于证据的课程学业评价的启示

基于证据的课程学业评价与发展性评价具有相同的价值取向，其最终目的都是促进学生的全面发展。在传统学业评价中，学生从教师那里获得的往往是鉴定性的优、良、中、差或具体的评价分数，至于为什么会是这样的结果，这一评价结论的依据又是什么，学生很少有渠道得知。缺少评价反馈，学生就无法在后续的学习活动中做出有针对性的调整和改进。威金斯认为学业评价的有效利用归根结底体现在反馈工作的开展上，反馈是证实行动是否正确的证据。[①]反馈不仅是必要的，而且是必须的，没有反馈的评价不能算作真正意义上的评价。反馈不仅尊重了学生的知情权，而且尊重了学生的主体地位，是学生形成自我意识、学会自我反思的重要途径。发展性评价是一种承载甄别、选拔、诊断、教育教学等多种功能的多元评价，不仅包括终结性评价，还包括形成性评价；不仅包括对学生应知应会的量化评价，也包括对学生在学习过程中的行为表现、情感态度和发展潜能等的质性评价。就某种程度而言，这种质性评价的意义更大。[②]证据则是质性评价的关键，系统、结构化证据和严谨的证据推理是提升质性评价科学性和公信力的必经之路。实施好质性评价是保证高

---

① 威金斯. 教育性评价. 国家基础教育课程改革"促进教师发展和学生成长的评价研究"项目组译. 北京：中国轻工业出版社，2005：42.

② 王慧君，赵紫薇，李宇婷. 基于证据的学业评价：观点、框架与实践路径. 中国考试，2022（2）：64-72.

质量学业评价的前提，基于证据的评价则是保证高质量质性评价的前提。

第二节　模型构建的过程

学业评价作为一项复杂的系统工程，无论是对其设计还是实施都必须贯彻系统观，不能将学业评价的要素割裂。因此本研究将系统科学研究中的系统观作为本研究构建模型的指导思想，试图构建一个系统模型，借以反映学业评价的系统性过程的同时也为教师实施学业评价提供系统的指导。

系统是由相互联系、相互作用的各要素组成的有机整体，系统科学认为"系统是一切事物的存在方式之一，因而可以用系统观点来考察，用系统方法来描述"[①]。系统模型作为系统方法应用过程中的一种产物，都是由反映系统本质特征的核心要素根据某种逻辑关系构成的。[②]如何根据基于证据的课程学业评价的核心要素构建一个系统模型是本节试图回答的问题。

一、以系统建模作为方法

建模在系统研究中具有重要意义，是研究系统最基本的方法和手段。从一般意义上而言，要深入地认识和把握某一系统的本质和规律，就需要通过为系统建立模型来实现。[③]

（一）系统建模的含义

在系统论中，模型是指对真实系统（原型）的模拟、概括或抽象，换言之，"是对相应的真实对象和真实系统及其关联中那些有用的特性的抽象，是对真实系统中某些本质方面的描述"[④]。它通过某种恰当的表现形式，如图表、实物或数学公式等，提供关于该系统的描述信息。系统建模是依据对系统

① 许国志. 系统科学. 上海：上海科技教育出版社，2000：17.
② 赵士果. 促进学习的课堂评价研究. 华东师范大学博士学位论文，2013.
③ 赵士果. 促进学习的课堂评价研究. 华东师范大学博士学位论文，2013.
④ 王杏林，曹晓东. 概念建模. 北京：国防工业出版社，2007：3.

的内部结构和外部环境的分析，按照系统的目标要求，用一种数学或逻辑上的表达式，从整体上反映系统的主要组成部分和各部分的相互作用、系统和环境相互关系的模拟手段。[①]总之，凡是用模型描述和反映系统各组成要素之间相互关系的过程都可称为系统建模。[②]"给系统建立模型的过程，实际上就是初步认识系统的过程，一个完善的系统模型总是在认识和模型化不断反馈的过程中得到的。"[③]因此，系统建模为进一步了解学业评价这一系统提供了有效手段。

（二）系统建模的原则

1. 相似性

认知和把握真实系统的本质属性和内在规律是构建模型的目的，因此，保证模型与真实系统的相似性是构建模型首要遵循的原则。相似性原则要求构建的模型应该能够反映真实系统的基本属性，客观地反映系统的实际情况。相反，如果构建的模型不能如实地反映原型的基本属性和客观规律，该模型的构建就没有意义。此外，确保模型与真实系统之间的相似性不等于简单地复制，而是对原型的若干方面根据不同的使用目的进行抽象和简化。[④]因此，在构建基于证据的高校课程学业评价模型时，需严格遵循教师在学业评价时的一般规律，尽量还原教师在使用该模型时的真实场景，对实施评价的每个环节进行抽象概括，以确保模型与真实系统之间的相似性。

2. 简洁性

模型是对系统原型的简化、抽象和概括，"与没有明显简化的原型相比，简单模仿的模型不是一个好的模型"[⑤]。因此，在建模的过程中，应尽量使模型简单明了，减去无关紧要信息，呈现模型关键信息。此外，模型可以由多个子系统组成，子系统之间的关系应该清晰明确，以确保模型整体结构的清晰

---

① 邹珊刚，黄麟雏，李继宗. 系统科学. 上海：上海人民出版社，1987：268-269.
② 赵士果. 促进学习的课堂评价研究. 华东师范大学博士学位论文，2013.
③ 杨士尧. 系统科学导论. 北京：农业出版社，1986：136.
④ 杨士尧. 系统科学导论. 北京：农业出版社，1986：136.
⑤ 许国志. 系统科学. 上海：上海科技教育出版社，2000：36.

度。基于此，本书在构建模型时秉持简洁明了的原则，将基于证据的高校课程学业评价简化为若干个子系统，并在结构上呈现不同子系统之间的关系。

3. 可操作性

要建构一个操作模型，就要保证其可操作性，使其成为使用者的"脚手架"，让使用者只需根据实际情况对该模型进行局部调整变通，就可直接使用。这就要求在建构模型时，对真实系统抽象、概括出来的表达形式（词语、图表、数学公式等）是精确可靠的。本书在进行模型构建时，从教师实施学业评价的真实情境出发，用准确、精练的语言表述每个操作步骤，尽可能使模型的整体框架清晰，以便于使用者在实际情境中应用。

（三）系统建模的步骤

罗国勋等指出"建模是一项非常复杂的思维活动，没有统一的模式，也没有固定的方法"[①]。虽然不同的系统有不同的建模方法，但杨士尧指出，一个模型的建立大致经历以下五个步骤：①明确模型建构目的，即为什么样的系统建立模型，需要为这个系统建立怎样的模型。②明确模型所应该包含的要素。③分解要素，确定构成模型的最小功能单位。模型具有层次性，需要对每一个环节或要素进行分解，形成子系统，并对各个要素的子系统功能、操作工具和方法进行讲解和说明，这样才有利于建构一个完整的操作模型。④揭示相互关系。也就是说，阐明模型中各组成要素之间以及要素所包含的子系统之间的相互关系，揭示模型所反映的客观规律。⑤建立模型，将模型进行可视化呈现。[②]

二、模型构建的路径

在系统建模法的指导下，本节在构建模型时首先明确该模型的构建目标，研究构建的是学业评价系统模型，模型要具备两个主要目标：一是能反映出学

---

① 罗国勋，罗昕，蒋天颖，等. 系统建模与仿真. 北京：高等教育出版社，2012：27.

② 杨士尧. 系统科学导论. 北京：农业出版社，1986：136-139.

业评价系统的本质，即一个基于证据进行推理的过程；二是模型能够为高校教师实施基于"证据"的学生学业评价提供"脚手架"以及可操作性的实践指导。

（一）设计依据

本节模型的构建以评价三角理论为逻辑起点，以国内外现有的模型和框架为主要设计依据。评价三角框架本身就具有一定的结构关系，组成该结构的要素之间具有内在逻辑关联。美国国家研究委员会也指出，"评价三角框架的三个要素在具体的评价中虽然可能是明显的或者是隐晦的，但任何评价都必须考虑这三个要素，否则都不能进行设计和实施"[1]。鉴于此，笔者认为以此为逻辑起点构建基于证据的高校课程学业评价模型是比较恰当的。通过分析该框架可知，框架包含的认知、观察、解释是所有评价的三个要素，即任何评价活动都可以浓缩成这三个要素。在实际的评价活动中，这三个要素都有与之一一对应关系的过程，"认知"与"学习目标"对应，"观察"对应"收集证据"，"解释"对应"解释证据"。[2]显然，本节所构建的模型离不开这三个要素，但只包含这三个要素不足以完全揭示或再现评价的本质——基于证据进行推理的过程。因此，模型需在评价三角框架的基础上，结合实际的学业评价进行改造或重组。而当前国内外已有的学业评价模型和框架则为本节模型的构建提供了有力的指导。在已有的模型或框架中（见第二章第三节），美国国家学生学习成果中心提出透明度框架，美国学者赫里蒂奇提出课堂层面的形成性评价过程模型，我国学者王健等构建了学科课程层面的学业质量评价框架。本节意在构建面向高校某课程的学业评价，在应用范畴上属于课程层面（中观），介于学院的层面（宏观）和课堂层面（微观）之间。因此以上三个模型或框架成为本节构建模型的重要参照模型。通过对三个模型或框架的构成要素以及要素之间关系的解读，可知这些模型或框架的构成要素实际上也是在评价三角框架改造的

① Pellegrino J W，Chudowsky N，Glaser R，et al. Knowing What Students Know：The Science and Design of Educational Assessment. Washington D.C.：National Academy Press，2001：44.

② 赵士果. 促进学习的课堂评价研究. 华东师范大学博士学位论文，2013.

基础上构建的，参考这些模型或框架并没有脱离本节构建模型的逻辑起点，保证了本节构建模型的科学性。

（二）设计思路

根据系统建模法的指导，本节模型的设计思路具体如下。

1. 确定模型要素

在明确模型构建的目标后，模型组成要素的确立则成为构建模型的关键。本节模型要素的设计主要通过当前国内外已有的模型或框架中所包含的要素来把握。

透明度框架包含学生学习成果声明、评估计划、评估资源、当前的评估活动、学生学习的证据、学习证据的使用六个部分，即院校要把在这六个方面的所为透明化、公开化，以证明院校为了评估学生学习成果做了哪些努力，并自愿接受外界的监督，保证评估结果的公正性。从对每个要素实际使用的情况来看，学生的学习证据在实践中主要涉及如何收集学生的学习证据，学习证据的使用主要是指院校使用学生的学习证据做了什么，也就是学生学习证据的流向。结合实际需要，本节保留了后两个要素，即收集证据和使用证据。

形成性评价过程模型是课堂层面的以促进学生学习为目的的模型，模型共十个环节，各环节在结构上环环相扣，从微观角度分析了一堂课上教师怎样利用证据来完成对学生的评价。在这十个环节中，"收集证据"和"解释证据"是两个核心环节，具有承前启后的作用。在这里，"解释证据"实际包含"分析证据"和"解释证据"两个环节，指教师对前一环节收集到的证据进行分析后并根据自己的经验或者相关理论对分析的结果进行解读的过程，如果证据不经过分析和解释，这些学习证据将是一堆毫无联系、没有意义的事件或产品的集合，不会对学生的学习产生任何的意义。由此，本节从中又提取了"分析证据""解释证据"两个要素。

王健等构建的以证据为核心的学业质量评价框架在分析的视角上是与本节最为贴近的，都是从课程的层面进行研究，框架中所指出的基于证据推理的基本范式则为本书提供了重要的参考价值。王健等在该范式中提出了"设计评价任务"这一环节。认为收集证据需要依赖于评价任务的设计，评价任务是收集证据的重要载体，评价任务的质量直接影响到证据的可靠性。[①]"设计评价任务"的目的是保证收集到的证据具有最大的价值，能够收集到想要的证据。简单来讲"设计评价任务"就是一个引出学习证据或创设证据的过程，这一过程需要依据教师所设立的学习目标而定，通常以评价活动为载体，人为地将能够证明学生学习目标的完成程度或水平的证据引出并留存下来。缺乏这一过程，收集证据将无从谈起。因此，本节将"创设证据"纳入模型中。

通过对上述三个参考模型或框架的要素以及各要素在实践中的具体使用进行的解读，结合本节研究需要对要素进行了取舍以及整合。最后从已有的模型或框架中提取出"创设证据""收集证据（采集证据）""分析证据""解释证据""使用证据"五个要素。但结合学业评价实践经验来看，这五个要素还不足以完全反映学业评价基于证据推理的全过程。根据实践经验，"创设证据"之前，教师还须根据评价目标确定证据的类型，从哪几个方面可以证明学生达到了目标，即教师要能识别证据。再者，教师在收集证据之后，并不是直接拿来进行分析，一般还需对证据进行筛选、鉴定，保证证据的质量，然后才能进一步分析解释和使用。

综合考虑，本节将模型要素最终确定为七个：识别证据、创设证据、采集证据、筛选证据、分析证据、解释证据、使用证据。这七个要素在结构上呈线性关系（图3-2）。

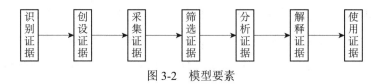

图 3-2　模型要素

2. 分解子系统

本节将模型确定为七个子系统（七个要素）。但考虑到模型的使用者是高

---

① 王健，李连杰，单中伟. 基于评价三角理论的学业质量评价设计. 中国考试，2019（1）：30-39.

校一线教师，如何让教师拿到这个模型就能使用则成了笔者进一步考虑的问题。显然，如果模型仅仅包含这七个简易的子系统，对教师的指导难免显得苍白，缺乏可操作性。为了增强模型的可操作性，为教师实施基于证据的学业评价提供更多的指导，笔者将这七个子系统分解成若干要素，试图通过这些要素对子系统进行说明。本节从教师的视角来分解子系统，即上述七个子系统在实践中教师需要怎样做，有哪些工具教师可以用。由此，七个子系统包含的子要素可以是操作步骤，也可以是若干工具或理论。

"识别证据"需要教师明确证据的类型，收集哪方面的证据，因此本节为教师提供了一种普适性的证据类型范式，将学生的学习证据分为学习投入类证据和学习产出类证据，再结合当前高校教学环境，将上述两种类型的证据又分成线上和线下两种。"创设证据"主要是为教师提供一些可以引出并留存证据的工具，比如拍摄记录、安置插件、线上同步交流等。"采集证据""分析证据""解释证据"主要为教师提供一些相关的技术和工具。"筛选证据"主要是从内容和形式上对证据的相关性和真实性进行审核、鉴定。"使用证据"主要说明证据或分析证据之后的结果可以为谁所用，具体可分为学生、教师和学校三个层面。

3. 可视化模型

对模型的七个子系统再分解之后，七个子系统之间具有怎样的逻辑关系，子系统内每个下一级要素之间又是怎样的关系，都需要可视化地呈现，并用直观的方式揭示出来。七个子系统之间是一种线性结构关系，用流程图加箭头的形式就可以表示，七个子系统包含的若干要素大多是并列关系，在呈现各子要素时还要考虑到模型的可读性，保持模型的整体协调性。

第三节 模型的初步建构

基于上述思考，笔者构建了高校课程学业评价的初步模型（图3-3）。该模型围绕证据，包含识别证据、创设证据、采集证据、筛选证据、分析证据、解释证据、使用证据七个子系统。在结构上，模型采用流程式，表明模型的七个子系统环环相扣，层层推进，意在为教师实施学业评价提供一套操作程序或操作流程上的引领与规范，使得评价过程更加科学、严谨，从而提高评价结果的公信力；在内容上，与现有模型相比，本模型旨在最大限度地贴合学业评价中基于证据的推理过程，将基于证据推理的过程更加规范化、系统化，使其更具严谨性。再者，本模型对每个子系统进行了细致划分，对每个子系统可以包含的内容进行列举，增强了模型的可操作性，以为教师提供进一步的实践指导。

一、识别证据：认识证据并判断证据价值

识别证据是教师收集学习证据进行评价的首要环节。在学生学习过程中伴随着多种类型证据的产生，不同类型的证据，其产生来源也不同。因此识别不同的证据源是教师收集不同类型的证据的前提。简单来说，识别证据就是辨认证据，就是能够分辨出哪些可以作为证据，其属于哪一种类型的证据，并在此基础上能够判断证据对应于学生哪方面的能力，具有怎样的评价价值。教师在遵循相关性、客观性和可操作性的原则的基础上，要能够识别和定位证据，不仅要识别多种证据源，还要从证据源中确定多种类型的证据。识别证据要求教师具备良好的数据意识。数据意识是指客观存在的数据在人头脑中的能动反映，表现出人对所关心的事或物的数据敏锐的感受力、判断能力和洞察力以及对数据价值的认同。[①]教师要对自己教学实践接触到的相关数据及其异动具有敏锐的感知，能够对教与学的相关过程和行为等从数据的角度进行理解、感受和评价。通俗地讲，数据意识就是教师能积极主动地分析数据，及时发现数据的相关性，并超越数据本身，诠释数据的意义。

加拿大卡尔加里大学数据权威专家洛夫（N. Love）教授诠释了教师常用的五类数据。第一类为课堂形成性评价类数据，是教师每天花大量时间使用的数据，为教师教学决策提供实时信息，为学生学习提供实时反馈并帮助学生提高

---

① 张进良，李保臻. 大数据背景下教师数据素养的内涵、价值与发展路径. 电化教育研究，2015（7）：14-19，34.

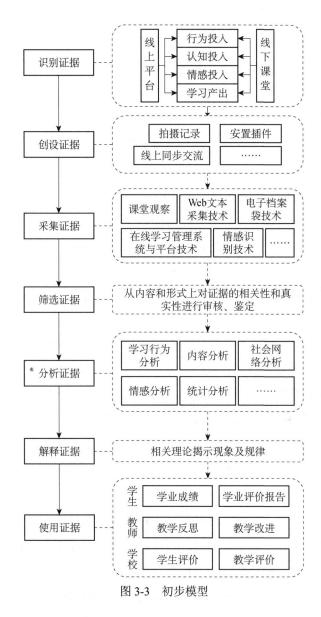

图 3-3　初步模型

学习绩效。第二类为常规形成性评价数据，包括形成性课堂评价同源的一些数据，如快速调查、学生写作样本等。第三类为基于基准的常规评价类数据，该类数据是每单元结束时，教师评估学生对最近所学知识和技能的掌握程度，是关于学生学习的及时数据。第四类是关于学生、实践和认知的数据，如学生的到课率、纪律、考勤等价值性数据。第五类为总结性评价数据，包括国家和地区的测试，这些数据以问责为目的，确定学生是否达到预期的目的，能为如何改进课程和教学、更好地为学生服务提供有用信息。[1]从洛夫教授对数据的分类中可以看出，其对数据的分类较为精细化，这种分类方法更有利于支持教师基于数据或证据的教学决策，从而改进教学。

本节从学习投入和学习产出的角度对上述五类数据加以分类。学习投入是行为、认知、情感等指标的融合，体现学生在学习过程中的参与度和努力程度。[2]学习产出则是学生学习投入后所产生的结果。王永平等指出，学习产出在实践教学中的定义是具体化且具有可操作性的，学习产出重视明确表达出来的知识与外显的技能，即重视将学生所学的知识、技能、情感价值观显性化。[3]

二、创设证据：通过一定手段引出所需证据

创设证据是指通过一定的工具或手段将证据引出，并将产生的这些证据自然而然地留存。司法领域认为在任何案件当中，最有价值的物证很少会自己显现出来，往往需要探寻、查找和发现，进而发展、创设出来。所有物证大体可分为两类：诉讼之前就已经存在的证据和由律师创设的证据。诉讼之前就已经存在的证据或者必要物证在发现时就必须提取，但是律师有较大的余地在庭审中包装和完善其他证据，以便使用。某些律师创设的较为普遍的物证类型包括证言存笔记录、照片和录像带、模型、图示和地图、说明性图表和曲线图等。这些物证的创设都是为了能够以某种形式将证据留存下来，以便对证据进行分析。比如创设的照片录像带类证据，该类证据是将事发现场证据保存记录下来最常见的手段，事发现场的证据多以实体形式存在，某些重要物证对律师来说可能稍纵即逝，如果不寻求某种方式进行记录，律师就很难对现场所有可能的证据进行逐个审查、排除和深入剖析，甚至会造成重要证据的疏忽遗漏。证据

---

① 转引自张进良，李保臻. 大数据背景下教师数据素养的内涵、价值与发展路径. 电化教育研究，2015（7）：14-19，34.

② 马婧. 混合教学环境下大学生学习投入影响机制研究——教学行为的视角. 中国远程教育，2020（2）：57-67.

③ 王永平，吴彦茹. 以终为始，重视学生学习产出. 现代教育技术，2017（9）：54-58.

以照片录像的形式被记录下来时，能够还原事件现场，将所有证据原封不动地呈现，那么律师在对事件现场进行分析时，就可以反复观看照片和录像，在不破坏现场的情况下，对证据进行甄别。再如创设的说明性图表和曲线图，它们能够反映具体的物体或者事件的形态：一条简单的时间线就可以理清重要事件发生的顺序，一个饼状图就可以帮助证人解释收入损失或者损害的分摊。

以上司法领域寻找和创设证据的思想和方法在学习评价领域同样适用，因此，笔者将以上思想迁移到研究中，将模型中的"创设证据"解释为"在评价中，采用一些方法或途径将证据自然而然地留下的过程"。

三、采集证据：收集存储并整理证据

采集证据指将证据进行归集。教师在日常教学工作中利用必要的数据采集工具或系统，在复杂的表格和图表中收集学生学习的各种数据，并将其分类汇总，操作数据以便分析证据。学生学习的数据是多源的、形式各异的，教师要认识到使用多元数据的重要性，并反思获取足够数据和信息的必要性。具体而言，教师要依据实际情况，在相关理论指导下明确学生评价的各个维度，进而在各维度之下划分具体指标，形成评价学生的指标体系。而后，借助于各种采集技术和信息平台逐一搜集，根据不同的证据源，采集证据既可通过传统的课堂观察、问卷调查法等人工采集工具，又可通过智能化的自动采集技术来实现；根据不同的证据类型，收集的方式也各异。

一般来说，采集方法可分为伴随式数据采集、物联网数据采集、填报式数据采集、第三方系统数据采集等。[①]其中，伴随式数据采集主要借由学生的智能佩戴装备、移动终端设备和 AI 智能识别设备采集学生的学习表现以及情感过程等数据；物联网数据采集则在伦理许可范围内，通过传感器、音频采集、客户端进行人脸识别、体态识别等方式对数据进行无感采集；填报式数据采集主要借以心理量表、调查问卷等方式搜集一些技术难以探测的主管数据；第三方系统数据采集可以通过数据端口实现链接学校其他信息系统，如名校慕课平

---

① 崔佳峰，阙粤红. 智能技术支持下的学生数字画像：困境与突破. 当代教育科学，2020（11）：88-95.

台、数字课堂等。第三方系统数据采集对教师采集数据尤为重要。随着当前信息化平台在高校的常态化应用,海量学习行为数据被记录在平台,而基于传统课堂观察或基于问卷量表形式的数据采集显然难以满足海量数据采集的需要,此时信息化平台在提供高效的教与学工具的同时,也成为有效的学习数据采集手段。[1]通过学生登录平台、观看微课、微课点赞、微课收藏、递交作业、互批作业、提问讨论、留言、通知回复等,它可将学生的学习数据完整、真实地记录下来。

四、筛选证据:对证据进行挑选和排序

筛选证据是指通过一定的方法对证据的真实性和相关性进行审核、鉴定,对采集到的证据进行去伪存真、去粗取精等处理。特别是对于大数据环境下的教学,学生学习过程中产生的数据是海量的,数据的筛选是保证数据可用性的关键环节。数据筛选的目的是提高之前收集存储的相关数据的可用性,使其更有利于后期的数据分析。数据的价值在于其能够反映的信息。然而通常情况下,教师在收集数据的时候,并没有完全考虑到其未来的用途,只是尽可能地进行收集。此外,为了更深层次地获得数据所包含的信息,可能需要将不同数据源进行汇总,从中提取所需要的数据,这就需要解决可能出现的不同数据源中数据结构相异、相同数据不同名称或者不同表示等问题。可以说,数据筛选最终是为数据分析、挖掘做准备。[2]

五、分析证据:对证据进行统计和推理

分析证据是指使用恰当的技术或方法对证据进行分析、整理,挖掘证据价值,使其转化成为评价信息。识别证据、创设证据、采集证据与筛选证据都是为分析证据做准备的,分析证据是将证据转化为评价信息的重要过程。分析证

---

① 刘邦奇,李鑫. 智慧课堂数据挖掘分析与应用实证研究.电化教育研究,2018(6):41-47.

② 余浩. 基于大数据的数据存储及数据筛选问题研究. 黑龙江大学硕士学位论文,2015.

据并不是对收集到的数据或证据进行简单的计算、统计，而是涉及教师多维知识综合应用的过程。数据存在和数据使用之间往往存在巨大差距。达文波特等曾将数据定义为"关于事件的一组离散、客观的事实"[1]，即数据不提供判断和解释。库森等提出，数据难以体现价值，需要对其进行人为分析与解释。在教育领域，数据必须转换成学校可以使用的信息才能对变革起支撑作用。[2]达诺等研究显示，相对于收集数据，阅读和使用数据更难。[3]实践证明，技术的进步并不总带来有益的结果。首先，技术应用并非完美的，一些数据平台和系统确实能够实现学习数据的自动采集、处理和分析，但输出的报告要么过于复杂，超出教学者理解的能力，耗费教学者的大量时间和精力；要么过于简单，仅显示学习者表现的数字排名，对具体细节并不提示。教师和学生无法据此提出准确的补救措施，达不到促进学生发展的目的。为了将数据转化为信息，教师往往需要对数据进行系列转换操作，需要理解数据的显示和表示形式，对学生的表现数据和评价标准进行比较，从而得出相关评价结论，这些都需要人为操作。[4]对于教师而言，单纯、抽象层面的数据统计和操作技能并不难掌握，真正的难点在于，在具体教学情境中面对不同性质的数据或证据时，如何选择恰当的统计方法理解和分析数据。分析数据或证据需要借助一定的分析技术或工具，但不同类型证据的分析具有其针对性，分析目的也有所不同，因此分析结果的价值也存在差异。为便于教师有针对性地选择合适的分析技术和工具，本节为教师提供了针对不同性质证据的分析技术或工具：内容分析、情感分析、社交网络分析可用于分析学生的质性文本类证据，学习行为分析、统计分析主要用于分析量化的数据或证据。

---

[1] White R S. Working knowledge: How organizations manage what they know. The Journal of Technology Transfer，1999，26（4）：396-397.

[2] Cousins J B，Leithwood K A. Enhancing knowledge utilization as a strategy for school improvement. Knowledge，1993，14（3）：305-333.

[3] 转引自张进良，李保臻. 大数据背景下教师数据素养的内涵、价值与发展路径. 电化教育研究，2015（7）：14-19，34.

[4] 张进良，李保臻. 大数据背景下教师数据素养的内涵、价值与发展路径. 电化教育研究，2015（7）：14-19，34.

六、解释证据：对证据及其分析结果进行解释

解释证据即对证据分析的结果进行阐释说明，以揭示证据所反映的现象和规律。解释证据是为了更好地使用证据，它主要包括对分析结果的阐释和说明以及基于此的可能推论。张进良等认为数据本身不能说明一切，应强调解释的核心作用，即人们必须积极理解数据或证据的含义。[①] 科伯恩等提出解释数据是数据使用过程的核心部分，解释数据或证据的过程由个人信念、知识和动机形成。[②] 当数据或证据获得解释时，它才可能被转化为信息。与数据不同，信息有意义、相关性和目的性，数据通过语境化、分类、计算、连接和总结转换成信息。[③] 关于数据或证据的使用价值，可通过解释数据将数据转换成信息，并以此作为决策的基础。

证据的解释需要基于某些理论或工具来划分和描述学生的整体学业质量水平，还可以在此基础上针对学生不同的表现层面进行评价。事实上，解释证据所依据的理论在识别证据以及收集证据环节就已经存在，这些理论将指导教师收集哪些类型的证据以及从哪个证据源来收集证据。此环节只是将这些理论再次提出，以明确这些理论的具体作用。

七、使用证据：利用证据及证据分析结果实现学业评价

使用证据即利用证据，其目的是发挥证据的效用和价值。本书中的"证据"都是有关学生学业活动的证据，因此"使用证据"必然指向学生的学业活动，使用证据是为了对学生的学业质量进行评价，使用证据的结果也是为了衡量学生的学业质量水平。本书中"使用证据"包括两层含义：一是使用直接能够表征学生学业质量的证据。这些证据无须进行分析，只需要进行简单量化，

---

① 张进良，李保臻. 大数据背景下教师数据素养的内涵、价值与发展路径. 电化教育研究，2015（7）：14-19，34.

② Coburn C E，Turner E O. Research on data use: A framework and analysis. Measurement Interdisciplinary Research and Perspectives，2011，9（4）：173-206.

③ Davenport T H，Prusak L. Working Knowledge: How Organizations Manage What They Know. Boston: Harvard Business School Press，1998：16-78.

如学生的出勤率、学生的考试成绩等。二是使用经过分析之后的证据。这些证据无法直接使用，通常需要经过前期分析并借助一定分析技术，才能得出量化结果的质性证据，如学生的作品、学生的讨论帖等。但无论使用哪种证据，其最终结果都是学业评价结果的组成部分，都可以衡量学生的学业质量水平。

第四节　模型修订与完善

为了检验模型，本节围绕模型环节的完整性、环节的阐述、环节要素的合适性等方面，采用德尔菲法，通过专家咨询问卷、访谈的方式对模型的科学性、有效性、可行性进行检验，并根据专家意见和建议对模型进行修订和完善。

一、德尔菲法及其在本节的应用

德尔菲法是美国兰德公司于 20 世纪 50 年代末开发的一种专家调查法，其核心是通过专家背对背的方式征求意见，由课题小组对每轮的意见进行汇总整理，作为参考资料再寄给每位专家，供专家分析判断，并提出新的论证意见。如此反复轮回，使得意见逐渐趋于一致，得到比较一致且可靠性较大的结论或方案。[1][2][3]作为一种结构化的沟通技术或沟通方法，德尔菲法适用于没有精确研究资料的问题研究，有利于实现决策的科学化和民主化，当前常被用于预测和评价研究领域。[4]一般而言，德尔菲法技术的实施过程可分为六个步骤。步

---

①　高媛，陆奥帆，魏雪峰，等. 德尔菲法及其在中国地平线项目中的应用. 中国远程教育，2018（5）：9-14.

②　袁勤俭，宗乾进，沈洪洲. 德尔菲法在我国的发展及应用研究——南京大学知识图谱研究组系列论文. 现代情报，2011（5）：3-7.

③　王琦. 试析德尔菲法的科学性. 预测，1986（4）：60-61.

④　Dalkey N，Helmer O. An experimental application of the Delphi method to the use of experts. Management Science，1963，9（3）：458-467.

骤一：确定研究主题。研究者需要确定研究主题、研究方法等，明确为什么在该项研究中使用德尔菲法，明确研究目的，以及确定如何运用德尔菲法获得研究结论。步骤二：选择回答问卷的专家成员。在德尔菲法中，专家扮演着十分重要的角色，因而挑选的专家应具有一定的代表性、权威性。步骤三：编制问卷并发放问卷。首份问卷要包括作答说明、受访者基本资料、问题陈述三个部分的内容。步骤四：回收问卷与分析。对回收到的问卷进行分析和整理，提出不需要的题目，保留有价值的题目，作为下一轮问卷设计的基础。整理专家们有异议的题目等，后续反馈给专家。步骤五：编制下一轮问卷与发放。通常德尔菲法可进行多次问卷调查，直到专家对所有议题达成共识并不再提出异议之时，就可进入最后一轮的问卷调查。步骤六：分析问卷及撰写结果报告。整理专家反馈的最终结果，将其作为撰写研究报告的资料。

按照德尔菲法技术的实施步骤及要求，本节初步设计了两轮专家咨询。通过编制问卷向专家提出咨询问题，整理与分析专家反馈意见，并对专家意见和建议合理吸收，修订模型直至得到最终模型。

二、模型修订过程

（一）专家咨询问卷的编制

在参考已有文献以及对专家访谈的基础上，笔者研制了基于证据的高校课程学业评价模型专家咨询问卷。咨询问卷包括前言、主体和专家数据调查三个部分。

前言部分对模型构建的目的、模型环节的构成、问卷的目的进行了说明，以便专家在填写问卷之前对基于证据的学业评价模型有基本了解。问卷的主体部分包含两部分内容。第一部分旨在通过对模型环节及其要素的说明，专家能够对模型的修订与完善提供建议。其主要涉及六个方面的内容：①专家对本研究的研究价值或意义的认同度；②专家对模型七个环节分类的认同度；③专家对模型各个环节表述的认同度；④专家对模型部分环节可能包含的要素的认同度；⑤专家对模型建构的技术路线的认同度；⑥在前面问题的基础上，专家已对该模型包含的环节以及部分环节可能包含的要素、模型构建的过程有了基本了解，因此有必要咨询专家对该模型是否能够达到在前言中所明确的目的意见，以此确定模型的有效性。第二部分是对专家权威程度的调查，确定专家咨询结果的可信性。该部分内容包括专家对本次咨询内容的熟悉程度、专家对咨询内容进行判断的依据两个方面的调查。

（二）咨询专家的确定

根据德尔菲法的理论要求，专家咨询人数以 8—20 人为宜。[1]研究在选取专家时主要考虑：专家是否对混合学习有所研究；对该领域是否熟悉；作为高校一线教师，是否具有实施混合学习或混合学习条件下学业评价的实践经验。

笔者最终确定来自河南师范大学、信阳师范学院、河南科技学院等河南省内部分高校的教师，以及河南省外部分高校如首都师范大学、沈阳师范大学等 15 名教师作为咨询专家。

（三）问卷的发放、回收与数据分析

1. 问卷的发放与回收

编制好问卷后，研究通过添加微信、QQ、邮箱等方式给 15 位专家分别发放问卷。其中有 3 位专家因其他原因没有回馈问卷，最终回收问卷 12 份，回收率达 80%。问卷回收后，笔者对问卷进行数据处理。该问卷包括专家权威程度和专家对咨询问题的评判情况两个部分的数据，因此对两部分数据分别进行统计与分析。

2. 专家权威程度数据分析

专家权威程度是指专家针对某一问题或者方向的权威力度，其值的大小对评价的可靠性影响显著，因此需要对专家权威程度进行量化计算。专家的权威程度用专家权威系数（Cr）表示，其衡量指标有专家的判断依据（Ca）和专家的熟悉程度（Cs）两个因素。其中 Ca 代表专家判断依据，专家一般以"实践

---

① 徐国祥. 统计预测和决策. 上海：上海财经大学出版社，2005：149-150.

经验""理论分析""对国内外同行的了解""直觉"四个维度作为判断依据，每个维度分为高、中、低不同程度；不同维度的高、中、低不同层次赋分为实践经验（0.5、0.4、0.3）、理论分析（0.3、0.2、0.1）、同行了解（0.1、0.1、0.1）、专家直觉（0.1、0.1、0.1）。Cs代表专家对咨询问题的熟悉程度，专家对问题的熟悉程度分为很熟悉（1.0）、熟悉（0.8）、一般（0.6）、不熟悉（0.4）、很不熟悉（0.2）五个层次。[①]

专家权威程度对咨询问卷结果的可信性影响很大，通常，专家权威程度越大，说明专家判断结果的科学性越强，咨询问卷结果的可信度越高。研究在参考已有文献的基础上，对专家权威程度各因素的各项指标进行赋值，表3-1为专家熟悉程度赋值表，表3-2为判断依据对专家判断的影响程度及赋值表。其中专家个体的判断依据得分为该专家在不同判断依据的分数之和。

表 3-1 专家熟悉程度赋值量表

熟悉程度	量化值
很熟悉	1.0
熟悉	0.8
一般	0.6
不熟悉	0.4
很不熟悉	0.2

表 3-2 判断依据对专家判断的影响程度及赋值

判断依据	对专家判断的影响程度		
	高	中	低
实践经验	0.5	0.4	0.3
理论分析	0.3	0.2	0.1
同行了解	0.1	0.1	0.1
专家直觉	0.1	0.1	0.1

按照专家熟悉程度的赋值，对12位专家的熟悉程度分别做计算后进行统计。统计结果如表3-3所示。

---

① 贾品. 2型糖尿病的医疗保险审核模型构建研究. 复旦大学硕士学位论文，2012.

表 3-3 专家熟悉程度统计结果

熟悉程度	很熟悉	熟悉	一般	不熟悉	很不熟悉
赋值	1.0	0.8	0.6	0.4	0.2
人数	0	10	2	0	0

由表 3-3 计算得出研究的专家熟悉程度值为 0.82，说明专家对所咨询的问题熟悉。按照专家判断依据的赋值，对 12 位专家的判断依据进行统计并计算，统计结果见表 3-4。相关研究表明，专家判断依据 $Ca=1$ 时，判断依据对专家意见的影响程度很大；当 $Ca=0.8$ 时，判断依据对专家意见的影响程度居中；当 $Ca=0.6$ 时，判断依据对专家意见的影响程度较小。[①]通过计算，研究的专家判断依据为 0.86，说明判断依据对专家意见的影响程度较高。

表 3-4 专家判断依据统计结果

专家判断依据	1	0.9	0.8	0.7	0.6
人数	2	4	5	1	0

参考相关研究，一般认为 $Cr>0.7$ 为可接受信度，$Cr>0.8$ 表示非常高的专家选择信度。[②]根据专家权威程度的计算公式，研究的专家权威程度为 0.80，大于 0.7，接近 0.8，说明专家的权威程度较高，专家评判结果具有较强的可靠性。

3. 专家对咨询问题的评判情况数据分析

第二部分咨询问题评判情况的统计分析主要是对评判结果利用统计学工具进行分析，通过分析专家意见的集中程度来确定指标的增删和修正。德尔菲法中，常用均值（M）、标准差（SD）、变异系数（CV）来衡量专家意见的集中程度。

均值可以直观地显示专家对咨询问题的认同程度。均值越大，说明专家对该咨询问题的认同度越高。研究的问卷采用利克特五级量表，根据认同程度按

[①] 王春枝，斯琴. 德尔菲法中的数据统计处理方法及其应用研究. 内蒙古财经学院学报（综合版），2011（4）：92-96.

[②] 郭太玮，潘绍伟，季浏. 基于德尔菲法筛选大学体育课程内容标准的具体指标. 体育学刊，2012（2）：89-93.

由高到低的顺序分别赋 5 分、4 分、3 分、2 分、1 分。其中 3 分代表认同程度为"一般",表示专家基本认同该问题,但有改进之处。研究以 3 分作为均值的基准数。

SD 反映专家意见的分散程度。某一问题专家评判结果的标准差越大,说明专家的意见越不集中,专家对该问题存在的分歧越大,这时可以整合专家的意见或建议,将该问题作为进一步讨论的问题。研究专家咨询问卷结果标准基准数设为 1。

CV 能够反映专家对该咨询问题认同度的波动程度或差异程度,计算方法为该问题的标准差与平均值之比。该值越小,表明专家对该问题的意见一致性越高。研究将专家咨询问题结果变异系数基准数设为 0.25。

利用 SPSS 19.0 统计工具对数据进行处理,分别计算出该部分数据的均值、标准差与变异系数。统计结果见表 3-5。

表 3-5　专家评判咨询问题的统计结果

咨询问题		M	SD	CV
1. 专家对研究意义的认同度		4.67	0.49	0.11
2. 专家对模型环节分类的认同度		3.83	0.58	0.15
3. 专家对模型环节表述的认同度	(1) 识别证据	4.42	0.52	0.12
	(2) 创设证据	3.67	0.78	0.21
	(3) 采集证据	4.33	0.65	0.15
	(4) 筛选证据	4.42	0.52	0.12
	(5) 分析证据	4.58	0.52	0.11
	(6) 解释证据	4.58	0.52	0.11
	(7) 使用证据	4.58	0.52	0.11
4. 专家对部分环节要素说明的认同度	(1) 识别证据	4.25	0.75	0.18
	(2) 创设证据	3.92	0.79	0.20
	(3) 解释证据	4.33	0.78	0.18
	(4) 使用证据	4.50	0.67	0.15
5. 专家对模型构建的技术路线认同度		4.17	0.58	0.14
6. 专家对模型有效性的认同度		4.17	0.58	0.14

研究共向专家咨询了关于模型环节分类、模型环节表述、模型构建路线等 6 个方面的内容,咨询问题共计 15 个条目。我们针对每个问题都计算出其评判

结果的 *M*、*SD* 和 *CV*，以此分析专家对每个问题的评判结果的集中程度。结果显示，专家对所有问题的评判结果均值都超过了研究的均值基准（基准为 3），且接近 4，表明专家对所咨询的问题的认同度较高；每个问题的评判结果的标准差均小于 1，说明每位专家对所有问题的评判结果的意见分歧不大；专家对每个问题评判结果的变异系数都小于研究的变异系数基准（基准为 0.25），说明每位专家对所有问题的认同度的波动或差异程度较小，意见较一致。

总之，通过对专家咨询问卷的分析可以看出：从整体来讲，专家对模型的认同度较高；从具体的咨询结果来看，有些问题还需结合专家给出的具体建议做进一步讨论。

（四）专家咨询问卷结果讨论

为检验专家所提的建议对研究模型的修订与完善是否有参考价值，需对专家咨询结果的可靠性进行分析。德尔菲法测量咨询结果的可靠性取决于专家的权威程度。由前文数据分析结果可知，研究的专家权威程度为 0.80（大于 0.7），表明专家对此次评判内容的权威程度较高，问卷咨询结果的可靠性较强，专家意见和建议对研究具有参考价值。

问卷咨询结果可靠性得到保证后，即可进行专家具体意见和建议的分析。根据研究对各个咨询问题认同度的界定，只有咨询问题同时满足评判的 *M*>3、*SD*<1、*CV*<0.25 这三个条件，才能说明专家对该问题一致认同。

由表 3-5 统计分析结果可知，专家对研究意义认同度中，*M*=4.67，*SD*=0.49，*CV*=0.11，表明专家对研究高度认同，肯定了研究的价值。通过对模型构建的技术路线认同度统计，专家一致认为该技术路线科学、可行（*M*=4.17，*SD*=0.58，*CV*=0.14），同时模型的有效性也获得专家的一致认可（*M*=4.17，*SD*=0.58，*CV*=0.14），因此认为模型能够达到研究预期的目的。

1. 专家对模型环节分类的认同度

研究将模型分为识别证据、创设证据、采集证据、筛选证据、分析证据、解释证据与使用证据 7 个环节，为检验模型环节分类的合理性，研究对专家进行了调查。由咨询结果可知（表3-5），专家对模型环节分类的认同度中，$M=3.83$，接近4，$SD=0.58$，$CV=0.15$。从整体来看，专家一致认为该分类方法是合理的。有8位专家对该分类方式高度认同，有4位专家对该分类方法认同程度为"一般"，并提出了修改意见和建议。整合专家修改建议，有3位专家的意见集中在"创设证据"这一环节。其中有2位专家对该环节提出了相似的修改建议，认为"创设"一词可能有歧义，并指出"创设证据"可能具有数字化记录、保存之意，可将"创设"替换成"数字化保存"或"记录、保存"。有1位专家则建议删除此环节。由此可以看出，专家对"创设证据"的理解并未达成一致，厘清"创设证据"环节可能从整体上提高专家对该模型环节的认同度，因此笔者认为有必要对"创设证据"做进一步讨论。

另外1位专家对模型的分类提出"是否可考虑将'分析证据''解释证据'两个环节合并"的建议。通过查阅文献，笔者对该建议进行了认真思考，并再次明确了两个环节的作用以及两者之间的关系。笔者认为分析证据更强调通过某种数据分析技术（社会网络分析、描述性统计等）或工具来实现对各类证据的整理、统计，该过程最终得出的是数字信息，还未转化为评价信息。比如对学生在讨论区中的发帖、回帖等社会性学习行为投入类证据进行分析，可以采用社会网络分析技术对其进行可视化分析，但该分析的最终结果其实只是有关于社会网络的某些属性数值（比如密度、中心性等），如果缺乏一定的理论对其数值结果进行进一步阐释说明，这些数据本身依然是无意义的。因此，分析数据之后应该是依据相关的理论对证据进行解释、说明的环节，将两者分开呈现，更容易厘清两者之间的关系以及区分所实现的不同目的，所以笔者综合大多数专家的意见，不合并这两个环节。

2. 专家对模型环节内涵表述的认同度

研究在咨询问卷中对每个环节进行了表述，调查专家对各个表述的认同度。由表3-5数据结果可知，专家对各个环节表述的评判均值、标准差以及变异系数均符合研究的基准数，说明专家对各个环节的表述整体上是认同的。对比每个环节专家评判结果，发现除了"创设证据"之外的6个环节的评判均值

均大于 4，表明专家对这 6 个环节的表述高度认同。只有"创设证据"的表述
评判均值小于 4（为 3.67 分），通过查看该环节每个专家的咨询结果，可知有 6
位专家对其认同度为"一般"。尽管有 6 位专家认为该环节的表述"合理"，但
仍旧提出了修改建议，说明专家对该环节的表述并未达到完全认同，需要进一
步完善。

为更好地参考专家的建议，以完善各环节的表述，笔者对问卷中专家的建
议进行了整理。问卷共收集到 12 条专家对环节表述的修改建议，其中有 11 条
是针对"创设证据"环节的建议，1 条是针对"筛选证据"环节的建议。

在收集的关于"创设证据"环节表述的 11 条修改建议中，大多数专家的
建议一致，认为"'创设证据'环节的表述与'采集证据'存在交叉，需对两
者进行区分、甄别"。因此，笔者认为厘清"创设证据"环节的内涵是研究要
面对的核心问题之一，需要进行深入讨论。有 1 位专家根据研究对"筛选证
据"环节的表述，提出"'筛选'一词的表述不够学术化，可修改为'鉴
定'。"通过查阅相关文献发现，"鉴定证据"是司法领域比较常用的一个专业
术语，其代表的含义与研究"筛选证据"一致，因此笔者采纳此建议，将"筛
选证据"替换为"鉴定证据"，将其表述为"运用科学的方法对采集的证据进
行审核、判断、去伪存真、分类等处理"。

3. 专家对模型部分环节可能包含要素的认同度

笔者调查了专家对识别证据、创设证据、解释证据与使用证据 4 个环节可
能包含要素的认同程度。选择上述 4 个环节主要是因为对其余 3 个环节具有较
明确的认识，但对上述 4 个环节只是设想了可能包含的要素，认识还不够明
确。因此，为了验证研究预想的正确性以及获得更多的专家建议，笔者选取以
上 4 个环节。咨询结果如表 3-6 所示。

表 3-6　专家对模型部分环节要素评判结果

环节	M	SD	CV
识别证据	4.25	0.75	0.18
创设证据	3.92	0.79	0.20
解释证据	4.33	0.78	0.18
使用证据	4.50	0.67	0.15

由表 3-6 可知，这些环节的要素评判均值、标准差、变异系数均符合研究的基准数。因此，总体上来讲，专家对研究所预设的环节要素是认同的。对比单个环节专家的评判结果，"创设证据"环节的均值最低，从专家具体的咨询结果中得知有 8 位专家对此环节可能的要素是高度认同的，有 4 位专家认同度为"一般"，说明该环节可能的要素并未获得专家的完全认同，需要进一步商榷。

为更好地分析专家建议，研究对收集到的 10 条建议进行了汇总。其中"识别证据"环节的建议有 3 条，"创设证据"环节的建议有 3 条，"解释证据"环节的建议有 2 条，"使用证据"环节的建议有 2 条。

研究将"识别证据"环节中的证据类型划分为了学习投入类证据和学习产出类证据。从咨询结果上来看，大多数专家认为该分类是合理的，有 3 位专家给出了建议。这些建议基本一致，认为"该划分比较简洁，没有很好的突出学习过程中的证据，可以将其划分得更细致一些"。笔者对该建议表示十分认同，它所表达的观点与研究的设计其实是一致的。笔者认为学业评价要兼顾学生的学习过程和结果，既要注重过程性证据的收集，又要注重结果性证据的收集。因此将学生的学习证据分为学习投入和学习产出两种类型，其中又将学习投入类证据进一步划分为学习行为投入类、认知投入类以及情感投入类证据。行为投入类证据还可以划分学生个体行为投入和社会性学习行为投入两种行为投入证据。学习产出类证据也包含多种，比如学生的作品、学生的平时作业、学生的测验成绩等。只不过这些更具体的划分没有在问卷中呈现。3 位专家对"创设证据"环节提出了建议，都认为"该环节的要素应该要更具体一些，表达得不够清楚详细"，笔者认同该观点，并将进一步对该环节的要素进行讨论。2 位专家对"解释证据"环节提出了建议，其中 1 位专家认为"虽然列举了成熟的理论或模型，但并没有明确给出解释证据的要素是什么"，另 1 位专家建议"理论或模型的操作性不强，应给出具体的要素"。两位专家的建议对研究来说具有重要的参考价值，事实上，研究所给出的模型或理论中就包含着解释证据的要素。比如使用学习行为周期反馈模型可以解释学生学习行为投入类证据，实现对学生学习行为的持续性、反思性、主动性与专注性 4 个要素进行解释。

专家对"使用证据"环节可能包含要素的认同程度中，M=4.50，SD=0.67，CV=0.15。相较于其他3个环节，此环节是专家认同程度以及意见一致性程度最高的。有2位专家提出了可以进一步完善此环节要素的意见和建议。其中1位专家指出"使用证据的主体除了有学生、教师、学校，还可考虑其他使用主体"，另1位专家指出"该环节的要素要尽可能齐全，比如学校在使用证据层面可以利用证据对课程建设质量进行评价等"。两位专家的意见和建议为完善该环节提供了很有价值的信息，笔者认为该环节的要素确实能够再丰富，但考虑到研究的对象是学生的学业，因此"使用证据"应该主要落脚到学业评价，将证据应用在其他层面上并非研究的主要目的。综合考虑之后，笔者采取大部分专家的意见，对此环节的要素不做修改。

（五）专家访谈结果讨论

结合前期的专家咨询问卷结果，可知模型整体上已经获得专家的认同，通过对咨询问卷中专家意见及建议进行整理、汇总，发现专家的意见主要涉及模型具体环节内涵的表述、可能包含的要素等一些细节性问题，而且专家所提建议比较集中，笔者认为如果按照预设进行第二轮专家咨询问卷可能对解决这些细节性问题意义不大，因此在咨询问卷结束后，为获得更多更关键的指导建议，笔者修改了原先的计划，将第二轮的专家问卷咨询转变为对专家进行深度访谈，以认真听取专家的意见。

笔者通过电话、微信、面对面的方式访谈了4位专家，这些专家不仅对混合学习有所研究，还开展过混合学习课程，具有混合式学业评价的实践经验。总的来说，访谈主要有两个目的：一是对有异议的环节，进一步明确其内涵；二是进一步明确部分环节可能包含的要素。通过整理访谈录音以及访谈记录，笔者发现专家对模型某些环节的理解是一致的，有的则不完全一致。以下是对专家访谈结果的梳理与讨论。

1. 专家对"识别证据"的理解较一致

访谈中，专家结合自身的理论储备以及混合学习中的学业评价经验对"识别证据"给出了自己的理解。通过对专家访谈内容的整理，发现专家对"识别证据"的理解比较一致。基本观点如下：

> 识别证据是评价的第一步，该环节应建立在前期教师对课程培养目标的解读上，教师要根据课程培养目标，将其分解成学习目标。在确定学习目标的情况下，才能去识别证据的来源以及确定要收集证据的类型。混合学习环境中凡是与学生学习目标相关的信息都是学习证据的来源，但总的来说，学生的证据主要来源于线上平台和线下课堂。学生的证据类型按照不同的划分标准，具有不同的表现形式。模型将其分为学习投入类和学习产出类是比较合理的，因为对于任何一门课程来说，证据的类型基本上由这两种组成。

2. 专家对"创设证据"的理解不完全一致

根据专家咨询问卷结果可知，不管是"创设证据"环节内涵的表述还是其可能包含的要素，12位专家的认同程度相较于其他环节都是最低的。从问卷具体的咨询结果来看，关于"创设证据"多数专家在问卷中并没有给出明确的修改建议，因此笔者认为非常有必要针对此环节对专家进行深度访谈，以期获得对改进模型更有益、更有价值的信息。

访谈中有3位专家提出：

> 创设证据其实是为了引出证据，结合他们的实践经验，创设证据就是设计一些教学活动，它是围绕教学目标组织的活动。

有专家还进行了举例，表示：

> 一般在教学中，都是通过课堂提问、课后作业、测验、参与讨论等活动任务就能够引出学生的学习证据，比如让学生做作品，可以引出与学生的组织、问题解决和创造性等能力相关的证据。通过课堂提问，可将能够表征学生知识掌握情况的证据给引出来。

另一位专家则有不同的看法，他认为：

> 创设证据是为了教师收集证据做准备，这一环节教师不仅要想法引出证据，让学生产生证据，还要为证据的保留、记录做好准备。引出证据需要教师进行一系列的评价任务的设计，而证据的保留、记录则需借助一些工具或技术，让证据产生的同时能够被实时记录、保留下来。

从专家的访谈结果来看，对于"创设证据"，专家的理解主要有两种：一是"创设证据"就是设计评价任务或评价活动；二是"创设证据"不仅包含设计评价任务让学生在学习过程中产生证据，还包括通过一定的工具或手段将证据保留下来的操作。鉴于专家意见存在分歧，访谈后，笔者首先对"创设证据"环节的原设计进行反思，并对专家意见进行反复琢磨，最终明确"创设证据"的内涵。

笔者最初对"创设证据"的理解主要借鉴了司法领域中"创设证据"的思想，将其解读为"在引出证据的过程中通过一定的手段将难以自动记录、保存或易流失的证据以数字化形式保存"[1]。事实上，研究对"创设证据"的理解原本就有"引出证据"的意思，但在制作专家访谈问卷时将其内涵表述得较为模糊，在字面上可能引起歧义，这可能成为专家对此环节认同度普遍偏低的主要原因。通过对4位专家的访谈，笔者确定"创设证据"环节包括"引出证据"的过程，该过程由教师设计评价任务可实现。但对于"创设证据"是否还包含其他过程并不明确，4位专家中只有1位专家提出了它还有保留、记录证据的过程。该观点与研究的原设计有出入，因此笔者认为有必要对这4位专家进行二次访谈。

通过整理第二次访谈的内容得知，具有相同意见的3位专家在他们的混合课程中所设计的主要是一些线上讨论、平时作业、在线测验等可被自动记录过程的评价任务，另一位专家所设计的更多的是学生的一些表现性任务，比如学生的小组汇报、辩论等，教师就必须利用一些手段才能将这些证据保留下来。

---

① 张念. 基于"证据"的高校混合学习课程学业评价模型构建研究. 河南大学硕士学位论文，2019.

经过反复思考，笔者认为教师能够收集到的"证据"都是已经通过各种方式被记录下来的"证据"，只不过这个记录的方式可能是自动的，也可能是需要借助人工方式来记录的。因此"创设证据"环节不仅包含"引出证据"还包括将证据及时记录、保留下来的过程。该结论在之后的模型实践中也得到了验证。最终，笔者将"创设证据"解释为"通过一系列评价任务引出证据的同时及时将证据记录、保留的过程"，其要素主要有"布置评价任务""引出证据""记录、保留证据"。

3. "分析证据"环节具体的要素可分层呈现

在访谈过程中，笔者将初步模型呈现给专家，并针对"采集证据"和"分析证据"环节中的要素对专家进行了解释。有专家指出其实在一般的教学中，教师所使用的分析证据方法比较简单，模型提供的方法中部分方法对教师来说存在一定的难度，为给教师提供更加明确的指导，可以尝试将这些方法进行分层，既为教师提供一些基础的分析方法，又为教师提供一些高层级的分析方法，以便让教师进行有针对性的选择。除了"分析证据"环节的要素有专家提出分层呈现的建议外，还有专家认为"采集证据"环节的要素也最好分层呈现，既提供教师线下证据的采集方法，又提供教师线上证据的采集方法。笔者认为该建议为模型的建构提供了很好的思路，有利于增强模型的可操作性，于是采用该建议。

通过专家访谈，笔者得到了很多对模型修订有意义的建议，实现了访谈的目的。

三、模型的具体修订

在进行专家咨询的同时，为了初步检验模型的可操作性，笔者还在一门课程中进行了 1 个学习单元的教学实践，以便为模型修改提供实践方面的反馈意见。经与导师商议，将构建的模型在导师所教授的"绩效技术与教育应用"（混合学习）课程中进行了为期 3 周（1 个教学单元）的教学应用，并尝试完成了该单元的评价。

　　结合专家问卷咨询、专家访谈以及模型在实践中的具体应用，笔者对模型以下几个地方进行了修订：①在保证模型7个子系统不做增删的前提下，将"筛选证据"改为"鉴定证据"。模型环节分类受到专家的一致认同，对其不做增删；结合个别专家建议，将"筛选证据"环节改为"鉴定证据"，不改变其内涵，增强术语的学术性。②进一步明确"创设证据"的内涵。研究最初简单地将"创设证据"理解为"设计评价任务，引出证据"，但在该环节的实施过程中，发现对于有些证据来说，教师只需设计评价任务，学生的学习证据就会自动被采集，比如学生的在线讨论、学生的在线学习行为等；但对于一些证据来说，教师设计评价任务将其引出后，并不会自动被采集，比如在"绩效技术与教育应用"这门课的学生模拟招聘活动证据，该种证据是一个过程性证据，如果不及时将其留存下来，这种证据就会流失于课堂。因此，创设证据的同时将证据记录保留下来尤为重要，在该课程中通过采用拍摄记录方式将学生的模拟招聘活动证据保存下来，为教师进一步利用电子档案袋将这些证据归集在平台上做准备。最终将其表述为"通过一定的手段和方法将以前无法收集或不便收集的证据设法收集起来，以便为基于'证据'的评价提供更多的信息和数据"，其要素主要包含"设计评价任务""引出证据""留下、保存证据"。③分层呈现"采集证据"与"分析证据"环节的要素。初步模型中的"采集证据"和"分析证据"环节的要素在结构上层次不分明，可视化程度不够，如果将其分层呈现可视化效果会更好。因此，将"采集证据"环节的要素按照线上证据和线下证据来分层，"分析证据"环节的要素按照量化证据和质性证据来分层。④将模型的线性结构修订为循环结构。初步模型在结构上是线性的，但在模型的实际应用中，模型的每个环节之间不仅有顺序关系，又同时对前一个环节具有反馈作用，其结构应是互通互联的有机整体，因此笔者将模型的线性结构修订为循环式结构。

　　经过专家咨询问卷以及专家访谈，结合模型在实践中的初步应用，笔者对初步模型部分环节的表述、部分环节所包含要素的呈现以及环节的结构等几个方面进行了修订，最终模型如图3-4所示。

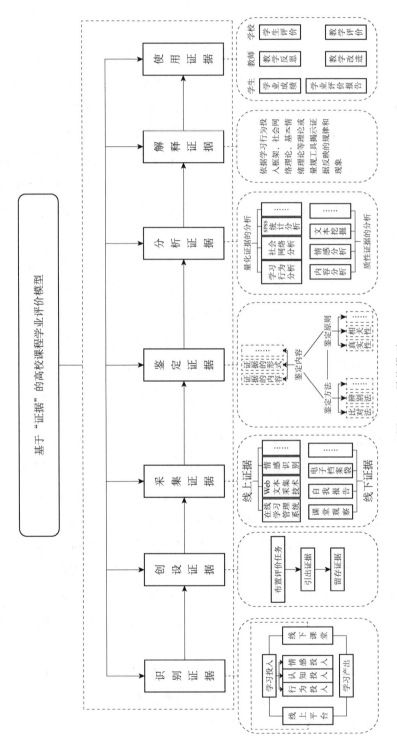

图 3-4 最终模型

第 四 章

基于证据的高校课程
学业评价行动指南

基于证据的学业评价在我国才刚刚起步。学业评价本身就是一项复杂而具有挑战性的活动，基于证据的学业评价更是在一定程度上加大了学业评价的难度。它不仅需要评价者具备证据意识，而且需要评价者具备基于证据实施评价的专业能力。为了指导高校学业评价实践，依据基于证据的高校课程学业评价模型的实践特点，结合高校师生的实际需求以及课题组几年来的实践探索，我们对如何实施基于证据的高校课程学业评价进行了具体探讨。本章主要侧重基于证据的学业评价实施方法、技术工具、具体实施途径等进行阐述，以期为高校师生提供"脚手架"。

第一节 基于证据的学业评价：理念引领

观念是人们在长期的生活和生产实践中形成的对事物总体的综合认识。它一方面反映了客观事物的不同属性，同时也带有主观理解色彩。观念会受政治、经济、文化等多重因素的影响，它不是一成不变的，而是随着时代的变化而发生变化。我们知道，人的行为受观念的控制，人不论做什么，都离不开观念的指导，它规范、影响着人的一言一行。人的评价观亦是如此，评价观可被视为评价主体对评价这一客观活动的理解与看法。一个人有什么样的评价观，就会有什么样的评价行为，评价观对评价主体实施评价活动具有指导作用。教师作为实施课程学业评价的核心主体，其评价观直接影响学业评价的具体操作及最终评价的价值取向。观念具有两面性，只有正确的观念才能起到正确的指引作用。传统学业评价观是在考试文化、应试教育中形成的，自然而然地带有甄别、选拔的价值取向。随着时代的变迁，教育处在新的文化背景下，教师的评价观应紧跟时代步伐并做相应的转变，以适应社会对学业评价提出的新要求。

一、坚持基于证据的评价观

评价并不仅仅是对事物的价值判断，评价的本质是基于证据的价值推理过程。要进行真正的、有效的"推理"，必须依据证据理性，在证据理性的关照和规范下进行。将证据理性视域下的学业评价进行通识化解读，就是基于证据的学业评价。基于证据的学业评价就是秉持证据理性，依据评价标准、证据推理等对学业的质量或状态做出价值判断。[1]它强调证据在课程学业评价中的重

---

[1] Pellegrino J W，Chudowsky N，Glaser R，et al. Knowing What Students Know: The Science and Design of Educational Assessment. Washington D.C.：National Academy Press，2001：42.

要作用，注重学业证据的识别、采集、分析和使用。

开展基于证据的学业评价，证据是关键。评价者必须要充分认识证据、理解证据，才能在基于证据的学业评价中充分发挥证据的作用和价值，用好这些证据。第一，我们应该明确，学业评价的最终目的不是鉴定和甄别，而是促进学生学习和发展。[①]学业评价应从发展的视角出发，尽可能对学生学习及学习结果做出全面、客观的评价。所以，所有能够证明学生为此目的所做出的努力以及努力的结果都可以作为学业评价的证据。第二，证据的类型是多种多样的，教师要善于捕捉各种有用的证据。有学者认为，学业评价不仅要对学生的事实性知识和基本技巧的掌握情况进行评价，更要对学生的成长和学习过程进行评价。[②]学业评价不仅包括终结性评价，还包括形成性评价、过程性评价等质性评价方式，静态的、动态的、定性的、定量的、显性的、隐性的、单个的、系统的，多种多样、林林总总的数据或信息，只要与评价目的有关，都可能成为学业评价的证据，过程性证据、质性证据在学业评价中也许发挥更大的作用。注重过程性评价更能反映学生学习的真实情况，同时也更客观、更生动、更具体。第三，要学会识别好的证据。证据为评价目的服务，用于支持某项结论或为某项结论提供支持。证据的优劣、充分与否会直接影响对结果的判断和结论的得出。我们要从证据的五大特性[③]，即相关性、可信性、典型性、可累积性、可操作性来充分认识和把握证据。优质的证据必须是与所要讨论的问题密切相关、真实可信、具有典型性和代表性，是可以通过多渠道、多途径收集来对同一个问题进行证明或澄清的，同时又是可以采集、保留和使用的。对证据的正确识别、采集、筛选等，是做出合理决策、得出正确结论的前提和基础。

---

① 崔允漷. 促进学习：学业评价的新范式. 教育科学研究，2010（3）：11-15，20.

② Cilliers F J. Is assessment good for learning or learning good for assessment? A. both? b. neither? c. it depends? Perspectives on Medical Education，2015，4（6）：280-281.

③ 刘见芳，李越. 美国高等教育评鉴中的证据使用：美国西部学校联盟高校评鉴委员会对证据的开发使用. 清华大学教育研究，2004（1）：65-70.

二、营造基于证据的评价文化氛围

教师除了要树立基于证据的评价观念，还应当学会营造基于证据的评价文化氛围。虽然近年来国家一直提倡综合素质评价、表现性评价，但它们始终难以成为评价的"硬核"①，应试文化对我国当前的教育评价仍产生着较大的影响。为扭转应试文化倾向，必须深化教育评价改革，建立良性评价制度，发挥教育评价多元化功能，促使应试文化转向评价文化。基于证据的学业评价体现的正是这种新型评价文化。基于证据的学业评价是一种建立在理解基础上的评价，所谓理解，即评价不是解释主体（也就是教师）掌控的，而是一种具有主体间性的活动，是在评价活动中各个主体（学生、教师等）之间的相互作用和交融。在主体间性的评价关系中，评价双方进行平等的交流、对话和沟通，评价者站在被评价者的立场，适当调整评价的各个环节，被评价者充分表达自己的想法、观点和需求，在相互确认、相互尊重的评价环境中，评价双方各自发挥相应的主体作用，共同完成评价任务，并通过交互达到主体的共识、理解和融合。②基于此，教师不应该把学生视为评价对象，而应视其为评价共同体，关注学生自评与同伴互评，推动学生有效地参与到评价中，从而保障评价的效果以及证据获取的客观性。学生自我评价是其自主性以及自我负责的重要体现，同伴评价是自我评价的重要补充，有助于建立安全、轻松的评价氛围，获取的学习证据往往也更加真实和客观。哈蒂指出，如果教育的目的是促进学生自我调节并掌控自己的学习，那么他们必须从学生的角色转化为做自己老师的角色，达到这个目的的方法是使用同伴指导，同伴指导能给指导者和被指导者带来许多学业益处。③同伴评价是一种双赢的评价手段，学生之间有更多共同语言，能够促进彼此做出更好的理解。此外，理解文化视域下的学业评价过程还具有开放性。开放的评价过程在宏观上有所控制，在微观上随机灵活，以调整评价指标、修改评价内容、更换评价方法等恰当且有效的策略，同时评价过

---

① 辛涛. 深化教育评价改革建立良性的教育评价制度. 清华大学教育研究，2019（1）：8-10.

② 刘要悟，柴楠. 从主体性、主体间性到他者性：教学交往的范式转型. 教育研究，2015（2）：102-109.

③ 哈蒂. 可见的学习——最大程度地促进学习. 金莺莲，洪超译. 北京：教育科学出版社，2015.

程允许教师、学生参与，给予不同身份人员不同权重的话语权，从而得出综合全面的评价结果。营造良好的评价文化氛围是基于证据的课程学业评价实施的又一前提。

教师在教学设计时，一般需要考虑三个问题，即学生要去哪里、学生现在在哪里、学生如何到达那里。[1]共享学习目标与成功的标准则是对"要去哪里"的回答。阿特金等将"要去哪里"当作良好的评价必须回答的首要问题。[2]这是关于目标的问题，与学生共享学习目标与成功的标准是对该问题的回答。从教师的角色看，教师需要鼓励学生参与到学习目标的设计和理解中，与学生建立相似的理解与质量观，评价要收集的是学生达成预定目标的成果信息，用预定的目标作为衡量学生学习状况的标准。从学生的角色来看，学生参与目标设计并对目标有清楚的理解时，更有意愿参与到评价中。最好的教学设计应该是"以终为始"，即从学习结果开始的逆向设计，当教师从输入端开始思考教学，容易走向"教教材"或"灌输"，而基于目标的教育，更有利于学生的学习。[3]因此，促进学生参与评价，首先要确定学习目标。

仅仅向学生传达目标是不够的，因为目标具有一定的抽象性。为使得目标更加具体和具有可操作性，教师可以采取以下措施：①鼓励学生参与到评价目标制定过程中，确保评价目标的适宜性，可通过师生、同伴之间的讨论达成共识。②以清晰、友好的语言交流评价目标，确保学生对评价目标的理解，这样更有助于促进师生建立相似的质量观，促进学生为自己的学习负责。③实现目标的可操作化，即帮助学生对目标产生具体化认识、知道如何达成目标，以实现对学习的引领作用。其中，设计开发量规是目标具体化的过程，师生可以一起参与到开发过程中，这有助于学生更加明确学习的具体行动和结果的指向性。量规为学生呈现了不同目标水平的表现应该是什么样的，每个水平都有具体化表达，能够指导学生思考怎样做才能更好地达到目标。④为了帮助学生更

---

① 张志红. 学生参与式课堂评价：现实问题、理念引导及实施策略. 当代教育科学，2021（10）：51-57，67.

② 转引自哈经雄，滕星. 民族教育学通论. 北京：教育科学出版社，2001：558-582.

③ 格兰特·威金斯，杰伊·麦克泰格. 追求理解的教学设计. 闫寒冰，宋雪莲，赖平译. 湖北：华东师范大学出版社，2017：15.

为具体地感知评价目标所要达成的结果是怎样的，可以提供作业或作品样例，这是学习质量标准的具象化体现。教师与学生一起分析样例中成功或失败的地方，有利于学生具体感知达成学习目标的学习质量应该是什么样的。值得注意的是，教师需要以匿名的方式呈现这些样例。

在河南大学"信息技术与课程教学论"这门本科生课程学业评价中，教师主要通过如下做法营造评价文化氛围：①沟通。在开课之初，首先与学生沟通课程学业评价的总体构想，并告知学生课程学业评价实施的是基于证据的学业评价，并且每项评价都有可以量化的评价标准；无论是主讲教师、助教还是学生，都要秉持证据理性，即让证据说话，严格按照评价量规进行评价。②培训。在实施评价之前，先对全体学生进行证据素养及学业评价技能的培训，为课程顺利实施基于证据的学业评价奠定基础。③制定并公布项目评价量规。教师将初步制定的项目评价量规与学生进行沟通、协商，最终确定评价量规，并将各个项目的具体要求、项目完成的时间节点以及评价量规公布在课程平台上。④签订承诺书。为了营造民主、和谐的学业评价气氛，同时也是为了学业评价实施的顺利进行，课程还设置了"签订承诺书"环节，主讲教师、助教、所有学生都需要签订相应的承诺书，履行各自的教学、辅导、学习职责，讲究契约精神。如学生的"学习承诺书"中强调学生需谨遵以下条约：①准时。按时参加面授课程学习与在线讨论，不迟到、不缺席、不早退。②责任。保质保量完成学习任务，按时提交作业和作品；协助小组成员完成合作项目并努力取得好成绩。③参与。积极主动参加学习活动和问题讨论，积极发表个人见解，认真倾听并回应其他成员的意见和建议。④学习成果展示与学习分享。按照要求在平台记录个人学习进程和学习体会，上传阶段性学习作品；撰写学习日志，及时记录学习体会与学习反思；建立个人学习档案袋，包括学习目标、学习计划、学习阶段性成果（个人作品）、个人学习资源库、自我评价。⑤诚信。不抄袭他人作业，不窃取他人作品，参考或引用他人成果时注明出处；提供的个人反思报告真实有效，在各项调查中如实填写数据；在自我评价、评价他人时，依据量规和学习证据进行评价，不掺杂个人成见。主讲教师、助教、学生各司其职，共同遵守承诺，遇到问题时相互协商；评价面前人人平等，大家依据相同的评价标准对学习项目进行评价，每个人都有参与评价的权利和义务；学生如果对评价结果不满意，可以提出"仲裁"，由课程评价小组负责对评价结果进行复核和审议。

第二节　基于证据的学业评价：技术工具的使用

评价工具是实施学业评价不可或缺的关键要素，特别是在目前信息技术、智能技术助力下的教育环境中，评价工具尤为重要。基于证据的课程学业评价是一个贯穿寻找证据、搜集证据、筛选证据、分析证据等多个环节的复杂过程，每个环节都离不开评价工具或评价软件。因此，教师要做好学业评价工作，不仅要树立正确的技术工具观，具备工具意识，还要有识别不同类型工具的能力，在使用技术工具时遵循伦理道德和使用规范。

一、使用技术工具的意识

"登高而招，臂非加长也，而见者远；顺风而呼，声非加疾也，而闻者彰。假舆马者，非利足也，而致千里；假舟楫者，非能水也，而绝江河。君子生非异也，善假于物也。"[①]正所谓"工欲善其事必先利其器"（《论语·魏灵公》）。这些都说明要做好一件事情，就要善于因势利导，善于借助工具提高做事的效率和质量。基于证据的学业评价需要收集并分析大量学习证据，充分利用信息技术、智能技术，可以起到事半功倍的效果。

当前，信息技术飞速发展，随着各种新兴技术的不断出现，学生的学习环境、学习方式呈现多样化特点，学生学习证据分散于课堂内外、线下线上，学生的学习泛在化，学习可以随时随地发生，学习的证据也随之产生。教师如果只靠眼睛观察、手笔记录去寻找、收集这些证据，就会感觉无能为力。何况许多证据的呈现是动态化的，甚至稍纵即逝、无法还原再现的，如果教师缺乏使

---

① 荀况. 荀子校注. 张觉校注. 长沙：岳麓书社，2006：2.

用技术工具的意识，就无法及时、便捷地采集这些数据。什么是意识？心理学界对意识的理解有广义和狭义之分。广义的意识是大脑对客观世界的反应，是作为直接经验的个人的主观现象，表现为知、情、意三者的统一。"知"即认识，指人对世界的了解和认识；"情"即情感，指人对客观事物的感受和评价。"意"即意志，是指人达到某种目的而表现出来的自我克制、毅力、信心和顽强不屈等精神状态。狭义的意识则指人对事物的觉察与关注程度。[①]所谓使用技术工具的意识，是指对技术工具的敏感性以及对技术工具的功能及使用价值等的判断力。一个具有使用技术工具意识的人，首先能意识到人类生理的局限性，认识到技术工具能拓展人类生理功能，并能自觉地使用技术工具；能有效识别技术工具，了解技术工具的性能，知道哪类技术工具有利于解决哪类问题，并能判断技术工具的优劣；在进行问题解决时，能针对需要解决的问题迅速搜寻技术工具并确定所要使用的工具类型。

二、有效识别与使用工具

基于证据的学业评价是一个系统工程，在不同的评价阶段、针对不同的评价内容，需要的技术工具也不尽相同。采集证据、分析证据、使用证据，都有其各自的工具。如采集证据的工具将证据从证据源中收集起来；分析证据的工具用来对证据进行加工、处理将其转化为能支持评价的有价值信息。

不同用途的技术工具又可以按照不同的标准再进行划分。采集证据的工具按照技术的现代化程度，可分为：①传统采集工具，比如纸笔测验、观察量表，这类工具往往需要人工进行采集、记录；②数字化采集工具，如平台采集技术、视频录制技术等，这类工具能替代人工，自动将学习证据以数字化形式进行存储，且便于证据的分享与永久留存；③智能化采集技术，包括语音识别技术、图像识别技术、情感识别技术、可穿戴技术、传感器技术等，该类工具主要借助智能技术自动、持续性采集数据，数据不仅量大，且具系统性。按照

---

① 霍涌泉. 意识心理世界的科学重建与发展前景：当代意识心理学新进展研究. 南京师范大学博士学位论文，2005.

学习环境不同，可将采集证据的工具分为线上证据采集技术（如平台采集技术、爬虫技术等）和线下证据采集技术（如视频录制技术、考试测验、问卷调查等）。分析证据的工具按照其分析结果的描述方法，可分为可视化技术工具和非可视化技术工具：可视化工具能更直观地呈现分析的结果，使分析结果更具可读性；非可视化工具主要是以文本、数字的形式呈现分析结果，需要对结果进一步解读。根据分析证据工具对应的分析对象与类型的不同，可将其分为学习网络分析工具、学习内容分析工具、学习能力分析工具、学习行为分析工具。学习网络分析工具主要用来分析学生的网络社交活动中产生的证据，以此反映学生的知识建构情况或分析网络中个体之间的关系、角色、特点等；学习内容分析工具主要用于分析师生互动时产生的诸如面对面的对话、网络课程与会议中产生的文本、网上同步、异步交流等证据，从而分析得出学生的知识建构过程；学习能力分析工具主要通过量表、博客、考试等形式对学生的学习能力、学习水平等进行测试，以此反映学生的学习能力；学习行为分析工具主要用来分析学生量化的过程性学习行为，比如学生登录系统的时间、访问时间、完成作业等被系统自动捕获并记录下来的数据，以此了解学生的学习轨迹。

面对诸多技术工具，在很多情况下并不是使用的工具越多越好，也不是工具越先进就越好，教师要综合考虑工具使用的恰切性和便捷性，还要考虑工具使用的效率和成本。教师需要了解和掌握更多的技术工具类型，了解最新的技术工具发展动向，并能够把握技术工具的特性、优缺点等，知道何种情况下应该选择和使用何种技术工具。教师可依据便捷性、高效性、经济性等原则对工具进行综合比较和选择，以保证在适当的场合使用适当的技术工具。此外，教师还应意识到所使用的技术工具的局限性，在使用过程中设法避免或弥补工具的缺陷；学会迁移，将一些好用的技术工具设法移植到学业评价中，为学业评价所用。

三、工具使用的安全问题和伦理问题

技术工具在释放生产力、推动经济社会与人全面发展的同时，也衍生出复杂多样的问题。[①]特别是新兴技术的出现，如生物技术、人工智能技术等，更使技术工具的安全问题与伦理问题凸显。大数据技术在充分发挥其优势的过程中，也可能带来数据鸿沟、数据霸权、隐私侵犯、数据泄露、数据作假、数据过载等问题[②]；人脸识别技术可能带来包括隐私伦理、责任伦理、人权伦理等方面的问题[③]。随着人工智能的发展，各类生物学数据的采集和应用也突飞猛进，智能系统不仅能通过指纹、心跳等生理特征辨别身份，还能根据不同人的行为喜好自动调节灯光、室内温度、播放音乐，甚至能通过睡眠时间、锻炼情况、饮食习惯、体征变化等判断身体是否健康。然而，这些数据如果使用不当，就会造成隐私侵犯、数据泄露，甚至导致数据犯罪。隐私侵犯与数据泄露使数据主体的隐匿性保护消失，时刻处于数据监控之下，导致人们自主行动受限。人工智能作为一项发展中的新兴技术，其技术的某些缺陷可能导致工作异常，使人工智能系统出现数据丢失、数据缺失或难以读取等安全隐患；假设人工智能发展到超级智能阶段，这些智能系统可以自我演化并发展出类人的自我意识，又极可能对人类的存续造成威胁。中国科学院自动化研究所研究员李兵受邀，接受中央电视台科教频道专访时谈道：人工智能技术的快速发展，在一定程度上为网络安全的发展提供了很大支撑，同时它也是一把双刃剑，会给网络安全带来新的隐患。[④]人工智能技术存在算法黑箱、技术滥用、侵犯隐私等安全问题，随着人工智能与实体经济深度融合，这些风险将会进一步叠加放大，给公共安全、道德伦理、社会治理等带来挑战。

学业评价中技术工具使用应包括技术使用本身和技术使用结果两个层面，其安全问题和伦理问题主要体现在信息安全、隐私保护、技术公平、知情权与被评价者意愿等方面。在使用技术工具实施学业评价时，上述几个方面的问题需要引起教师的高度重视。在对技术工具进行在线注册时，教师要提醒学生注意保护个人隐私，避免个人信息过度泄露；当需要使用某个评价工具进行自评

---

① 宋勉. 新兴技术伦理问题与国际安全：影响及应对. 前沿，2022（1）：47-55.

② 赵毅. 大数据应用中的伦理问题研究. 大连理工大学博士学位论文，2021.

③ 刘雪. 人脸识别技术的伦理问题及其对策研究. 南京林业大学硕士学位论文，2021.

④ 人民中科董事长、中国科学院自动化研究所研究员李兵：人工智能技术是把"双刃剑"强化 AI 内容安全技术研发. https://www.163.com/dy/article/GJA4H99K0552EAKQ.html.（2021-09-07）[2023-01-25].

和互评时，教师应该让每个学生都了解工具的特点、使用方法、优缺点、注意事项等，使其能够熟练地使用评价工具实施评价，实现工具面前人人平等。在数据分享和数据使用方面，教师应注意数据的合理使用问题，即合理区分数据的权限范围，确定哪些数据是教师知道、学生不宜知道的，要为当事人保密；哪些数据是学生之间可以分享、教师不宜或不必知道的，要尊重学生的隐私；哪些数据是学生和教师都可以了解而且可以自由分享的，这些数据往往可以作为学生自评和互评的载体。如果教师不注意数据分享的合理权限，可能触犯学生隐私、学生隐私泄露甚至对学生的身心健康造成危害。教师采集学生的学习数据时，要让学生和家长知情，并获得他们的同意，某些时候甚至还需要签订协议书。由此可见，教师的信息安全和信息伦理素养多么重要，有学者呼吁要加强教师信息伦理素养的研究和对教师信息伦理素养的培训[1]。

此外，随着一些规模化、智慧型教育教学平台的出现，教育数据的安全问题和伦理问题愈加突出。这些平台往往是集成性的，汇集多方面的教育教学数据，有学生端口、家长端口、教育管理者端口、访客端口，教育数据的采集源头包括广大学生、教师、家长以及学校，数据繁杂多样，其中成绩、排名、家庭背景等诸多信息涉及个人隐私。特别是随着人工技术与教学的融合，人工智能技术的应用需要大量教育数据的挖掘、整合和分享，智能产品的产业链上有开发商、平台提供商、操作系统、终端制造商等第三方多个主体参与，这些主体均具备访问、上传、共享、修改、交易、利用用户提供的数据的权限。这种情况极易造成教育数据的泄漏和滥用，如果不加以防范和制约，就可能造成严重后果。这些问题的防范需要引起相关部门的重视，甚至需要从国家层面制定相应的政策和法规，以促使社会各团体、个人遵守技术工具使用以及教育数据的伦理道德规范。

---

① 皇甫林晓. 教师信息伦理素养研究. 华东师范大学博士学位论文，2021.

第三节　基于证据的学业评价：具体行动

一、识别不同类型的学业评价证据

识别证据是教师收集学业证据进行学业评价的首要环节。识别证据就是辨认证据，即辨认什么样的数据或信息可以作为证据来使用。有效识别证据的方法，一是识别证据源，二是了解证据的主要特征。证据可以是定量的也可以是质性的，但不管是什么类型的证据，都应该符合证据的两个核心特征：相关性和证明力。只有与学习活动主题相关的数据才可以作为学业评价证据，其相关程度越高，数据作为学业评价证据的价值相对就越大。证明力指数据具有的能够证明学生学习或学生学业表现水平的能力，证明力越大，其作为证据的质量就越高。为便于大家有效识别学业评价证据，接下来主要对学业证据进行分类介绍。高校课程学业评价的证据可以从证据产生的学习环境、证据是否能直接进行学习评价、证据内容是否具有稳定性、证据的结构化程度、证据产生的环节等不同视角进行分类。分类标准不同，分类结果也就不同。

（一）线上证据与线下证据

按照证据产生的学习环境，可以将学生在课程学习活动中产生的证据分为线上证据和线下证据两种类型。

线上证据是指学生在网络环境中参与学习活动所产生的证据。根据教师采用的线上教学技术的不同，线上证据逐渐趋向多样化。[①]常见的线上证据包括线上平台的登录、浏览学习资料、学习时长、线上作业、线上实时讨论、论坛浏览、论坛发帖、论坛回帖等维度的学生线上数据。其中，线上平台的登录数据包括登录平台的次数、登录时间、登录时长、登录频率。浏览学习资料的数据包括浏览课程资源时长、浏览时间、浏览次数、浏览频率，以及资料类型（视频/课件/文档）。学习时长的数据包括开始时间、离开时间。线上作业的数

[①] 王敏, 舒江波. 基于教育大数据的 SPOC 教学评价模型研究. 中国教育信息化, 2020（3）: 74-79.

据包括提交状态、提交次数、提交时间、提交内容、作业分数。线上实时讨论的数据包括发表意见时间、发表内容的数量、内容质量。论坛浏览数据包括浏览时长、浏览时间、浏览次数。论坛发帖的数据包括发帖次数、发帖时间、发帖质量。论坛回帖数据包括回帖次数、回帖时间、回帖质量。线上每个维度的数据都体现出学生在该课程中的学业表现相关信息。登录数据体现出学生的学习习惯。浏览学习资料和学习时长数据体现出学生学习的主动性、学习态度和努力程度。线上作业数据体现出学生学习的主动性、学习效果。线上实时讨论、论坛浏览、论坛发帖、论坛回帖等数据体现出学生学习的积极性、学习兴趣、是否积极思考问题以及与同学之间的融洽程度。

线下证据是指学生在非网络环境下参与学习活动的过程中所产生的证据。常见的线下证据包括学生的课堂表现、课堂发言、课堂讨论、项目参与、成绩、考勤、课程相关学习活动等维度的数据。其中，课堂表现的数据包括听课的状态、课堂参与度、活跃度等。[①]课堂发言的数据包括发言时间、发言次数、内容质量。课堂讨论数据包括参与度、内容质量。项目参与的数据包括参与的积极性、对项目的贡献。成绩数据包括平时作业成绩和期末考试成绩。考勤数据包括学生按时、迟到、早退次数。课程相关学习活动的数据包括参加课程相关比赛的成绩、参与课程相关学术讲座次数、发表相关论文等数据。线下每个维度的数据也体现出相关信息。考勤数据体现出学生学习的积极性、自觉性、组织纪律性。听课表现数据体现出学生的学习习惯、学习态度、学习积极性。课堂发言、课堂讨论、项目参与等数据体现出学生学习的积极性、参与度、学习兴趣、听课程度。成绩数据体现出学生学习的努力程度、学习成效、学习方法的有效性、课程的难度及教学方法的有效性。

（二）显性证据与隐性证据

按照证据是否能够直接进行学业评价，可将学生在学习活动中产生的证据分为显性证据和隐性证据。

显性证据是指个体通过某种教育活动产生的证据，是能够直接用来评价该

---

① 万贝贝. 混合式教学模式下学生个人大数据的应用研究. 华中师范大学硕士学位论文, 2017.

个体学业表现的学习证据，该类证据往往以量化、外显行为的方式呈现。[①]例如学生的考试成绩、学生的作业完成情况、学生在学习平台中的学习时长、学生在课堂的表现等，这些都是能够直接、显性地进行学习评价与应用的证据。

隐性证据是相对于显性证据而言的，是需要通过挖掘或者采用一定手段方引出的间接性证据。隐性证据往往以质性、潜在的方式存在，例如学生在论坛中的发帖和回帖记录、学生在学习平台中的学习行为数据等。这类数据不能显性地描述个体的学业表现，需要经过数据处理和分析方能用于评价和预测。

（三）静态证据和动态证据

按照证据内容是否具有稳定性，可将学业评价证据分为静态证据和动态证据。

静态证据是指证据的内容基本保持稳定，不会随着时间的推移而变化[②]，如学生的考试成绩、学生提交的文本作业、制作的作品以及学生在某节课堂上的实际的学习表现数据等。动态证据是指内容随时间变化而变化的证据，如平台对学生学习行为数据的跟踪，包括学生登录学习平台的次数、学生进入学习课程的时间、学生浏览与下载课件和视频的次数、学生和教师在论坛中发帖回帖数量等。

（四）结构化证据和非结构化证据

根据证据的结构化程度，可将学业评价证据分为结构化证据和非结构化证据。

结构化证据是指具有一定结构性的、可被划分为固定的基本组成要素、能通过一个或多个二维表来表示的证据。结构化证据一般存储在关系数据库中，具有一定逻辑结构，可用关系数据库的表或视图来表示。教育中常见的结构化证据包括学生的成绩、学籍信息、出勤记录等。[③]

---

① 王旭. 高校教育数据开放服务研究. 华中师范大学硕士学位论文，2018.
② 王旭. 高校教育数据开放服务研究. 华中师范大学硕士学位论文，2018.
③ 杨现民，唐斯斯，李冀红. 发展教育大数据：内涵、价值和挑战. 现代远程教育研究，2016（1）：50-61.

非结构化证据是指结构化证据以外的证据，证据结构不固定，无法使用关系数据库存储，只能够以各种类型的文件形式存放，如文档、文本文件、图片、音视频等。当前教育中通过在线学习系统、社交网络平台、移动终端生成越来越多复杂的非结构化证据，其中有近80%的网络证据是非结构化的。[①]这些数据蕴藏了大量有价值的信息等待着人们进行管理和分析挖掘。

（五）过程性证据和结果性证据

按照证据产生的环节，可将学业评价证据分为过程性证据和结果性证据。过程性证据产生于学习活动过程中，是在活动中采集到的、不易直接量化的证据[②]，如学生学习轨迹、在每道作业题上逗留的时间、课堂互动、在线作业等。结果性证据则常表现为某种可量化的结果，如考试成绩、等级、数量等。

1. 过程性证据

过程性证据主要与学生学习过程中的参与、动机等过程性表现有关，可被视为学生在实现某一学习目标或取得某一学习成果的过程中所做的努力，即学习投入。因此，过程性证据也可以从学习投入的视角来分析。目前国内外学者对学习投入做了大量研究并普遍认为，学生的学习是一个涉及学习者多方面参与的过程，需要学生在行为、认知等诸多方面付出努力。学习投入主要包含三部分内容：学习行为投入、学习认知投入与学习情感投入。学生在学习过程中会产生大量能够证明学生行为投入、认知投入与情感投入的相关证据。

（1）学习行为投入类证据

学习行为投入类证据主要是指与学生积极参与的行动、努力、学习任务和活动相关的证据，包括投入时间、活动强度和努力程度。根据学习活动发生的学习环境，学生的学习行为投入又包括在线学习行为投入和课堂学习行为投入两个方面。在线学习行为投入是指学生投入网络课程学习平台及其相关学习空间中学习活动的时间、精力和努力，在线学习环境中学生的网络学习行为是学生在线学习行为投入类证据的主要来源。现有的网络行为可分为两种类型：个

---

① 刘三女牙，彭晛，刘智，等. 基于文本挖掘的学习分析应用研究. 电化教育研究，2016（2）：23-30.
② 杨现民，唐斯斯，李冀红. 发展教育大数据：内涵、价值和挑战. 现代远程教育研究，2016（1）：50-61.

体学习行为和社会性学习行为。①其中，个体学习行为按照由浅到深的程度，可以分为登录行为、阅读教学资源行为、提交作业等。②社会性学习行为包括交流讨论、协作学习等行为。交流讨论行为通过学习者在论坛发帖、回帖来表征社会性交互频率和深度③；协作学习行为反映学习者与学习共同体之间的交互④，主要包括相互提问、解答问题、共享信息和资源等行为⑤。因此，学生在发生以上行为所产生的登录课程次数、在线学习时长、浏览资源次数、提交作业次数、在线讨论次数等数据都是学生在线学习行为投入类证据。课堂学习行为投入是指学生在课堂学习活动中的表现是否努力以及学生是否积极参与学习活动。比如学生的课堂出勤次数、课堂讨论次数、主动回答问题次数等都可作为学生课堂学习行为投入的证据。

（2）学习认知投入类证据

认知投入描述的是学生在学习中策略应用的情况，通常包括认知策略应用和自我监控，它与学习时间的"数量"无关。在混合学习环境中，学生线上的认知投入类证据包括论坛帖子、平时作业、学习日志、教育博客等。线下的认知投入类证据可以是学生的课堂笔记、反思日记等。

（3）学习情感投入类证据

学生在学习过程中的心理投入不仅包括认知投入，还包括情感投入。情感投入是指学生在学习活动过程中得到的情感体验。情感是一种比情绪更稳定的体验。学生高度投入学习时，往往表现出的是主动、专注、精力充沛与积极的情感体验；学生对学习低投入时，往往是被动的，甚至是负面的情感体验。社会性学习中的交互内容往往隐含学生的情绪、意见、态度等情感信息，因此教师可通过学生在互动活动中发布的信息（如论坛帖子、学生的评论意见或学生

---

① Hrastinski S. A theory of online learning as online participation. Computers & Education，2009，52（1）：78-82.

② 马婧，韩锡斌，周潜，等. 基于学习分析的高校师生在线教学群体行为的实证研究. 电化教育研究，2014（2）：13-18.

③ 李爽，王增贤，喻忱，等. 在线学习行为投入分析框架与测量指标研究——基于LMS数据的学习分析. 开放教育研究，2016（2）：77-88.

④ 王丽娜. 网络学习行为分析及评价. 陕西师范大学硕士学位论文，2009.

⑤ 孙海民. 个性特征对网络学习行为影响研究的关键问题探究. 电化教育研究，2012（10）：50-55.

情感投入调查等证据信息）来评价学生的学习情感投入。在线下环境中，学习情感投入类证据主要来源于教师的课堂观察与记录，如学生上课时的表情、姿态等。

由此可见，学生学习投入类证据类型多样，教师只有充分收集多种证据，才能实现对学生知识和能力的较为全面的评价。

2. 结果性证据

结果性证据多涉及学生在某一学习阶段结束后所产生的学习结果或最终的学习成果，可被视为学生的学习产出，所以结果性证据可被看作学生学习成果产出的证据。目前关于学习产出的定义尚未统一。学习产出一般可用直接证据和间接证据来衡量：直接证据主要包括学生的阶段考试成绩；间接证据主要包括学生的学习档案袋和平时作业，以及学生、教师的自我报告材料等。

结合实践经验，笔者将"学习产出"在实践教学中的定义具体化，注重学生所学的知识、技能、情感价值观的显性化。学习产出的表现形式可以有多种：小到课堂上的发言、阅读笔记、小组讨论结论、个人原创的学习日志、教学设计方案、个人书评……大到研究报告、研究项目、创业项目和学术论文，以及创建的一系列作品。为了更好地研究学习产出类证据，笔者将学习产出类证据又分为两类：阶段性测验成绩和作品类证据。作品类证据包含的对象丰富，并具有学科特性。在不同学科领域，学生所产生的作品形式也有所不同。常见的作品类证据有学生的论文、项目报告等，但在其他学科领域还存在不同形式的作品。本节综合多学科领域的评价内容和学习成果的表述，将作品类证据划分为实物作品、多媒体作品、书面作品和口头作品（表4-1）。

表 4-1　作品类证据

作品类证据	具体证据形式
实物作品	模型、模具、仪器、陶器、雕塑、绘画、珠宝、时装等
多媒体作品	多媒体课件、视频、游戏、动画、摄影、音乐、网页、思维导图等
书面作品	论文、研究报告、案例分析报告、试验报告、策划书等
口头作品	口头汇报、课堂展示、演讲、辩论等

二、证据的有效获取

证据的获取是实施基于证据学业评价的前提。教师在确定好目标后，就要基于目标获取学生学习目标达成的证据。该过程是学业评价的关键环节，证据收集是否全面、证据质量是否优质都会影响最终的评价和决策。

（一）获取证据的方法与工具

证据的获取依赖工具和使用工具的方法。工具选取恰当、使用方法合适，不仅能提高获取证据的效率，达到事半功倍的效果，而且有利于获得优质、多模态化证据。这就要求教师既具有证据意识，能迅速、准确识别证据，锁定证据源，又懂得如何采集这些证据和数据、使用什么工具和方法收集、如何更有效地进行收集，甚至还要明白如何才能引出更多证据、如何才能挖掘出更有价值的证据。

1. 智能化数据采集技术

伴随着互联网+教育的开展，教育大数据蓬勃发展，教育中产生的数据猛增，这些数据将是学业评价证据的主要来源。杨现民等认为，依据教育大数据的来源和范围的不同，可以将其分为个体教育大数据、课程教育大数据、班级教育大数据、学校教育大数据、区域教育大数据、国家教育大数据等六种，它们从下向上、从小到大逐级汇聚。[①]个体教育大数据包括教育部 2012 年正式发布的教育管理信息化系列行业标准中规定采集的教职工与学生的基础信息、用户各种行为数据（如学生随时随地的学习行为记录、管理人员的各种操作行为记录、教师的教学行为记录等），以及用户状态描述数据（如学习兴趣、动机、健康状况等）；课程教育大数据是指围绕课程教学而产生的相关教育数据，包括课程基本信息、课程成员、课程资源、课程作业、师生交互行为、课程考核等数据，其中课程成员数据来自个体层，用于描述与学生课程学习相关的个人信息；班级教育大数据是指以班级为单位采集的各种教育数据，包括班

[①] 杨现民，王榴卉，唐斯斯. 教育大数据的应用模式与政策建议. 电化教育研究，2015（9）：54-61，69.

级每位学生的作业数据、考试数据、各门课程学习数据、课堂实录数据、班级管理数据等；学校教育大数据主要包括标准规定的各种学校管理（如概况、学生管理、办公管理、科研管理、财务管理等）数据、课堂教学数据、教务数据、校园安全数据、设备使用与维护数据、教室实验室等使用数据、学校能耗数据、校园生活数据；区域教育大数据主要来自各学校以及社会培训在线教育机构，包括国家标准规定的教育行政管理数据、区域教育云平台产生的各种行为与结果数据、区域教研等所需的各种教育资源、各种区域层面开展的教学教研与学生竞赛活动数据、各种社会培训与在线教育活动数据；国家教育大数据主要汇聚来自各区域产生的各种教育数据，侧重教育管理类数据的采集。课程学业评价中所涉及的数据可以根据评价需要在上述多种数据源中进行采集。因此，课程学业评价中的数据采集除了使用传统的采集方法外，还需要使用专门的技术手段和工具在这些教育大数据中采集。获取这些数据的途径主要有两条：一条是从数据库中直接下载结构化的直接性数据；另一条是通过技术手段、特殊工具挖掘，引出非结构化的间接性数据。

为方便大家选择和使用数据采集的技术和工具，在此，主要介绍四大类常见的数据采集技术。[①]

（1）物联感知类技术

该类技术主要包括物联网感知技术、可穿戴设备技术、校园一卡通技术和非接触式感知技术。其中，物联网感知技术主要用于采集设备状态数据，可穿戴设备技术主要用于采集个体生理数据与学习行为数据，校园一卡通技术则主要用于采集各种校园生活数据，非接触式感知技术主要用于学习者信息（认知、行为及情感）的自动化和非侵扰式采集。

物联网感知技术是实现万物相连的前提，是采集物理世界信息的重要渠道。[②]目前在教育领域利用物联网感知技术采集基础信息，主要通过传感器和电子标签等方式进行——通常情况下，传感器用来感知采集点的环境参数，电子标签用于对采集点的信息进行标识。对于采集后的信息数据，须经过无线网

---

① 邢蓓蓓，杨现民，李勤生. 教育大数据的来源与采集技术. 现代教育技术，2016（8）：14-21.

② 李卢一，郑燕林. 物联网在教育中的应用. 现代教育技术，2010（2）：8-10.

络上传至网络信息中心进行存储，并利用各种智能技术对感知数据进行分析处理，以实现智能控制。学校的教室设备、会议设备、实验器材等分布离散、信息透明度小、管理难度大，通过给这些物理教学设备粘贴射频识别（radio frequency identification，RFID）标签或传感器，分配给专人管理，可以实现统一管理和调度，有效检测设备的工作状态。

可穿戴设备技术可以把多媒体、传感器和无线通信等技术嵌入人们的衣着中，支持手势和眼动操作等多种交互方式。近年来，智能眼镜、智能手表、智能手环等新产品不断出现，形态各异的可穿戴设备正在逐步融入人们的日常生活与工作中。可穿戴设备技术为自然采集学习者的学习、生活和身体数据提供了可能。通过佩戴相关设备，可以实时记录学习者的运动状态、呼吸量、血压、运动量、睡眠质量等生理状态数据，以及学习者学习的时间、内容、地点、使用的设备等学习信息。除此之外，可穿戴设备技术还可以与虚拟仿真、增强现实技术相结合，优化内容呈现方式、丰富学习环境，对学习者的所见、所闻、所感进行全息记录。

校园一卡通技术是以校园网为载体，以电子和信息技术为辅助手段，集身份识别、校务管理以及各项校园服务等应用项目于一体的完整系统。[①]它可采集的数据范围包括餐饮消费、洗浴收费、超市购物、运动健身、课堂考勤、图书借阅、银行转账、上机收费、学生选课、学生补助、就医买药等，几乎涵盖校园生活的方方面面。部分地区的校园一卡通系统还与城市交通、医疗等系统关联，学生可以方便地使用一卡通坐公交、地铁，购买药物等。这些数据的采集不仅对教育管理有价值，还对整个城市的管理与规划有重要意义。

非接触式感知技术是以光电、电磁等技术为依托，在不接触被测对象的情形下，获取其基本信息的科学技术或手段。在教育领域中，该技术强调在不产生干扰的情况下采集学习者的生理与行为数据，有助于实现针对学习者信息（认知、行为及情感）的自动化和非侵扰式采集。

（2）视频录制类技术

视频录制是指对源于计算机硬件终端和计算机视窗环境内的视频内容加以

---

① 张升平. 数字化校园之校园一卡通的建设. 重庆工商大学学报（自然科学版），2008（1）：56-59.

录制的方法或手段。典型的录制模式包括捕捉摄像头、摄像机、数码相机、硬盘录像机等硬件视频，以及可录制计算机视窗内容的游戏视频、电影视频等。[1]该类技术主要包括视频监控技术、智能录播技术与多模态融合技术（典型应用为情感识别技术）。其中，视频监控技术主要用于采集校园安全数据，智能录播技术主要用于采集课堂教学数据，情感识别技术主要用于采集学生学习过程中的情感数据。校园安全监控系统旨在用于全面、实时监控校园运行情况，跟踪学生出入学校情况，从而准确监控和预测校园中可能发生危机的地点，实现校园防火防盗和综合等安全管理工作。[2]校园安全监控系统的核心技术是视频监控，主要借助不同监控点的摄像机采集整个校园数据，以服务于学校管理中心、市教育局监控中心等不同监控单位来实时诊断校园安全。

视频监控技术能够实现对学生教师以及校外人员出入校园情况的监控，实现对校园异常情况如对突发性奔跑、人员密集等进行预警，实现对校园设备的全面监控与管理，实现对各班级情况的有效监控。[3]

智能录播技术通过先进的流媒体及智能化全自动控制技术，可以实时、自动地采集课堂教学数据，并同步实现在校园网或互联网上的视频直播以及远程互动教学功能，成为网上可实时直播、点播的学习资源，全真再现课堂教学的全过程。[4]智能录播系统主要通过教室内 3 台可跟踪定位的摄像机，来实时采集教学过程中的视频与音频信息。此外，智能录播系统还通过对电子白板的录屏采集教学课件，最终形成 3 份不同角度的课堂实录视频、教学课件录像以及定制的合成视频。通过在教室中安装智能录播系统来实时采集课堂中教师的提问、引导、评价等教学行为，可以完整采录教师在教学中使用课件的内容、使用的时间以及使用的方法，还可以采集到学生课堂上的回答内容、记录、倾听以及走神等行为。

多模态融合技术一般指联合图像、文本、语音等多模态信息进行目标检测或识别的技术。在教育领域中，该技术可被用于分析与学习者相关的多维度数

① 柴唤友，刘三女牙，康令云，等. 教育大数据采集机制与关键技术研究. 大数据，2020（6）：14-25.
② 朱琳. 基于云计算的分布式校园视频监控系统的设计. 计算机测量与控制，2013（10）：2676-2679.
③ 李胜，呼家龙，刘俞. RFID 智慧校园安防管理系统研究与应用. 现代教育技术，2013（3）：95-99.
④ 张飞碧. 全自动智能录播系统的架构分析. 中国电化教育，2008（5）：104-108.

据，以识别和解释内在学习过程、特征和变化，最终助力学习者学习体验和学习绩效的提升。其中，情感识别技术被视为多模态融合技术在教育领域中的典型应用。如何基于教学视频中的视频、音频和文本等多样化信息判断学习者学习过程中的情感状态，是教育领域内相关学者关注且亟须解决的关键问题。[①]情感识别技术通过观察人的表情、行为和情感产生的前提环境来推断情感状态，其基本目的在于赋予计算机像人一样观察、理解和生成各种情感特征的能力。目前，情感识别技术主要通过面部表情和语音特征来提取情感信息。情感是影响线上线下学习效果的重要变量，学习过程中的情感数据采集至关重要。通过情感识别技术可以即时判断学生的情绪状态，进而提供有针对性的支持服务。以在线学习为例，当学生在学习过程中出现烦躁情绪时，通过情感识别技术，系统可以给予学生适当的鼓励或者减慢其学习进度；当学生感到枯燥乏味、情绪低落时，系统可以适当降低内容难度，并给出调动学生积极性的鼓励性话语；当学生充满自信时，系统可以根据学生的水平提供更具挑战性的学习内容与材料。[②]当前，主流的情感识别技术是基于面部表情特征的情感计算，该技术通过摄像头实时采集学习者的脸部五官位置、肌肉运动等表情特征值来进行情绪识别；除此之外，还可以实时采集学习者的语音、文本、绘图等输入信息，对其中蕴含的情绪信息进行内容挖掘和智能分析识别。随着人类对人脑结构认识的不断深入，未来基于脑电波的情感识别采集技术将成为情感数据采集和情感识别的重要渠道。

（3）图像识别类技术

图像识别类技术是人工智能的一个重要领域，是指利用计算机对图像进行匹配、处理、分析，以识别各种不同模式的目标和对象的技术[③]，主要包括网评网阅技术、点阵数码笔技术、拍照搜题技术。其中，网评网阅技术主要用于采集学生考试成绩数据，点阵数码笔技术主要用于采集各种作业、练习、考试数据，拍照搜题技术主要用于采集学生作业练习数据。

---

① 柴唤友，刘三女牙，康令云，等. 教育大数据采集机制与关键技术研究. 大数据，2020（6）：14-25.

② 赵力，黄程韦. 实用语音情感识别中的若干关键技术. 数据采集与处理，2014（2）：157-170.

③ 吴小菁，陈星娥. 遗传算法在图像识别技术中的应用. 保山学院学报，2013（5）：67-69.

网评网阅技术中，互联网阅卷系统是目前中考、高考、英语四六级考试等大型考试活动惯用的阅卷技术，是学生考试成绩数据的重要采集技术。该系统以计算机网络技术和图像处理技术为依托，采用专业扫描阅读设备，对各类考试答卷和文档进行扫描和处理，实现客观题机器自动评卷以及主观题教师网络高效评卷。随着试题库系统以及人工智能技术的不断发展，一些产品已实现对部分主观题的自动评阅。网上阅卷系统实现了对阅卷教师的规范化管理。[①]系统可实时监控每位教师的评卷质量，及时发现并纠正阅卷过程中偏严、偏宽和宽严不一的现象，做到得一分有理、扣一分有据，确保互联网阅卷给分更加客观、公平、公正。阅卷教师根据给分标准，统一尺度，把分差控制在合理的范围内，做到一把尺子量到底，稍有不统一，就交给组长由大家重新仲裁，客观上避免了因个人喜好导致分差大的人为因素。互联网阅卷不仅处理客观题快速准确，而且在评阅主观题时少了翻卷的辛苦，尤其是阅卷后对于成绩的各项分析统计更精细、全面，便于教师进行试卷讲评和有针对性地给予学生优化辅导。互联网阅卷系统在很大程度上把教师从集中阅卷模式中解放出来，使其可以相对自由地分散评阅。同时，该系统省去了传统阅卷过程中装订、翻阅、传递等中间环节；省去了卷面各小题的加分、核分统计环节；省去了手工合成学生主、客观成绩的登分环节。对学校传统阅卷和网上阅卷两种模式的调查显示，采用网上阅卷不仅节省了大量时间，减轻了教师负担，而且提高了阅卷效率。另外，整个互联网阅卷系统都是在局域网内实现的，与外网相隔。同时，互联网阅卷是随机的，阅卷教师只能看到自己所批改部分试卷的答题内容，却看不到同一组其他教师的打分结果，更看不到除自己批改内容以外的其他答题内容和阅卷教师的评分结果。此限制能确保阅卷教师认真评阅每份试卷，避免了阅卷教师在阅卷过程中给印象分、保险分，有利于真实地反映学生的学习成绩，保证阅卷的公平、公正。

点阵数码笔是一种新型高科技纸面书写工具。通过在普通纸张上印刷一层不可见的点阵图案，点阵数码笔前端的高速摄像头能随时捕捉笔尖的运动轨

---

① 朱平文.“互联网+”视野下网上阅卷系统研究.开封教育学院学报，2019（8）：236-237.

迹，同时将数据传回数据处理器，最终将信息经蓝牙或 USB 线向外传输。[①]点阵数码笔既可以保存学习者的最终书写结果，又可以记录学习者的书写过程信息，如书写方式、书写顺序、书写时间等，还可以结合书写或绘画过程同步录入声音，采集书写时的情景信息。根据应用类型的不同，点阵数码笔技术可以分为：①支持个人笔记作业管理的 DOTnote 数码笔，其书写内容可被同步保存到电脑、平板和手机上；②支持教学课堂交互的 Symphony 数码笔，其特点是可以多人同时使用，而且结果可被同步到教师电脑上；③支持远程教学会议的 Tnote 数码笔，该技术能够突破基于视频、语音、键盘的传统交互方法，打破时间空间限制，从而提供纸面书写的交流方式。[②]点阵数码笔是一种非常自然的书写数据采集工具，十分贴近用户的日常书写习惯，因此有望成为作业、练习数据的主导采集工具。例如基于点阵识别技术的易文汉学智能书法教学系统就可以实现对学生书写过程的过程性跟踪与个性化指导。其对课堂练字、随堂听写、课后作业和字词听写等书写过程与结果数据进行数字化管理与智能分析；支持教师自定义学生书写评价维度，并生成精准的书写分析报告；支持学生进行汉字听写与测试，一键完成评阅工作，快速提供评阅成绩与统计分析报告；支持学生书写的过程性跟踪，练字过程与数据报告自动保存，随时调阅与回放，记录并保存每个学生的书写成长数据。[③]

拍照搜题技术是图像识别技术在教育领域的应用形式之一，主要通过终端设备（如智能手机、平板等）来获取相关题目的照片，继而由系统根据已有的题库进行自动匹配、处理与分析，最终筛选出与图片最为相似的题目、答案及其解答思路。市场上越来越多的作业题库产品开始提供拍照搜题功能，为学生日常作业练习数据的采集提供了很好的渠道。拍照搜题技术除了可以实现题目答案的检索，还可以通过拍照上传的方式存储学生的作业练习结果以及过程数据。这些数据通过软件平台的处理分析，可以有效服务于教师的教学决策和学生的自我诊断。随着教育人工智能的发展与应用，在"互联网+"时代，手机

---

① 刘增辉. 基于数码笔的答题纸系统设计与实现. 计算机应用与软件, 2011（8）: 240-243.
② 柴唤友, 刘三女牙, 康令云, 等. 教育大数据采集机制与关键技术研究. 大数据, 2020（6）: 14-25.
③ 田雪松, 张晓梅. 点阵识别技术支持的纸笔书法智能教学系统. 人工智能, 2019（3）: 64-70.

和平板电脑等移动终端的应用越来越普及，出现了许多拍照搜题软件，如作业帮、小猿搜题、学霸君等。这些软件系统可以实现学生学习行为轨迹的还原，精准地刻画学生的个体行为特征，并针对每个学生的特定需求实现差异化、精准化的学习辅导。此外，系统还可以通过手写识别技术以及智能解题技术，实现按步骤级别的自动批改，帮助教师每天节省大量批改作业的时间。同时，系统完成自动批改后，会为每个学生生成学情分析报告，使学生知识点的掌握情况一目了然，教师据此可以对每个学生的薄弱知识点进行重点讲解，甚至可以实现对每个学生实施个性化教学。[①]

（4）平台采集类技术

该类技术主要包括在线学习与管理平台技术、日志搜索分析技术、移动App 技术与网络爬虫采集技术。其中，在线学习与管理平台技术主要用于采集各种在线学习与管理数据，日志搜索分析技术主要用于采集运维日志与用户日志数据，移动 App 技术主要用于采集各种移动学习过程数据，网络爬虫采集技术主要用于采集教育舆情数据。

在线学习与管理平台是当前教育数据采集的重要载体，可以采集大多数网上学习、教研与管理活动数据。各种在线学习类平台与管理类平台因定位和功能的不同，其支持采集的教育数据范围和类型也有所不同：通常情况下，在线学习类平台主要负责采集课程学习数据，如课程基本信息、课程资源、课程作业、师生交互信息、课程考核结果等；管理类平台（如资产管理系统、人事管理系统等）主要负责学籍、设备资产、科研、财务、人事等信息的采集与管理。除了使用专门的在线学习与管理平台采集数据外，还可以通过第三方的插件来采集数据，如基于火狐浏览器的油猴脚本可以自动采集黑板（Blackboard）平台中的交互数据，包括学生信息交互频次、交互内容、交互方向等。[②]

日志文件中存储了大量的用户以及系统的操作信息，通过日志搜索分析技术可以有效筛选出有用的信息。日志搜索分析技术是指通过日志管理工具，对

---

① 庄新一. 以拍照搜题为例，浅谈教育人工智能的发展与应用. 中国新通信，2019（3）：165-166.

② Macfadyen L P，Dawson S. Mining LMS data to develop an "early warning system" for educators: A proof of concept. Computers & Education，2010，54（2）：588-599.

日志进行集中采集和实时索引，提供搜索、分析、可视化和监控等，最终实现对线上业务的实时监控、业务异常原因定位、业务日志数据统计分析以及安全与合规审计。日志搜索分析技术一方面可以实时监控教育设备及资产的运行状况，如设备耗电量、故障信息、安全威胁等，为智能运维提供数据支撑；另一方面可以详细记录用户的操作行为，如系统登录次数、登录时间、增删查改等基本信息，用于教师、学生以及管理者的行为模式诊断。

近年来，随着移动终端和通信技术的发展，移动 App 技术逐渐成为移动学习过程数据采集的主导技术。从本质上来看，移动 App 技术与在线学习和管理平台技术类似，只是采集渠道来自移动终端，采集方式更加灵活、多样。学生可以通过无线网络，使用移动终端（如智能手机、平板、掌上电脑等）与云端学习平台进行互动。通过结合移动终端的定位技术，系统将实时采集学习者的学习地点、学习时间、学习内容以及学习状态等信息，以服务于教师对学生学习情况的实时监测，进而实现个性化智能辅导。

网络爬虫是一个自动下载网页的计算机程序或自动化脚本，是搜索引擎的重要组成部分。[1]网络爬虫类产品如八爪鱼采集器、网页抓取软件等，在数据采集领域有着广泛的应用，可以定期实时采集各大门户网站数据、监控各大社交网站、博客，自动抓取企业产品的相关评论。随着互联网新媒体（如门户网站、微博、微信）的兴起，教育领域的信息传播呈现出传播速度快、波及范围广和内容多样化的特点。网络爬虫采集技术可以实时监控、采集教育领域网络舆情数据，从而为有效处理各种突发事件提供帮助。

2. 质性证据采集技术

除了智能化技术的大数据采集，一些传统的质性数据采集技术在学业评价中的作用和地位也不容忽视。这些采集技术不仅具有浓郁的个性化特征，而且能与时俱进，不断创新、不断吸纳新元素，因此这些技术即便在今天看来仍具有独特的价值和意义，在数据采集、学业评价方面的地位不可被取代，如课堂观察法、电子档案袋法、自我报告法等。

---

[1] 孙立伟，何国辉，吴礼发. 网络爬虫技术的研究. 电脑知识与技术，2010（15）：4112-4115.

（1）课堂观察法

自从有课堂教学，课堂观察法作为一种研究课堂教学的方法就一直存在。它起源于西方的科学主义思潮，作为一种研究课堂教学的方法发展于 20 世纪 50—60 年代。美国社会心理学家贝尔思于 1950 年提出"互动过程分析"理论，开发了人际互动的 12 类行为编码，并构建了课堂教学中小组的人际互动的研究框架，拉开了较为系统地课堂量化研究的序幕。[①]

课堂观察法特指将观察法用于课堂情境中收集信息资料，并依据资料做出相应教育研究与决策的过程。[②]观察法有多种分类标准，根据观察是在自然条件下还是在人为干预和控制条件下进行，可将观察分为自然观察和实验观察；根据观察是否借助有关仪器，可将观察分为直接观察和间接观察；根据观察者是否直接参与到被观察者所从事的活动中，将观察分为参与观察和非参与观察；根据观察实施的方法，将观察分为结构性观察和非结构性观察。[③]

在实际教学中，教师可综合利用多种观察方法多方面地收集学生的学习证据。郭绍清等将教师观察课堂的视角分为三个层次：宏观、中观和微观，形成了课堂全貌观察、小组活动观察、个别化观察三个不同层次的观察视角。从不同的观察视角可以看出，教师在课堂上收集的学生学习的证据或信息材料也是具有层次的：课堂全貌观察是在宏观层面上对课堂中的学生学习行为和课堂交互行为进行观察，由此教师就要收集相关课堂提问、全班学生参与互动情况、课堂练习、练习结果展示等学习证据；小组活动观察是中观层面的课堂观察，教师可以收集相关小组内学生间的互动、学生学习中的协作（合作）行为、师生互动等，包括小组活动开展的时段，活动的内容、类型、形式，小组活动中的分组分工、学生参与度等过程性证据；个别化观察是微观层面的课堂观察，观察者选定一个或两个学生进行观察，可收集学习者的课堂注意力情况、与教师的互动情况、小组活动参与程度、课堂练习情况等方面的学习证据。蒋旺喜等曾通过课堂观察法，从交互形式、交互类型、交互层次三个维度研究了高校

---

① 叶立军. 数学教师课堂教学行为比较研究. 南京师范大学博士学位论文，2012.

② 郭绍青，张绒，马彦龙."有效教学"课堂录像分析方法与工具研究. 电化教育研究，2013（1）：68-72.

③ 王陆，刘菁，等. 信息化教育科研方法——发挥技术工具的威力. 北京：教育科学出版社，2008：101.

师生互动现状。[1]

通常采用课堂观察法需要借助一定的工具，基于不同的观察视角可以将课堂观察工具分为不同的类别，王阿习等按照课堂观察工具依据的媒介形态将其分为基于量规的工具（包含量表）、基于标记注释的工具、基于综合性观察系统的工具。基于量规的课堂观察工具，这类课堂观察工具的特点在于各个观察指标清晰可见、易于操作。[2]例如 Robert Pianta 教授团队领衔开发的课堂评分系统（classroom assessment scoring system）是一种基于量表的课堂观察工具，旨在帮助教师改进课堂师生交互行为，以支持师生学习和发展。作为各个学科通用的课堂观察工具，其信度与效度已经过验证[3]；基于标记注释的工具，其特点在于需要借助编码分析表和视频等标注工具实现，经常用于观察师生行为。例如，弗兰德斯研发的互动分析系统（Flanders interaction analysis system，FIAS）是一种典型的基于时间采样的标记注释工具[4]；基于综合性观察系统的工具，其特点在于将量表嵌入网络平台，研发基于网络端与移动端的综合性课堂观察工具。例如，王陆团队在 S-T 分析法的基础上开发了课堂行为在线分析系统，并借助课堂教学行为大数据的优势，分析不同区域的教师课堂教学行为差异与特点，通过改进课堂教学行为实现课堂教学质量的提高[5]。朱雪梅将专门的课堂观察量表嵌入网络平台，研发基于移动终端的课堂观察系统，在听课的过程中采集教与学的表现行为信息，从而为评价提供量化证据。[6]

（2）电子档案袋

"档案袋"又称卷宗，从语义上分析有"代表作、选集"的意思。最开始使用档案袋的是画家、摄影师，他们把自己的代表性作品汇集起来，并为这些

① 蒋旺喜，党旗，章苏静. 基于课堂观察的高校课堂师生互动现状分析研究. 软件导刊（教育技术），2019（6）：3-5.

② 王阿习，余胜泉，陈玲. 数据驱动的课堂观察活动多元分析与改进研究. 中国电化教育，2022（2）：106-113，121.

③ La Paro K M，Pianta R C，Stuhlman M. The classroom assessment scoring system：Findings from the Prekindergarten Year. The Elementary School Journal，2004，104（5）：409-426.

④ Flanders N A. Intent，action and feedback：A preparation for teaching. Journal of Teacher Education，1963，14（3）：251-260.

⑤ 王陆，蔡荣啸. 课堂大数据视角下的提问倾向研究. 电化教育研究，2016（7）：82-92.

⑥ 朱雪梅. "互联网+"时代课堂评价的转型变革. 中国德育，2016（22）：39-41.

作品建立档案，以备参展、参赛或定期展示所用。档案袋评价法是 20 世纪 80 年代中期在美国学校涌现出来的一种学业成就评价方式，目前在欧美教师培训中被广泛运用，它是一种质性评价方法。其思想基础是盛行于 20 世纪 80—90 年代的真实性评价观。20 世纪 90 年代以来，世界范围内兴起"评价改革运动"。其基本思想是：以质性评定取代量化评定；评定的功能由侧重甄别转向侧重发展；既重视被评价者的个性化特征，又倡导其在评定中学会合作；强调评定问题的真实性与情境性；评定不仅要重视学习者解决问题的结论，更要重视得出结论的过程。1986—1990 年，斯坦福大学教育学院进行了一项"另类评价"研究——"教师评价项目"（Teacher Assessment Project）。该项目研究的目的是探索"标准化教师能力测试"之外新的评价方法，主要对档案袋在教师评价中的作用进行研究，认为教师评价不应限于考试，而应包括教师的专业知识和真实性的工作、学习表现。研究发现：在教师专业发展过程中实施档案袋评价是最佳选择；档案袋是一种具有高度情境化的评价工具。[1]美国心理学家、提出多元智能的加德纳认为，利用档案袋能很好地评价其所提出的多元智能的学习历程，特别是对那些不能采用标准化测验、测试的技能，并将其引入哈佛教育学院"零点项目"。[2]随着该项目在美国的推广，更多的学校和科目开始了解档案袋及档案袋评价。美国著名学者坎贝尔等对档案袋是这样解释的："不只是课程项目和作业的文件夹，也非是教学记事剪贴簿。它是一个有组织的、目标驱动的、个体在复杂的学习和教学活动中表现出来的作品编辑；不但是一个作品编集，更是一个正在成长着的专业人员所拥有的大量知识、技能和性向的有形证据。并且，档案袋作品记录是自我选择的、反思性的……体现着个性特征和自主性。"[3]美国南卡罗来纳大学教育学院教育心理学教授格莱德勒（M. E. Gredler）给出了理想型档案袋的主要构成：作品产生过程的说明，是主要学习计划产生和编制的文件记录，它的形式可以多种多样；系列作品，是学生在

---

① 卢兴光. 试析教师专业发展档案袋评价的思想基础. 文教资料，2013（4）：100-101，103.

② 转引自彭蕾，廖勇. "portfolio"的类型分析及其实施方法. 计算机教育，2009（21）：66-68.

③ Campbell D M，Melenyzer B J，Nettles D H，et al. How to Develop a Professional Portfolio：A Manual for Teachers. Boston：Allyn Bacon，2009：3.

完成某一学习计划的过程中创作的各种类型的作品集；学生的反思。[①]随着信息技术的发展，学习档案的形式与运用发生了重大的变化，其中最为明显的是电子档案袋（我国部分学者亦称"电子学档"）的出现。关于电子档案袋，国外一般称为"electronic learning portfolio"，也有少数学者称为"digital learning portfolio""e-learning portfolio"。这三种说法在本质上并无太大区别，在国内则较为统一地称之为"e-portfolio"。所谓电子档案袋，即运用信息技术记录和展示学生在学习过程中关于学习目的、活动、成果、付出、进步以及对学习过程和结果进行反思的一种数字化集合体。它主要指学习者利用信息化手段呈现其学习过程，包括在学习过程中对学习和知识的管理、评价、讨论、反思、设计等而形成的学习档案。美国电子档案袋协会在 2003 年 1 月制定的电子档案袋白皮书中，将电子档案袋解释为以学习主体为中心的个人学习空间，具有交互、学业记录、个人身份简历标识的功能。美国加州伯克利大学的一篇《电子档案袋评价实施可行性》研究报告中指出：电子档案袋是高度个性化的、可定制的、基于网络的信息管理系统，能够展现随时间推移的学生成长、学习、业绩的个性化和协作两个方面的情况；电子档案袋对人生事业规划、个人履历形成与传播、学术计划、学术评价与鉴定有支持作用；此外，电子档案袋还可以作为反思工具。

美国博伊西州立大学专门为教育专业的研究生开设了一门终结性课程——"电子档案袋"。该课程的功能定位相当于研究生的毕业论文，学生修了这门课程就不用再撰写毕业论文。该课程旨在指导学生对攻读硕士期间所完成的优秀作品、所获得的学习成果或成就进行筛选和组织，构建个人学习档案，并基于美国教育传播与技术协会（Association for Educational Communication and Technology，AECT）所颁布的专业标准对学生档案袋进行评价，以此来考查学生教育成长的深度和广度并判断其是否达到毕业的标准。课程中档案袋的内容构成主要包括"对应 AECT 标准的作品表单""作品综述""反思视频"三个部分：①对应 AECT 标准的作品表单。学习者需要收集硕士期间完成的 25—

---

① 转引自彭蕾，廖勇. "portfolio" 的类型分析及其实施方法. 计算机教育，2009（21）：66-68.

30 件优秀作品，形成对应 AECT 标准的作品表单（artifacts mapped to the AECT Standards）。作品要覆盖所有核心课程和个人选修的课程，形式多样，包括项目、会议记录、发表的论文、报告、演示文稿、网络课程、教学材料、讲义等。选择作品时，须依据 AECT 标准所规定的教育技术领域内的关键知识技能，来判断每件作品对于该标准的达成度。学习者需依照 AECT 标准按顺序将对应于某一标准的作品（注明课程编号）相链接，以便清晰地反映学生在攻读硕士学位期间对 AECT 标准的达成度及专业发展情况。②作品综述。除了按照 AECT 标准组建作品表单以外，学习者还要写一篇作品综述（rationale paper），并链接至 ePortfolio。与作品表单不同，作品综述不是单纯地列出作品清单，而是要对照上述的 AECT 标准，详细介绍每件入选作品的入选理由、作品所对应的 AECT 标准及其所达到的程度。作品综述要求篇幅在 20—25 页（标准字号，2 倍行间距）。课程对如何写作品综述给出了学习指导，建议学习者在正式写作前做如下思考：为什么选择这件作品？创作过程中学到了什么？它有没有深化理论知识学习、是怎样深化的？作品是否达到了 AECT 标准？它是怎样显示出对各标准的掌握程度的？有没有在教学中使用过这件作品或其他类似的东西？教学思想有没有受到影响？课程还为学习者提供了作品综述的组织框架。③反思视频。反思视频旨在采用可视化的方式由学习者讲述自己作为教育技术硕士学位申请者的学习经历，包括学习情况、专业成长、取得的成就、受益最大的课程及原因等，视频时长 10—15 分钟。学习者需将视频上传至 YouTube、Vimeo 等视频网站，并将可以公开访问的视频链接公布在个人 ePortfolio 网站。反思视频与作品综述互相补充，进一步说明作品表单的科学性，同时，将电子档案袋置于真实生活情境中。作品综述侧重于对作品细节及对应标准的解释性描述，包括对所有入选作品的特征和细节描述、对标准内容的讨论、apa 格式的参考文献、带链接的文本等。而反思视频只需挑选个人认为最有意义的 3—4 件作品进行介绍，侧重完成作品过程中的个人成长、亲身经历及心路历程等。①教师应充分发挥档案袋（特别是电子档案袋）的评价功能，多关注学生

---

① 王慧君，马岩岩. 美国博伊西州立大学"电子档案袋"课程的设计、实施及启示. 电化教育研究，2019（1）：121-128.

的学习过程，鼓励他们对自己的学习过程进行反思。[①]电子档案袋的内容可以包含学生的很多学习证据，如实验报告、项目计划、小组合作、作业样本、参与的活动、反思、日志、学习经历等，教师可以根据这些直观证据来评价学生。学生作品、平时作业、创作的实物作品等学习结果性数据，包括学生的视频、音频、图像、文本等多媒体形态的作品，都可以通过拍照、录像等方式以数字化形式呈现，并采用电子档案袋将这些数字化证据集成在同一空间，不仅存储方便，而且便于分享、公开。目前，教师可引导学生借助新浪博客、学习通、自助建站平台等来构建学习档案，记录学习成长轨迹。

（3）自我报告法

自我报告法又称自陈法，是一种常见的收集资料方法。自我报告法可以通过会谈或日记的形式，也可以通过问卷调查的形式，获得研究对象的信息，它不仅可以测量外显行为，也可以测量个体对环境的感受。在学习分析领域中，自我报告法普遍用于分析学生的情绪情感，并由此形成了在情绪情感领域中的情绪自我报告法。情绪自我报告法是一种要求被试以等级量表或形容词表来表达自己情绪体验的分析方法。国内外学者在教学中对情绪自我报告法的应用，可分为以下三种形式：第一，将情绪自我报告量表嵌入学习软件中，提示学习者在学习过程中关注、填写其情绪状态；第二，在教学中预先找出可能引发学习者波动的时间点，重点收集学习者在时间点上的情绪数据；第三，在教学结束后，及时让学习者填写情绪自我报告，保证课程学习活动不被打断。[②]由于情绪自我报告法具有灵活性高、编码性强等优点，许多研究者纷纷采用此方法进行学习者情绪情感测量分析研究。

（二）筛选证据遵循的原则

证据收集后，需要对证据进行进一步的筛选。筛选证据是为了保证证据的质量，将一些虚假的、劣质的证据剔除掉，以更好地发挥优质证据的证明作

---

① 刘洋，兰聪花，马炅. 电子档案袋评价与传统教学评价的比较研究. 电化教育研究，2012（2）：75-77，107.

② 徐晓青，赵蔚，刘红霞. 混合式学习环境下情绪分析应用与模型研究——基于元分析的视角. 电化教育研究，2018（8）：70-77.

用。收集证据后，需要对证据进行相关的筛查操作，以确保证据的质量。

1. 相关性

证据的相关性是证据最基本的属性，证据的相关性与证据的证据力息息相关。简单来讲，判断证据的相关性就是判断采集的证据是否对学生的学习具有证明作用，以及有多大程度的证明作用。在具体实践中，可以通过证据的内容和表达的形式来判断。如果证据与学习无关，该证据就不具备证明力，或者说不足以成为证据，应该舍弃。例如，采用网络文本采集技术采集到的学生协作交流类证据，由于该技术将讨论页面的所有数据进行爬取，采集到的数据中有很多是和学生的学习无关的，需要对其进行人工或机器清洗，剔除无关信息。

2. 真实性

确保证据的真实性是评价结果公正性的重要条件。在对证据进行甄别时，首先要考虑的就是证据的真实性，虚假的证据不仅浪费教师评价者的时间和精力，更可能导致评价结果的偏离。教师评价者需要从信息源的真实性到每条数据、信息的真实性逐条核对；从采集数据的工具选择、采集数据的过程设计到数据的清洗层层把关，以确保收集到的证据是真实、可靠、客观的。

3. 证明力

证明力是指证据在评价中所起的作用。[①]所有真实的与学业评价密切相关的学习信息都可以作为学业评价证据，并在学业评价中发挥证据的作用。证据不同，其在学业评价中发挥的作用大小也不同，即其证明力不同。例如，直接证据的证明力往往大于间接证据的证明力，与评价内容密切相关的证据的证明力要大于关联性不太大的证据。教师对证据的相关性和真实性进行鉴定后，还要识别各证据的证明力，并按照证明力的大小进行排序。例如，将处理后的证据按照一定的分类标准进行归类，即确定证据能够评价学生哪方面的能力、在哪些方面具有证据能力以及证明力的大小。

---

① 李勇. 重视证据能力与证明力之证据判断功能. 检察日报，2017-12-31（03）.

（三）获取证据的策略

能否有效获取证据、能否获取优质证据以及能否获取多种模态的证据直接影响基于证据的评价及评价结果。教师评价者对于直接证据、传统型需要证据的获取不算陌生，在此主要针对智能化教育环境下新兴教育大数据的获取策略进行介绍。

随着信息时代新兴技术的逐步成熟，越来越多的数据采集技术开始在教育教学领域应用，并发挥愈来愈重要的作用，如眼动追踪技术、语音交互技术、体感技术等。这些数据采集技术在教育教学中的广泛应用推动了教育大数据应用的空前发展，教育大数据在学生学业评价中的地位和作用愈加凸显。为了保证高质量教育数据的可持续采集，需要注意如下事项。

1. 提前规划

教育大数据的建设与应用是一项系统工程，需要进行顶层设计，以便有目的、有序地采集高质量的教育数据。规划设计的内容包括数据采集的范围、使用的数据采集技术、数据采集环境的部署、数据采集质量的保障措施、采集数据的应用目的和场景、数据的存储方案、数据的更新机制、数据的交换标准等。不同层级的教育数据采集应当有不同的侧重点。国家教育大数据和区域教育大数据应以管理类数据采集为主；学校、班级、课程大数据应以教与学活动数据采集为主，重点服务教学质量的提升；个体大数据应以学习者个体的行为数据、状态数据、情境数据等采集为主，重点服务学习者的个性化学习诊断和个性化发展。对学生课程学业评价而言，应重点采集和关注的是微观层面的个体大数据，以及中观层面的班级、课程大数据。

2. 有清晰的边界

大数据虽然可以收集多样性证据，而且数据采集、存储成本也较低，但并非要囊括一切数据，也并非数据越多越好。数据采集应当有清晰的边界，不能无任何限制地盲目采集。究竟要采集哪些数据、采集多大体量的数据，则取决于数据的应用目的。例如，要检测评估学生的学习进展，就需要对课程浏览、作业练习、交流互动、提问答疑等数据进行实时采集和分析，而不必采集学生的饮食、运动等数据；在诊断学生体质状况时，学生饮食、运动等方面数据的价值就得以显现。这里所提的"数据边界"是相对于具体的应用或评价目的而言的。

3. 保持连续性和规范性

采集数据时，一方面，应当保持连续性，即根据前期规划设计，定期、连续、有规律地采集教育数据，通过长时间累计从小数据生成大数据；另一方面，为了保证后期数据的融通互换和一致化处理，教育数据的采集应遵循特定的技术标准和规范。

4. 采集粒度尽可能小

数据粒度是指数据的细化和综合程度。[①]一般来说，细化程度越高，粒度越小；细化程度越低，粒度越大。吕海燕等认为，数据采集应处于一个合适的粒度级别，粒度的级别既不能太高也不能太低。低的粒度级别能提供详尽的数据，但要占用较大存储空间，需要较长的查询时间；高的粒度级别能快速方便地对数据进行查询，但不能提供过细的数据。[②]

就教育大数据采集而言，在保证数据有效性的基础上，数据粒度应尽可能小，以便从中挖掘更大的潜在价值。传统的教育数据以分数为核心，一份作业、一张试卷最后采集到的仅仅是一个表征成绩的数字符号，即采集的数据粒度较大。如果基于在线学习平台或点阵数码笔技术能够采集到每个学生的答题过程，如做题的顺序、每道题的停留时间、答案修改次数等更细化的过程记录数据，就能更加精准地判断学生在哪些知识点存有疑惑和答错的具体原因。

三、证据的分析

（一）数据的预处理

数据库往往易受噪声、丢失数据和不一致数据的侵扰，低质量的数据将导

---

① 李静. 数据仓库中的数据粒度确定原则. 计算机与现代化, 2007（2）：57-58, 61.
② 吕海燕，车晓伟. 数据仓库中数据粒度的划分. 计算机工程与设计, 2009（9）：2323-2325, 2328.

致低质量的挖掘结果。为了提高数据质量，需要对数据进行预处理。数据预处理是指在对数据进行数据挖掘前，先对原始数据进行必要的清洗、集成、转换、离散、归约等一系列处理工作，以达到挖掘算法进行知识获取研究所要求的规范和标准。数据预处理的主要方法有数据清洗、数据集成、数据变换和数据归约。①

1. 数据清洗

数据清洗主要包括数据仓库领域的数据清洗、数据挖掘领域的数据清洗、数据质量管理领域的数据清洗。数据仓库领域的数据清洗，是指清除错误和不一致数据的过程，清洗过程包括解决元组重复问题等。数据挖掘领域的数据清洗，是指对数据进行预处理的过程。知识发现（Knowledge Discovery in Database，KDD）和梦幻编织者（Dreamweaver，DW）系统都是针对特定的应用领域进行数据清洗的。数据质量管理领域的数据清洗，旨在解决整个信息业务过程中的数据质量及集成问题，是评价数据正确性并改善其质量的过程。②

数据清洗的目的是填充缺失的值，光滑噪声，识别离散点，并纠正数据中的不一致，简单来说就是为信息系统提供准确、有效的数据。很多数据有缺失值，面对存在缺省值的数据，我们可以按照一定的规则进行填充，填充的方法主要有忽略元组、人工填写缺失值、使用一个全局常量填充缺失值、用属性的均值填充缺失值、用同样样本的属性均值填充缺失值、使用最可能的值填充缺失值等。噪声是被测量的变量的随机误差或方差。给定一个数据属性，可通过分箱、回归、聚类等方法实现数据光滑。数据清洗用于证据的处理，即对证据进行初步筛选，提取准确有效的证据。学业评价中的数据清洗主要包括：删除与评价课程无直接关联、表述不清、无法反映实际语义的内容；清除转发或复制的资料；校正拼写错误；将英文、汉字拼写、缩写等转化为汉字。数据采集成功后，导出的格式一般为 xlsx，进行数据分析时还需将 Excel 表格数据转换为数据分析软件的输入形式（如文本情感分析），并需从清洗后的表格中将每

---

① 方洪鹰. 数据挖掘中数据预处理的方法研究. 西南大学硕士学位论文，2009.

② 王曰芬，章成志，张蓓蓓，等. 数据清洗研究综述. 现代图书情报技术，2007（12）：50-56.

条评语提取出来，形成一条评语为一个分析单元的 txt 文本。

2. 数据集成

数据集成是指将不同来源、格式、特点性质的数据在逻辑上或物理上有机集中的过程。数据集成的核心任务是将相互关联的分布式异构数据源集成到一起，维护数据源数据的整体一致性，提高信息共享利用的效率。数据分析、数据挖掘经常需要数据集成——合并来自多个数据存储的数据。数据集成将多个数据源中的数据合并，存放在一个一致的数据仓库中，以便于用户访问。数据集成时，需要考虑模式集成与对象匹配问题、数据冗余、数据值冲突的检测与处理等问题。数据集成用于证据的处理，主要表现在将相互关联的证据进行初步归纳，以确保证据在整体上的一致性。

3. 数据变换

数据变换是将数据从一种表现形式转变为另一种表现形式的过程。常用的数据变换方式是数据标准化、离散化和语义转换。数据变换用于证据的处理，主要表现在对证据进行变通、转型，以提升证据的应用价值。

4. 数据归约

数据归约，又称数据约简或数据浓缩，是指在提供同等分析结果的情况下对原数据集进行简化。其主要目的是提高数据加工处理和开发利用的效率，同时提高精度、简化描述。[①]对海量数据进行复杂的数据分析和挖掘将需要很长时间，导致这种分析不具有可操作性。数据归约技术可以用来得到数据集的归约表示，其数据量小得多，但尽可能保持数据的原貌和完整性。对归约后的数据集进行挖掘将更加有效，并产生相同或几乎相同的分析结果。数据归约的主要方法有数据立方体聚集、属性子集选择、维度归约、数值归约、数据离散化与概念分层等。数据归约用于证据的处理，主要表现在将原证据进行简化操作，使其具有可操作性。

---

① 康睿智，郝文宁. 数据归约效果评估方法研究. 计算机工程与应用，2016（15）：93-96.

（二）常用的数据分析技术

1. 社会网络分析

社会网络是由成员及其之间的关系组成的一种结构。[①]社会网络分析作为一种定量的群体交互行为研究方法，主要研究和揭示行动者及行动者之间的关系。网络环境下学习者之间的交互大多发生在网络论坛、讨论评论区、留言板、讨论组答疑室、公告栏等在线讨论站点，学习者借助这些平台分享思想、发布消息、被其他学习者评论、获得反馈，学习者渐渐在网络中建立了对话和交往关系。随着社交网络应用在教育领域的不断渗透，很多教育工作者把这些在线讨论站点作为专业的实践社区、学习社区，以开展教学、管理和研究工作。在线学习环境下的学习者交互在分析学习者的协作学习过程中扮演着重要角色。[②]协作学习、互动分享成为一种新的学习常态。[③]理解学习的社会性维度已经成为教育研究领域的焦点。[④]社会网络分析作为一种重要的群体行为分析工具，对网络环境下群体学习规律的探索具有重要价值。

学习者社会网络交互关系的数据，一般通过两种途径进行收集：一是对于线下学习中的人际关系，主要通过问卷调查、访谈等学习者自我报告的方式进行数据收集；二是对于网络环境下的学习交互数据，如网易公开课、可汗学院以及其他各院校研发的在线学习平台等，关系数据通常按照一定的格式存储在学习系统中，可通过平台数据库及数据挖掘进行收集。此外，随着大众社交媒体的快速发展，如微信、微博、QQ 等社交平台记录了大量学习者的交互数据，学习者依据学习兴趣或主题形成虚拟学习社区，这些关系数据均可借助开发者提供的应用程序接口（application program interface，API）或网页标签信息，利用相关技术手段进行自动爬取。当前对学习者社会网络的分析主要应用

---

① 刘三女牙，石月凤，刘智，等. 网络环境下群体互动学习分析的应用研究——基于社会网络分析的视角. 中国电化教育，2017（2）：5-12.

② 王晶，李艳燕，王迎，等. 基于交互分析的协作学习过程研究——以《e-Learning 导论》在线课程分析为例. 中国电化教育，2007（6）：44-48.

③ Siemens G. Connectivism：A learning theory for the digital age. International Journal of Instructional Technology and Distance Learning，2015（1）：3-10.

④ Dawson S. 'Seeing' the learning community：An exploration of the development of a resource for monitoring online student networking. British Journal of Educational Technology，2010，41（5）：736-752.

在学习状态可视化、学习成效预测及监控、协作学习评估、学习者声誉管理等方面。

（1）学习状态可视化

学习状态可视化以学生的交互行为数据为基础，运用社会网络分析技术，对学习者之间的社会网络进行可视化。如澳大利亚伍伦贡大学的"网络学习可视化评估"[①]所开发的适应教学实践的社会网络（social networks adapting pedagogical practice，SNAPP）工具能够对论坛交互数据实时分析，并在学习管理系统（leaning management system，LMS）的论坛中嵌入交互式社群图，实时对群体学习状态进行可视化展示，以便识别社交网络中的边缘学习者、核心学习者、信息传播者等。这不仅能为教师提供干预的依据，也为学习者观察自己的表现提供依据。加拿大阿尔伯塔大学的研究者[②]应用社会网络分析技术对学习者参与在线课程论坛交互的社会网络结构进行可视化，以识别网络结构中的"核心—边缘者"，为教师评估学习者在线课程学习参与度提供了有力证据。

（2）学习成效预测及监控

在线论坛形成的学习社区促使社区成员之间彼此交流，这不仅使学生了解同伴的疑惑和问题，而且使教师了解学生对课程内容知识的理解。目前越来越多的学者逐渐把在线论坛交互作为评估学习成效的一个指标，并对学习过程进行实时监控。例如，美国加利福尼亚大学一项关于学习者在慕课中的学习表现的研究[③]，研究者以两门慕课中参与谈论的学习者为研究对象，使用社会网络分析方法，探讨学习者的社会网络中心性与学习成效之间的关联。研究结果表明，在两门慕课课程中，一门课程中的学习者社会网络中心性与学习成绩存在正相关关系，但是另一门课程中，两者不存在相关关系。在此基础上，有研究

---

① Dawson S，Bakharia A，Heathcote E. SNAPP：Realising the affordances of real-time SNA within networked learning environments//Dirckinck-Holmfeld L，Hodgson V，Jones C，et al. Proceedings of the 7th International Conference on Networked Learning. Lancaster，UK：University of Lancaster，2010：125-133.

② Reihaneh R K，Mansoureh T，Osmar R. Analyzing participation of students in online courses using social network analysis techniques. Proceedings of the 4th International Conference on Educational Data Mining，2011（7）：21-30.

③ Jiang S H，Fitzhugh S M，Warschauer M. Social Positioning and Performance in MOOCs. https://ceur-ws.org/Vol-1183/gedm_paper08.pdf.（2014-07-07）[2022-04-25].

者提出使用语言和话语来探究与传统学业成效和社会中心性的关联，展示学习者在慕课对话交互中话语特征能在多大程度上揭示学习者的成效和社会中心性。实验研究表明：①当学习者表达更具有深层次的整合、抽象语言和简单语法结构的解释话语风格时，学习者的表现更佳；②当学习者表达具有更精练、简单语法结构和抽象词汇的叙述性风格话语时，学习者的成效更显著，个人社交网络中的中心地位更突出。①印度韦洛尔科技大学的研究学者利用社会网络分析方法发掘蕴藏在慕课中的社会结构，详细分析随着时间的推移学生论坛发布模式的改变，以增加教师对学生谈话内容的理解，识别课程论坛参与活跃者以及有潜在辍学风险的学习者。②澳大利亚伍伦贡大学的研究者通过社会网络分析方法提取学习者的论坛参与活动，分析网络复杂性、核心成员以及学习者之间关系的发展水平，识别高低表现学生的个体网络差异，以此对处于风险中的学习者进行及时干预。③

（3）协作学习评估

由于各种因素的影响，对在线协作学习交互的评估往往是一个复杂的任务，知识共享网络的形成和水平会影响协作学习的过程和结果。通过收集在线学习者之间的交互数据，利用社会网络分析方法分析协作学习过程中学习者之间的交互模式，能有效评估学习共同体的协作学习水平。加拿大阿尔伯塔大学的研究者使用社会网络分析方法研究论坛中学习者之间的交互结构、社会网络中心性、组的形成、角色的改变以及检测交互信息的内容，使教师能更好地评估学习者之间的协作和个体参与课堂的水平。④捷克奥斯特拉瓦技术大学等的研究者提出了一个评估在线协作学习交互的分层框架，其中社会网络分析作为

①　Dowell N M，Graesser A C，Hennis T A，et al. Modeling learners' social centrality and performance through language and discourse//Boticario J G. Proceedings of the 8th International Conference on Educational Data Mining. Madrid，Spain：International Educational Data Mining Society，2015：250-257.

②　Sinha T. Supporting MOOC Instruction with Social Network Analysis. https://arxiv.org/abs/1401. 5175. （2014-01-21）[2022-08-28].

③　Dawson S. 'Seeing' the learning community：An exploration of the development of a resource for monitoring online student networking. British Journal of Educational Technology，2010，41（5）：736-752.

④　Rabbany R，Elatia S，Takaffoli M，et al. Collaborative learning of students in online discussion forums：A social network analysis perspective//Peña-Ayala A. Educational Data Mining. Cham：Springer，2014：441-466.

一个核心层次通过测量网络密度、个体度中心性、网络度中心性等评估小组交互和参与行为，不仅能为教师提供更好的监控，识别协作学习群体中的活跃者或边缘者，及时给予相应的干预，还能促使学习者对自身的学习活动进行自我调控。①秘鲁、西班牙的研究者以一门在线课程中的两组专业学习者为研究对象，其中一组被随机分配成组且随机给主题任务，另一组依据在一个话题中是否分享一个共同的兴趣分配成组，利用社会网络分析和内容分析方法评估随机分组是否影响协作水平以及知识建构水平。研究结果显示，两组的知识建构水平都较低，网络中的度中心性、学习表现也比较相似，但是如果依据学习者的主题偏好分配成组，则会促使更多的学习者参与完成协作任务。②韩国梨花女子大学的研究者通过分析学习者的学习日志，利用社会网络分析技术分析学习者在个体沟通能力形成的信任网络、知识共享网络中的度中心性与学习效果的关联。研究结果显示，在课程学习中，拥有较强沟通能力的学习者不仅能增加在知识共享网络中的地位，还能优化协作学习效果。③

（4）同伴支持推荐

在线学习环境为学习者提供获得更优质教育机会的同时，其低完成率也是一个普遍存在的问题。学习者放弃学习的其中一个重要原因就是缺乏与同学交流来解决面临的问题。通过采集在线论坛区中学习者之间的交互数据，运用社会网络分析技术分析学习者之间的交互模式、关系的强弱，当学习者遇到困难时，可以为学习者推荐伙伴，以寻求同伴支持，从而解决面临的问题。例如，美国北卡罗莱纳州立大学的研究者采用社会网络观点研究两个慕课中的同伴交互和支持。研究结果表明，慕课中的论坛可以培养学习者之间的交互和促进同伴支持学习，以达到知识建构的过程。④美国西肯塔基大学的研究者运用社会

① Snášel V，Abraham A. A layered framework for evaluating on-line collaborative Learning Interactions. Journal of Computational and Theoretical Nanoscience，2012（2）：286-303.

② Cela1 K L，ÁngelSicilia M，Sánchez S. Comparison of collaboration and performance in groups of learners assembled randomly or based on learners' topic preferences. Educational Technology & Society，2015（4）：287-298.

③ Jo I，Kang S，Yoon M. Effects of communication competence and social network centralities on learner performance. Educational Technology and Society，2014（3）：108-120.

④ Kellogg S，Booth S，Oliver K. A social network perspective on peer supported learning in MOOCs for educators. The International Review of Research in Open and Distance Learning，2014，15（5）：263-289.

网络分析技术，通过分析学习者之间在论坛日志中的活动和交互数据，寻求一个最优的社区检测算法，以此建立一个动态社会网络推荐系统，使学习者能够依据个人的学习需要寻求学习伙伴支持。[1]我国东北大学的研究者根据学习者在论坛中的讨论内容信息和社会网络信息，分析学习者之间关系强弱、行为特征为学习者推荐伙伴，以解决在线学习低完成率问题。结果表明，相比仅依靠内容信息为学习者推荐伙伴，同时结合社会网络信息能取得更优的学习效果。[2]

（5）学习者声誉管理

在线学习论坛中声誉高的学习者表达的观点和想法往往被认为比其他成员的观点更重要。通过采集学习者的交互数据，能够探索学习者在交互网络中的声誉，发现学习者在网络中的位置、角色、威望，在一定程度上影响学习者参与在线学习的活跃度以及学习效果。例如，韩国高丽大学、印第安纳大学研究者以韩国大学教育研究生院开设的"在教育中理解和使用网络工具"课程中注册的 23 名研究生为样本，使用社会网络分析工具分析学习者关系网络的密度、派系、"核心—边缘"、中心性等特征，研究了在基于博客课堂教学的混合学习环境中学习者之间的关系及在线交互行为规律。研究结果表明，学习者在同伴关系网络中的位置十分依赖其在线交互程度，学习者在线交互参与越频繁，其在关系网络中就越受欢迎。[3]德国德累斯顿工业大学等的研究者在一项研究远程教育中个体对群体学习影响的项目中，采集了德国 11 所大学的 834个学习者在远程学习系统中的论坛数据，运用社会网络分析方法研究学习网络中个体的度中心性、中间中心性、加权中心性、特征向量中心性等属性，探索在远程学习系统中个体的角色对信息流向、网络交互模式的影响。研究结果表明，管理者在学习网络中连接学习者之间的交流中处在中心位置，他们可以影

――――――――――

[1]　Zhuhadar L，Butterfield J. Analyzing students logs in open online courses using SNA techniques//McLean E. 20th Americas Conference on Information Systems（AMCIS 2014）. Savannah，Georgia，USA：Association for Information Systems（AIS），2014：1-15.

[2]　Xu B，Yang D. Study Partners Recommendation for xMOOCs Learners. https://downloads.hindawi.com/journals/cin/2015/832093.pdf.（2015-06-12）[2022-08-28].

[3]　Lee J，Bonk C J. Social network analysis of peer relationships and online interactions in a blended class using blogs. The Internet and Higher Education，2016，28：35-44.

响整个学习社区的网络结构。[①]美国俄亥俄州立大学的研究者以 51 名在线课程参与者为研究对象，利用社会网络分析方法探索论坛主持人角色对在线学习网络的影响。研究结果表明，当学习者被指定为论坛主持人地位时，不仅能够显著提升他们的交互质量、多样性以及交互吸引力，而且他们的参与行为对群体交互有积极影响。[②]

2. 学习者的学习内容分析

当今在线学习已经成为主流的学习形式和途径，慕课、移动学习、泛在学习和翻转课等的兴起与发展进一步促进了在线学习的广度和深度，因此在线学习环境下学生产生的诸如语音、文字等非结构化的数据逐渐成为研究者关注的重点。从这些非结构化的数据中挖掘有价值的教育信息对基于证据的学业评价而言，具有非常重要的意义。学习者的学习内容分析主要涉及两类问题：第一，以学习过程中师生、生生之间交流所产生的内容作为研究对象的学习内容分析，如面对面对话、网络课程与会议中产生的文本、网上同步、异步交流等；第二，以学生学习内容本身为研究对象的学习内容分析，如文本内容分析、多媒体内容分析等。我国学者李海峰等根据已有研究归纳了在线学习内容分析法的几种基本分析范式。[③]

（1）面向学习过程的内容分析

在线学习者通过论坛、聊天室、在线视频等工具进行异步或同步的互动学习与沟通，诸如聊天室中的话语记录、论坛中的帖子、学习者的学习轨迹等大量的学习行为数据就存储在了平台数据库中。面对这样的数据，就需要特殊的技术和方法进行识读和分析。亨利提出的计算机会话内容（computer-mediated content，CMC）分析框架是最具开创性和代表性的在线学习内容分析工具，其目的在于揭示在线讨论中隐含的学习过程及其特征。该框架以聚焦学习过程为

---

① Stuetzer C M，Koehler T，Carley K M，et al. Brokering behavior in collaborative learning systems. Procedia—Social and Behavioral Sciences，2013，100：94-107.

② Xie K，Yu C，Bradshaw A C. Impacts of role assignment and participation in asynchronous discussions in college-level online classes. The Internet and Higher Education，2014（20）：10-19.

③ 李海峰，王炜. 在线学习内容分析法的基本研究范式. 开放教育研究，2018（2）：69-77.

研究取向，由参与、社会性、社交、认知和元认知五个基本维度组成。[1]亨利的分析框架得到广泛认可，并形成了面向"学习过程"的内容分析范式和研究共同体。纽曼等将亨利分析框架中的批判性推理技能指标用于分析在线合作学习，并在吸收加里森批判性理论基础上提出了问卷和分析指标两种评价方法。[2]朱尔平基于亨利分析框架提出了认知参与分析框架，包括问题类型、陈述、反思、监视和支架五个维度。[3]厄尔特莫尔吸纳了布鲁姆认知过程的六个水平指标、安德鲁斯的交互模式和问题类型，形成了认知水平、互动交流和问题提示相融合的内容分析方法。[4]埃斯帕萨等认为已有的交互分析更多关注自组织状态或改善学习过程的在线交互分析，对促进学习反馈的交互内容分析却鲜有关注，于是在已有分析框架的基础上，构建了用于分析反馈过程的分析模型，填补了对反馈过程进行内容分析的空白。[5]

（2）面向深度学习的内容分析

深度学习是指学习者在理解的基础上能够批判地学习新思想与事实，将其与原有认知结构进行融合，能够在众多思想间建立联系，进行知识迁移，并做出决策以及进行基于解决问题的学习。不同于机器学习领域的深度学习，在线深度学习强调学习者高级思维能力的培养与运用，关注概念转变以及复杂认知结构的形成，特别是元认知能力的培养。在线学习内容分析从浅层学习转向深度学习的探讨得益于研究者对批判性思维的应用，在探讨学习者思维深度变化的同时也融入在线学习管理，最终形成以批判性思维为主要分析取向的、面向深度学习的在线学习内容分析范式。[6]

---

① Henri F. Computer conferencing and content analysis// Kaye A R，Collaborative Learning through Computer Conferencing. Berlin，Heidelberg：Springer，1992：117-136.

② Newman D R，Johnson C，Webb B，et al. Evaluating the quality of learning in computer supported co-operative learning. Journal of the American Society for Information Science，2012，48（6）：484-495.

③ Zhu E P. Interaction and cognitive engagement：An analysis of four asynchronous online discussions. Instructional Science，2006，34（6）：451-480.

④ Ertmer P A，Sadaf A，Ertmer D J. Student-content interactions in online courses：The role of question prompts in facilitating higher-level engagement with course content. Journal of Computing in Higher Education，2011，23（3）：157-186.

⑤ Espasa A，Guasch T，Alvarez I M. Analysis of feedback processes in online group interaction：A methodological model. Digital Education Review，2013（23）：59-73.

⑥ 何玲，黎加厚. 促进学生深度学习. 计算机教与学，2005（5）：29-30.

纽曼等以加里森批判性思维的五个阶段和亨利的认知技能作为指标构建的基础，提出了在线深度学习分析框架，该框架倾向于揭示在线协作学习过程中批判性思维的发展。[1]布伦构建了四个维度的在线批判性思维内容分析指标，包括聚焦问题、分析争论、询问并回答问题、界定术语与定义判断。[2]格林劳等通过构建批判性思维的等级水平揭示在线学习者深度学习的程度及学生评论的过程，包括无理由的声明、轶事证据、清晰的逻辑、支撑理论、价值判断。[3]柯凤凤等基于塞科尼和芬克提出的深度学习概念，并结合亨利和古纳瓦德纳的内容分析相关指标构建了"在线学习交互模型"。[4]该模型最大的特征是增添了自主学习或自我导向的管理维度，弥补了深度交互学习行为难以自然发生的不足，促进了在线学习者的深度学习和有意义学习，提升了在线学习者的知识建构水平和反思性学习讨论的频率。他们发现已有的在线学习交互和社会交互研究更多关注积极的交互行为，对于消极的交互行为内容分析鲜有关注。针对这一问题，他们在原来在线交互模型基础上融入了社会交互和学习交互的内容分析，形成了"社会交互和学习交互"的内容分析框架。[5]

（3）面向知识建构的内容分析

古纳瓦德纳的知识建构交互模型开启了面向"知识建构"的在线学习内容分析方法探讨，呈现了以知识建构为分析向度的内容分析范式。古纳瓦德纳等发现已有的在线学习内容分析法并没有关于在线协作知识建构的分析框架或分析指标，研究者更多地关注在线学习的技术特征、用户特征、技术选择特征及其相互作用、群体交互的基本结构、学习过程以及深度学习。这些分析指标面临的最大挑战在于难以适应在线协作知识建构的过程分析，尤其是争论性在线

---

[1] Newman D，Webb B，Cochrane C. A content analysis method to measure critical thinking in face-to-face and computer supported group learning. Interpersonal Computing & Technology，1995（2）：56-77.

[2] Bullen M. A case study of participation and critical thinking in a university-evel course delivered bycomputer conferencing. Vancouver：University of British Columbia，1997.

[3] Greenlaw S A，Deloach S B. Teaching critical thinking with electronic discussion. The Journal of Economic Education，2003，34（1）：36-52.

[4] Ke F F，Xie K. Toward deep learning for adult students in online courses. The Internet and Higher Education，2009，12（3/4）：136-145.

[5] Xie K，Ke F F. The role of students' motivation in peer-moderated asynchronous online discussions. British Journal of Educational Technology，2011，42（6）：916-930.

会话分析。针对这一问题，古纳瓦德纳等基于扎根理论方法构建了著名的"知识建构交互分析模型"，它包括五个层次：信息的分享和比较、矛盾与认识的探索和发现、意义协商与知识建构、假设或建构的检验与修改、共识的形成与新建构意义的应用。[①]该模型主要有三个贡献：第一，模型适用于在线协作知识建构和以学习者为中心的在线学习内容分析；第二，模型涵盖协作对话中知识建构的基本过程与阶段；第三，交互被定义为进行在线知识建构的一种工具，实现了协作交互与知识建构的统一。

赫尔等将教学指导、结构测验纳入评价的指标体系，旨在分析交互过程中的参与话语，描述讨论的水平程度和基本结构。[②]亚普等对知识建构过程的内容分析走向过程可视化的视角，通过信息地图的形式描绘群组沟通过程中知识建构与迷思概念的动态发展过程。[③]怀斯为了探究异步讨论的知识建构水平和行为模式，编码主题直接引用古纳瓦德纳的知识建构交互分析模型，同时增添了社会交互维度和任务协调维度。温伯格等提出了针对争论性知识建构过程的多维分析框架，包含四个维度：认知维度、参与维度、争论维度和共建的社会模式维度。他们对知识建构的评价比古纳瓦德纳的知识建构交互模型更能揭示知识建构的深层细节，其指标能够描述参与者运用新旧知识进行逻辑推理的能力。[④]共建的社会模式维度旨在揭示在线学习者多大程度参考学习同伴的贡献，主要包括引导、外化、面向整合的共识建构、快速共识建构以及面向冲突的共识建构。

（4）面向学习结果的内容分析

加里森等构建的探究社区模型及其内容分析指标体系关注在线学习者的学

①　Gunawardena C N，Lowe C A，Anderson T. Analysis of a global online debate and the development of an interaction analysis model for examining social construction of knowledge in computer conferencing. Journal of Educational Computing Research，1997，17（4）：397-431.

②　Hull D M，Saxon T F. Negotiation of meaning and co-construction of knowledge：An experimental analysis of asynchronous online instruction. Computers & Education，2009，52（3）：624-639.

③　Yap K C，Chia K P. Knowledge construction and misconstruction：A case study approach in asynchronous discussion using Knowledge Construction-Message Map（KCMM）and Knowledge Construction-Message Graph（KCMG）. Computers & Education，2010，55（4）：1589-1613.

④　Weinberger A，Fischer F. A framework to analyze argumentative knowledge construction in computer-supported collaborative learning. Computers & Education，2006，41（1）：71-95.

习结果，引发了其他研究者的持续引用和发展，形成了以关注学习结果为导向的在线学习内容分析范式。

计算机会话的教育价值及其对学习过程和学习结果的影响之间并未形成有效的连接桥梁，鲜有研究关注"计算机会话交流"对学习过程和学习结果的影响。加里森及其团队构建的探究社区模型及其内容分析指标体系实现了对在线学习者学习结果的关注，社会存在、认知存在和教学存在所构建的探究性社区模型不仅呈现了三个关键因素的具体内容，而且表征了三因素之间的交互关系，即学习通过三个因素的相互作用发生在学习社区。认知存在体现了参与者能够通过持续的沟通进行意义建构，是在线学习社区中最基本的构成要素，与学习结果存在紧密关系，然而认知存在的强度并不能确保对高级思维能力的促进。社会存在与认知存在的质量呈正相关，是探究性社区实现教学价值的直接贡献因子，其通过促进批判性思维的会话发展以实现对认知存在的支持。教学存在是该模型的显著特征，教学过程的有效进行以及教育目标的实现得益于教学存在对社会存在以及认知存在的支持与提高，教学存在与社会存在和认知存在之间具有因果关系，社会存在与认知存在具有因果关系，教学存在是对纯粹以学生为中心的在线学习范式的有力批判。就认知存在内容分析维度而言，认知存在不仅需要交互，而且在线学习的组织与引领对深度学习和有意义学习方法至关重要。异步在线讨论协议和群组探索活动能够实现共享理解的转变，以支持认知存在，教学理解、社会存在、教育政策以及教员对认知存在具有重要的作用和价值。加里森及其研究团队成员分别讨论了教学存在和社会存在环境中认知存在创建、如何拓展认知存在的丰富性以支持高效学习等问题。其中，阿基约尔对探究社区中的元认知进行了评价并提出了元认知的内容分析指标证据，加里森则开发了评价元认知的调查问卷，根据自我和共同管理的方法思考元认知。[①]对异步在线学习结果的关切是探究社区模型的焦点，王平安认为该模型对在线学习社区中评价存在的忽视会对在线学习结果产生消极影响。将评价存在作为一个新的因素，关注评价存在对教学存在、认知存在和社会存

---

① Garrison D R，Akyol Z. Toward the development of a metacognition construct for communities of inquiry. The Internet and Higher Education，2013，24：66-71.

在的影响和促进作用，旨在促进教育目标的实现，形成对其他相关因素的有力支持。①

（三）学习者的学习行为分析

随着大规模在线学习行为的发生与发展，大量的学习行为数据被收集和储存，如何对这些数据进行分析和挖掘成为亟待解决的问题。目前，关于在线学习行为数据的相关研究大致可分为以下三种类型：①从学习投入的角度进行分析。如张思等以教师网络学习空间为例，提出了网络学习空间中的学习者投入模型以及相应的度量指标②；胡敏提出了网络学习中的学习者参与度模型，将学习者的参与度分为行为参与度、认知参与度、情感参与度三个方面③。②从学习交互的角度进行分析。如沈欣忆等做了慕课中学习者参与度对学习效果的影响的研究④；朱珂提出了网络学习空间中的学习者交互模型，研究了交互性和沉浸感对学习者持续使用意愿的影响等⑤。③从学习者行为模式的角度进行分析。如有学者通过数据挖掘技术挖掘学习者行为和活动模式，并进行成绩预测⑥；也有学者通过分析泛在学习档案中的学习行为模式，为合作学习中的小组分组提供参考⑦；还有学者对慕课中的学习者行为进行聚类分析，并将其分为十种典型的学习行为模式⑧。

吴林静等通过网络学习系统的日志文件和系统提供的相关统计信息，采集

① Wang P A. Assessment of asynchronous online discussions for a constructive online learning community. International Journal of Information and Education Technology，2015（8）：598-604.

② 张思，刘清堂，雷诗捷，等. 网络学习空间中学习者学习投入的研究——网络学习行为的大数据分析. 中国电化教育，2017（4）：24-30，40.

③ 转引自胡敏. 在线学习中学生参与度模型及应用研究. 华中师范大学博士学位论文，2015.

④ 沈欣忆，李爽，丹尼尔·希基，等. 如何提升MOOCs的学生参与度与学习效果——来自BOOC的经验. 开放教育研究，2014（3）：63-70.

⑤ 朱珂. 网络学习空间中学习者交互分析模型及应用研究. 电化教育研究，2017（5）：43-48.

⑥ Hung J，Zhang K. Revealing online learning behaviors and activity patterns and making predictions with data mining techniques in online teaching. MERLOT Journal of Online Learning and Teaching，2008（4）：426-436.

⑦ Wu T T，Huang Y M. A systematic approach for learner group composition utilizing U-learning portfolio. Educational Technology & Society，2011，14（3）：210-214.

⑧ Ferguson R，Clow D. Examining engagement：Analysing learner subpopulations in massive open online courses（MOOCs）//ACM，Proceedings of the Fifth International Conference on Learning Analytics and Knowledge. March 16-20，2015，Poughkeepsie，New York. New York：ACM：51-58.

到了如两次作业的提交时间、作业的完成质量（成绩）、课程学习期间登录系统的次数、在线时长、浏览学习资源的个数、上传学习资源的个数、浏览讨论区主题的个数、浏览帖子的个数、发表主题帖的个数、回复个数等在线学习行为数据。[①]吴林静等通过相关分析、聚类分析等揭示了行为数据之间的关联性，对学习者的在线学习行为模式进行了挖掘，归纳出不同类别学习者在学习行为上的差异和特点以及可以采取的教学策略。

武法提等在构建数字化学习环境下个性化行为分析模型的基础上，阐释了分析不同的行为数据所指示的学习结果。[②]例如可通过分析学生观看视频材料的时长、学习次数和通过目标数、问题提问数、回答与回复数、作业与考试得分、作品得分、任务完成度、内容准确率等行为数据判断学生达到的学习目标及层级。同时，分析学习者的课件点播学习、讨论交流、资源下载、在线阅读、作业与考试等行为数据可对学习者在各类活动的参与情况做出判断。

（四）分析证据的主要方法

1. 内容分析法

内容分析法是一种对研究对象的内容进行深入分析、透过现象看本质的科学方法。美国传播学家伯纳德·贝雷尔森把它定义为一种客观、系统、定量地描述交流明显内容的研究方法。当前，内容分析法已经被广泛运用于新闻传播、图书情报、政治军事、社会学、心理学等领域中，并取得了显著成效。随着信息时代的到来，内容分析法在计算机、网络技术研究中也成为一个新的热点。

（1）内容分析法的分类

早在 20 世纪初，有人就采用半定量的方法对文献的内容进行分析和解释。这些研究主要通过统计报纸上某方面内容的新闻报道篇数来考察报道的重点以及社会舆论状况，并对艺术、音乐、文学和哲学等方面文献的主题内容进行分析，以期发现社会和文化变化的历史趋势。这种研究方式的出现和应用是

---

① 吴林静，劳传媛，刘清堂，等. 网络学习空间中的在线学习行为分析模型及应用研究. 现代教育技术，2018（6）：46-53.

② 武法提，牟智佳. 基于学习者个性行为分析的学习结果预测框架设计研究. 中国电化教育，2016（1）：41-48.

内容分析法的雏形，因其操作性强、适用面广的特点而得以不断发展。作为一种研究社会现实的科学方法，内容分析法经过不断的理论探讨和实践应用逐步趋于成熟与完善。在实际应用中，内容分析法主要有以下几种方式。

1）解读式内容分析法。它源于 20 世纪 70 年代的人类学研究，试图通过精读、理解并解释文本内容来传达作者的意图。"解读"的含义不只停留在对事实进行简单解说的层面上，而是从整体和更高的层次上把握文本内容的复杂背景和思想结构，从而发掘文本内容的真正意义。这种高层次的理解不是直线形结构，而具有循环结构，即单项内容只有在整体背景环境下才能被理解，而对整体内容的理解反过来是对各个单项内容理解的综合结果。这种方法强调真实、客观、全面地反映文本内容的本来意义，具有一定的深度，适用于以描述事实为目的的个案研究。但因其解读过程中存在不可避免的主观性和研究对象的单一性，其分析结果往往被认为是随机的、难以证实的，因而缺乏普遍性。

2）实验式内容分析法。实验式内容分析主要指定量内容分析和定性内容分析。20 世纪 20 年代末，新闻界首次运用了定量内容分析法，将文本内容划分为特定类目，计算每类内容元素出现频率，描述明显的内容特征。该方法具有三个基本要素，即客观、系统、定量。用来作为计数单元的文本内容可以是单词、标记、主题、句子、段落或其他语法单元，也可以是一个笼统的"项目"或"时空"的概念。这些计数单元在文本中客观存在，其出现频率也是明显可查的，但这并不能保证分析结果的有效性和可靠性，因而限制了该方法的应用价值。定性内容分析法主要是对文本中各概念要素之间的联系及组织结构进行描述和推理性分析。举例来说，有一种常用于课本分析的"完形填空式"方法，即将同样的文本提供给不同的被试，或将不同的文本提供给同一个被试，文本中被删掉了某些词，由被试进行完形填空。通过这种方法来衡量文本的可读性和读者的理解情况，由于考虑到了各种可能性，其分析结果可以提供一些关于读者"理解层次"和"译码能力"的有用信息。与定量方法直观的数据化不同，定性方法强调通过全面深刻的理解和严密的逻辑推理来传达文本内容。

3）计算机辅助内容分析法。计算机技术的应用极大地推动了内容分析法的发展。无论是在定性内容分析法中出现的半自动内容分析，还是在定量内容分析法中出现的计算机辅助内容分析，都只存在术语名称上的差别。实质上，正是计算机技术将各种方法有效地结合起来，使内容分析法得到迅速推广和飞跃发展。计算机作为一种数据管理工具，在数据的搜集、存储、编辑、整序等过程中具有手工方法不可比拟的速度优势。互联网上也出现了众多内容分析法的专门研究网站，还提供了不少可免费下载的内容分析软件。

（2）内容分析法的应用

当前，内容分析法已成为研究者进行科学研究的常用方法。西北师范大学杨改学团队为更好地了解非正式学习的研究现状，通过内容分析法，分析了从1997—2010年发表的非正式学习文献。[①]吉林大学曲大为等以内容分析法为主要研究方法，梳理了五年来移动学习在国内的发展轨迹。[②]哈尔滨师范大学朱建峰等采用内容分析法对国内相关学术论文进行分析，揭示了国内学习结果评价研究的特征。[③]深圳大学高长俊等采用内容分析法，对发表在核心期刊上有关虚拟学习社区的文章及研究虚拟学习社区的硕博论文进行了统计分析，指出了我国虚拟学习社区研究的现状及存在问题，最后给出了建议。[④]南京信息工程大学胡茶娟等使用内容分析法对国内十年发表在CSSCI期刊上的国内移动英语学习的论文进行了分析，梳理了国内移动英语学习领域的研究现状。[⑤]

内容分析法除了在文献综述研究中有广泛应用外，在对学习者学习效果评价的研究中也是一种常用的研究方法。国内外学者经常采用内容分析法对论坛帖子进行分析，并形成了许多内容分析框架。其中最有影响力的分析框架包括亨利的认知框架[⑥]、纽曼等的批判性思维能力内容分析框架、加里森等提出的

---

① 王妍莉，杨改学，王娟，等. 基于内容分析法的非正式学习国内研究综述. 远程教育杂志，2011（4）：71-76.

② 曲大为，高嵩，张晓君，等. 基于内容分析法的移动学习研究综述. 成人教育，2019（4）：21-26.

③ 朱建峰，申晨，孙芳. 我国学生学习结果评价研究分析. 黑龙江高教研究，2017（9）：52-55.

④ 高长俊，胡世清. 我国虚拟学习社区研究现状及趋势分析. 远程教育杂志，2011（4）：65-70.

⑤ 胡茶娟，沈春蕾. 国内移动英语学习研究的现状分析与思考——基于国内十年（2004—2014年）研究的分析. 中国远程教育，2015（10）：15-20，79.

⑥ Henri F. Computer Conferencing and Content Analysis//Collaborative Learning Through Computer Conferencing. Berlin，Heidelberg：Springer，1992：117-136.

实践探究模型[①]、韦伯的异步讨论区认知水平的内容分析模型[②]，以及冯晓英等采用内容分析法和社会网络分析法等对 Moodle 平台中 551 个学习者的行为数据及 2400 多条讨论帖进行了相关分析，并构建了在线认知水平评价的学习分析模型[③]。北京师范大学黄荣怀团队采用内容分析法，把异步讨论区的言论记录作为研究对象，对其进行恰当的编码，设计了一套旨在分析在线课程教学讨论区的交互文本编码体系，对了解学生在协作学习过程中的认知加工水平、社会交往水平等具有重要指导意义。[④]华中师范大学张思等采用内容分析法对学生在 QQ 和 UMU 互动学习平台中的回话内容进行编码，构建了面向在线学习协同知识建构的认知投入分析模型，探究了学生在协同知识建构中的认知投入情况。[⑤]

2. 情感分析法

情感分析法又称倾向性分析法和意见挖掘法，简单而言，就是对带有情感色彩的主观性文本进行分析、处理、归纳和推理的过程。主观性文本主要是指文本发布者对事物、人物、事件等的个人（或群体、组织等）想法或看法。情感分析法还可以细分为情感极性（倾向）分析法、情感程度分析法、情感主客观分析法等。

情感极性分析法的目的是以褒义、贬义、中性的方式来判断文本。在大多数应用场景下，只有正面的赞赏和肯定、负面的批评与否定两个类别，也有一些学者在正面和负面之间加入了中性。[⑥]该分析方法在教育中可以用来分析学生在社会性活动中的情感投入证据，比如分析学生的交互内容文本，可以确定学生在某个主体讨论中积极、消极和中立立场的比重，以及是否存在立场倾

① Garrison D R, Anderson T, Archer W. Critical thinking, cognitive presence, and computer conferencing in distance education. American Journal of Distance Education，2001，15（1）：7-23.

② Webber B L. Structure and ostension in the interpretation of discourse deixis. Language and Cognitive Processes，1997，6（2）：107-135.

③ 冯晓英，郑勤华，陈鹏宇. 学习分析视角下在线认知水平的评价模型研究. 远程教育杂志，2016（6）：39-45.

④ 李艳燕，廖剑，王晶，等. 协作学习交互分析工具及其案例研究. 开放教育研究，2007（4）：94-99.

⑤ 张思，何晶铭，上超望，等. 面向在线学习协同知识建构的认知投入分析模型及应用. 远程教育杂志，2020（4）：95-104.

⑥ 杨立公，朱俭，汤世平. 文本情感分析综述. 计算机应用，2013（6）：1574-1578，1607.

向。当前，该方法主要借助情感词典或语料库方法来实现，可以直接使用的工具有腾讯文智、图悦、大数据搜索与挖掘等在线平台。

情感程度分析法主要是对同一情感极性中再进行划分或细分，以描述该极性的强度。该方法常被用于学生评论意见的挖掘，比如学生对课程内容、课程形式、作业、同伴评价的意见等。当前，该方法主要通过相关的情感空间或情感分类模型来实现，如罗素的情绪"环状空间模型"、普拉切克的"倒锥形空间模型"、埃克曼和陈建美的情感分类模型等。

情感主客观分析法的主要目的是确定文本的哪些部分是没有情感色彩的客观描述，哪些是具有情感色彩的主观描述。

3. 日志分析法

日志分析法是学生学习投入测评常用的方法之一，日志分析法中的日志主要包括服务器日志、代理日志、查询日志、浏览日志、用户会话或事务、Cookies 等，其主要功能是记录系统和用户之间的交互活动，为优化系统的性能和提高系统的安全提供管理手段。[1]该方法主要针对学习平台采集到的学生学习日志进行分析，包括学生的登录次数、在线时长、答题正确率等指标，以客观评价学生的学习投入，通过日志挖掘和分析还可以掌握学生的兴趣爱好和行为模式。比如，有学者通过分析学习管理系统日志文件来评价学生的学习投入，包括在线作业、同伴交互、学习活动等指标。日志分析的优势在于可以自动获取学生的学习行为数据，通过平台以客观可视化的形式表征学生的学习状态。[2]

（五）证据分析的常用工具

1. 学习网络分析工具

（1）SNAPP

SNAPP 是由澳大利亚伍伦贡大学的道森（Shane Dawson）和洛科（Lori

---

① 黄晓斌，邱明辉. 日志分析法在数字图书馆可用性评价中的应用. 情报理论与实践，2011（3）：62-65，81.

② 李新，李艳燕，包昊罡，等. 学习投入测评新发展：从单维分析到多模态融合. 电化教育研究，2021（10）：100-107.

Lockyer）教授等领衔开发的一种开源并且基于 Java 的社会网络适应教学实践工具。[①]作为一个可视化的在线处理社会网络工具，它可在在线讨论环境中为教师展示学生的实时交互情况和社会关系，帮助教师识别学生行为模式。SNAPP 可以帮助教师快速识别交互过程中的边缘者和信息关键人，显示一个学习社区在群体中的发展程度；可实现对数据的实时分析，帮助教师及时实施教育干预措施，并可通过对后续交互情况的分析使教师了解干预效果。

　　SNAPP 支持多种主流 LMS 和浏览器，支持 Blackboard、WebCT 和 Moodle 等学习管理系统，使用方便。SNAPP 是一种基于 Java 的开源浏览器插件，使用者可先访问官网，把链接添加到浏览器收藏夹中，在登录平台后，点击链接即可使用，并可获得可视化的交互图示。SNAPP 可实现实时数据分析，与学习管理系统无缝对接，能自动化地提取学习者在在线学习中产生的数据，并生成实时交互的视觉图。在网络学习平台中，当有成员访问论坛并发帖时，执行 SNAPP 程序，网络结构图就会发生新的变化，实现数据的实时分析。SNAPP 集成了 NetDraw 软件的核心功能并提供各种布局算法，包括：能分析基于帖子数据的节点数，统计每个节点的总帖子数、度、入度、出度、中介中心性等，提供可见、非可见参与者的姓名，放大或缩小图像。SNAPP 可实现在线社会网络数据可视化，可以从论坛数据中提取 VNA 和 GraphML 原始数据，并使用专业的社会网络分析软件做进一步分析。

　　当前，SNAPP 分析工具在国内被越来越多的学者应用到研究中。赵艳等在 Moodle 平台的教师在线学习社区中应用 SNAPP 为主讲教师提供学习社区的实时可视化表征，通过对可视化社群图的分析诊断，使主讲教师快速掌握一线中小学教师的交流互动情况，并帮助主讲教师及时了解学习社区的结构特点、了解学员参与情况、调整教学活动并实施科学适切的干预。[②]王丽通过使用 SNAPP 对 Moodle 平台上学习者的论坛讨论帖进行了分析，研究了学生社会性交互行为，形成了学习者交互整体情况社群图，并通过社群图相关指标解读，归纳了学生网络个体行为特征等相关结论。[①]

（2）Gephi

Gephi 定位于复杂网络分析，主要用于分析各种网络和复杂系统，可分析多达 5 万个节点、100 万条边际的复杂网络。它提供 10 余种布局算法，可实现实时动态分析、时段动态分析、无标度网络分析、分层图示等交互可视化与数据探测。它还可用作探索性数据分析、链接分析、社交网络分析、生物网络分析、新媒体分析等，具有较强的多媒体展示功能，提供 API 接口，便于功能扩展。

（3）UCINET

UCINET 是目前被使用最多的网络分析软件，最大可处理 32 767 个节点的网络数据，适用于子群分析、中心性分析、个体网络分析和角色分析等，还包含许多基于过程的分析，如聚类分析、多维标度、二模标度（奇异值分解、因子分析和对应分析）、角色和地位分析（结构、角色和正则对等性）和拟合中心－边缘模型以及中位数、标准偏差、回归分析、方差分析、自相关、QAP 矩阵相关、回归分析、t 检验。此外，该工具有强大的矩阵分析程序，如矩阵代数和多元统计等，可将复杂的整体网络进一步细化表征，通过多重指标，如派系分析、块模型分析等探究社会网络的子结构，以揭示复杂的社会关系网络。利用 UNICET 的中心度分析功能还可定位学习者的网络位置和角色。

戴心来等借助 SNAPP 和 UCINET 分析工具，以学习者在 Moodle 平台论坛开展交互讨论的帖子为研究数据，深入探究了社区交互所形成的社会网络结构以及不同学习者的交互内容层次。[②]赵艳等在基于 Moodle 平台的中小学教师在线学习社区中，从学习分析的视角运用 SNAPP 获取在线学习社区的数据进行实时社会网络分析，旨在帮助教师在线学习的辅导者、管理者更好地了解在线学习社区的结构特点以及参与者的情况。[③]徐刘杰等以某主题帖为数据源，

[①] 王丽. 学习者在远程学习中的角色行为研究——以"英特尔未来教育"网络核心课程为例. 上海师范大学硕士学位论文，2010.

[②] 戴心来，刘聪聪. 基于学习分析的虚拟学习社区深度交互研究. 现代远距离教育，2019（5）：51-58.

[③] 赵艳，赵蔚，姜强，等. 学习分析视域下教师在线学习社区实时社会网络分析研究——以《英语教学理论与实践》课程为例. 现代远距离教育，2016（1）：37-43.

借助 Gephi 工具分析了用户的社会网络的属性与特点，结合 UCINET 对用户的发言内容进行了内容分析，揭示了用户在网络学习环境中的知识建构的过程。[1]张玥等使用 UCINET 分析了博客中学术交流者的互动数据，揭示了该社交网络结构中的若干规律以及学术者之间的群体关系。[2]徐宝达等使用 Gephi 软件运用社会网络分析法，分别基于微信公众号–普通用户数据资源表、公众号–公众号数据资源表样本数据，从社会网络分析的点度中心度、中间中心度及接近中心度三个中心性指标对微信公众号信息传播网络结构进行分析。[3]王晰巍等使用 Gephi 工具，以新浪微博某话题数据为样本，从中心性、聚类等社会网络指标出发，对新媒体环境下社会公益舆情网络结构特征和信息传播展开研究。[4]何跃等以微博平台作为数据来源，针对"雾霾"话题的评论信息使用 Gephi 平台进行了网络分析，通过画出整个雾霾舆情信息的情感传播网络图找到了雾霾舆情信息传播特点及用户之间的情感影响。[5]

2. 学习内容分析工具

（1）Wmatrix

Wmatrix 是一款在线文本分析工具，可对文本内容进行定量研究。它通过浏览器上传分析文本、语料库，对文本进行自动标注，统计词频并按字母或频数排序，通过查看相应单词的频率，了解单词出现次数是否异常，从而对文本进行语义分析、频次分析，形成频数云。它还可以比较不同目标文本中分类词汇的频次差异，最终形成文字云显示统计结果。字体越大，表示单词出现的频次越高，不常用的单词则以斜体字的方式呈现。

（2）Wordle

Wordle 是一款在线文字云制作工具。该工具自动统计源文本中词汇出现频

① 徐刘杰，陈世灯. 学习者知识建构的社会认知网络. 开放教育研究，2017（5）：102-112.

② 张玥，朱庆华. Web 2.0 环境下学术交流的社会网络分析——以博客为例. 情报理论与实践，2009（8）：28-32.

③ 徐宝达，赵树宽，张健. 基于社会网络分析的微信公众号信息传播研究. 情报杂志，2017（1）：120-126.

④ 王晰巍，张柳，李师萌，等. 新媒体环境下社会公益网络舆情传播研究——以新浪微博"画出生命线"话题为例. 数据分析与知识发现，2017（6）：93-101.

⑤ 何跃，朱婷婷. 基于微博情感分析和社会网络分析的雾霾舆情研究. 情报科学，2018（7）：91-97.

次，并将频次统计结果可视化。文本出现的次数越多，该文字字体越大，且用户可调整字体、布局和配色方案。此外，用户不仅可以输入文本内容，还可以输入网页链接，由 Wordle 自动连接到相应的链接上，捕获文本内容。Wordle 网站高级应用也可实现对源文本中词汇、短语的统计，用户可将生成的"文字云"以 pdf 或 svg 的格式保存下来，也可以截屏将文字云保存。

（3）Nvivo

Nvivo 是一款质性分析工具，可方便地收集、整理和分析访谈、小组讨论、问卷调查、音频、视频等内容，还可协助处理社交媒体和网页内容，分析无特定结构或半结构化数据，如会话访谈音频、课堂视频、问卷调查、课堂观察、论坛互动等。它支持团队协作编辑分析项目，不仅可以导入多种类型数据，还可以导入 EverNote 或 OneNote 笔记作为源数据，能快速对各种源数据创建节点并编码分析，对编码内容添加备忘、链接等。对分析结果的处理，Nvivo 能建立可视模型、图表，并将结果网络视图化，也能将结果导入 Excel、SPSS 等软件进行统计分析，支持团队协作，多用户同时处理同一项目等。

当前学习内容分析工具在教育领域得到了广泛的应用，而 Nvivo 工具则受到了国内研究者们的青睐。为深入了解高校学生的慕课体验，浙江大学教育学院李艳教授团队采用质性研究方法，利用质性分析软件 Nvivo8 对收集到的 231 条学生在线学习日志进行编码，围绕学习者、教师、课程、技术、环境五个维度进行了内容分析。[1]张刚要等采用 Nvivo 作为分析工具，对采集到的学习者的语音记录进行了分析，揭示了慕课高退学率的原因。[2]陕西师范大学张文兰教授团队以扎根理论为基本原则，利用 Nvivo 质性分析工具对受访谈的大学生的语音记录进行了三级编码，归纳总结出了大学生在碎片化学习中注意力失焦的原因。[3]张娟娟等使用 Nvivo 分析工具对 20 个教学视频中师生互动的语料进

---

① 李艳，张慕华. 高校学生慕课和翻转课堂体验实证研究——基于 231 条在线学习日志分析. 现代远程教育研究，2015（5）：73-84，93.

② 张刚要，李紫衣. 基于质性分析的 MOOCs 高退学率归因研究. 电化教育研究，2018（1）：29-35.

③ 胡姣，张文兰，陈思睿. 大学生碎片化学习中注意力失焦归因研究——基于扎根理论的质性分析. 电化教育研究，2019（12）：36-43.

行了逐句编码，揭示了促进深度学习的语料的共同特点。①

　　一般而言，Nvivo 的分析流程可以分为准备阶段、编码阶段、质性分析阶段、整合四个步骤。①准备阶段。第一步是新增项目，打开 Nvivo 软件，在弹出的视窗中点击新建项目，输入标题和文件说明，在"浏览"中选择文件放置在计算机中的位置，一个新的项目就建立完成。建立好的项目会出现在"我最近的项目"中，使用者只要点选项目名称，就可以开启项目。另外，使用者也可以通过打开项目，指定项目所在的路径来进行开启。文件导入软件中，双击打开之后，在软件中对原始资料进行整理。②编码阶段。研究者要选择适当的节点类型建立节点系统。一般常用到的节点形式是自由节点和树状节点，自由节点是进行试探性的质性分析所建立的节点，树状节点能被分类且具有树状结构，亦即存在有主从关系的节点。除此之外，也可以选择个案节点对其设定属性并针对属性进行分析，关系节点用来说明项目之间的关联性，通过查询中矩阵编码的结果来形容两个概念交集所形成的节点。一旦建立了节点系统，要在此基础上对节点进行编码，可以根据研究者的需求选择查询中的关键字搜寻、字词频率、条件编码、矩阵编码、符合编码或编码比较进行第二层次的编码。③质性分析阶段。树状节点分析可以通过如下步骤完成：先从树状节点中观察了解哪个节点涉及的信息比较多—从节点浏览其相关论述并进行比较—将对该节点的看法加入备忘录中。矩阵节点的分析采用如下步骤：通过交叉分析方式分析个案—通过查询中的矩阵编码将分析后的结果变成节点—通过图表的矩阵功能将矩阵结果以图示的方式显示出来。④整合阶段。分析完之后，须将分析结果与讨论进行整合，此时要通过组合、图表或者关系模型来整合研究结果。点击导览视窗中的组合进行新建，将与组合有关的项目放置其中，可以通过图表或者模型的方式将资料的关联性展示出来。建立图表通过工具列中的图标精灵进行图表功能选择，设置相关参数即可。如要建立模型，需要首先建立单向或双向的关系类型，在节点中运用合适的关系类型建立关系节点，最后在新建的模型中选择这些关系节点得到结果。

---

① 张娟娟，陈旭远，毛清芸，等. 促进深度学习的师生对话特征：基于会话分析理论的探索. 教育科学研究，2021（10）：82-89.

3. 学习能力分析工具

（1）ELLIment

ELLIment 根据"有效终身学习量表"（Effective Life Long Learning Inventory）将学习者的学习能力分为 7 个维度：改变与学习、探究意识、意义构建、创造力、学习关系、战略意识和心理弹性。学生在完成量表问卷后，问卷结果会以蛛网的形式反馈给学生及教师。学生根据蛛网（雷达图）了解自身学习水平，明确自身的学习弱势，增强自主学习意识，提升自我学习能力和诊断能力。教师可根据蛛网掌握全班学生的学习能力，依据学生对自身某一维度或某几个维度的提升意愿，向其提供有针对性的建议和策略，以帮助学生自我调控，提高学习能力。此外，ELLIment 还可记录教师的所有指导意见及学生的反思。

（2）Enquiry Blogger

Enquiry Blogger 是一款博客插件。学生根据教师提供的基于真实情境的学习任务，定期撰写博客、利用标签标记其在探究学习过程中的进度、发布心情状态。该工具可收集学生数据并以蛛网形式展现学生学习能力的 7 个维度水平、以漩涡图展示学生学习任务的进展程度、以折线图展示学生不同时期的心情状态。教师通过查看数据结果及相关博客，及时了解学习进展情况，发现问题及时干预，为学生提供相应指导。

（3）Socrato

Socrato 是在线学习评估平台，提供标准化考试题库与相关学习内容。学生可利用平台模拟各类标准化考试，如学术能力评估测试（Scholastic Assessment Test，SAT）、美国高考（American College Test，ACT）、美国中学入学考试（Secondary School Admission Test，SSAT）等。平台能迅速反馈诊断性评价。Socrato 可为个人或团体快速提供测试成绩及诊断报告，详细指出学生各部分考试中各知识点的掌握情况，明确标出学生的优劣势。教师可利用 Socrato 管理学生测试成绩、家庭作业，并为学生自动订制个性化的学习计划，发送学习指导寄语。此外，平台还可以记录和跟踪学生个体、团体学习轨迹，帮助教师生成形成性评价或总结性评价，通过学习数据洞察学生个体、团体的学习绩效并为学生制定个性化学习策略，促进学生提高考试成绩。

4. 学习行为分析工具

（1）Google Analytics

Google Analytics 是一款通用的网络数据统计分析工具，用于了解学习者访问各学习页面的频率、停留时间、平台内的移动轨迹、用户参与度等。它利用事件跟踪系统，可跟踪所有重要事件，参与流（engagement flow）可直观显示学生学习的全过程，包括他们实际查看的页面以及进行的操作。此外，该工具还可统计分析移动终端数据。

（2）Mixpanel

Mixpanel 也是一款能提供实时网络数据分析服务的通用性工具，可实时监测学生访问行为，记录和分析学生的特征，追踪评论数。教师可选择任一学生，查看其在平台中浏览的页面，学习历史记录，了解其行为特征，预测行为趋势等。课程管理者可根据不同维度的监测数据、漏斗分析等衡量学生在平台的学习体验，如运用"漏斗分析"工具，可查看哪些环节、哪些内容学生的缺失率在上升，进而针对该环节进行课程改进。当学生长时间未访问网站时，它可发送消息提醒。此外，Mixpanel 也可统计分析手机 App 中的数据，还可向手机 App 用户推送"手机问卷"，收集学生的反馈和记录数据。

四、证据的使用

无论是识别证据、获取证据，还是分析证据，最终都是为了使用这些证据，用这些确凿的证据来对学生的学业成就做出合理的价值判断。证据的使用是基于证据的学业评价的最后一个环节，也是至关重要的环节。

（一）证据使用受评价目的的制约

证据的使用受评价目的的制约，有什么样的评价目的，就意味着证据需要发挥什么样的作用，证据在评价方面的价值才能被确定下来。其实，从识别证据开始，每个与证据有关的环节都需要围绕评价目的来进行，都要受评价目的的制约。因为所有证据都是为评价目的服务的，证据的价值、证明力大小直接取决于其对评价目的的贡献大小。尽管识别证据、筛选证据、分析证据都受评价目的的制约，但相对而言，证据使用的过程更为关键，选择哪些证据、重点发掘证据哪些方面的价值以及如何解读、解释这些证据都与评价目的息息相关，如果使用不当，轻者可能使证据的价值无法充发挥，重者则可能导致评价失败。同样的证据，相对于某一评价目的，可能是最重要、最有价值的直接证据，但对于另一种评价需求而言，很可能是价值不大甚至是与评价毫无关联的一堆材料。比如教师需要对学生的学习积极性进行评价，学生的出勤率、提交作业的时间、参与讨论的次数等都是有力的证据；但如若评价的是学生学习的高阶思维能力，显然直接使用上述量化数据无法达成该目的，诸如学生设计制作的作品、学生参与讨论时发帖的内容及内容分析报告等则是评价的核心证据，它们能够体现学生在知识建构过程中的认知加工、思维参与的过程及表现程度。如果评价目的是对学生课程学习进行总体评价（即课程学业评价），则所有与该评价目的相关的学习证据都是有价值的，对课程学业评价都有支持作用，需要收集并使用学生课程学习过程中包括过程性数据、结果性数据等在内的所有有价值的证据，做综合性判定并最终给出评价结论。因此，在围绕证据、使用证据进行价值推理和判断时，要紧紧围绕评价目的进行。

（二）证据使用受评价者评价素养的制约

证据使用还受到评价者评价素养的制约。斯蒂金斯首次提出"评价素养"的概念，所谓评价素养，就是作为一个评价者，要知道什么评价是可靠的、什么评价是不可靠的；知道自己要评什么、为什么评、怎样才能更好地评价；知道评价可能会出现什么错误以及如何防止这些错误；知道不准确评价潜在的消极后果。斯蒂金斯认为，评价的质量与评价者的评价素养密切相关，除非教育工作者成为课堂评估的专家能手，否则正在进行的学校教学改进就不会有成效；如果一个教师没有明确的学业成就的意义框架，没有能力有效地评估学生的学业成就，就不可能帮助学生实现更高水平的学业成就。他还建议应为教师颁布一套完整的学业评价能力标准，以促进教师评价者评价素养的提升。[①]教师的评价素养直接影响和制约了学业评价证据的使用，任何一种评价证据的选择、证据价值的挖掘、证据内容的阐释都需要依靠教师的评价知识、评价技能以及评价智慧来完成，无论是量化的证据还是质性的证据，都需要教师依据评价目的做出合理的判断和明智的决策。再优质的证据，如果不被充分利用，或者未能被放在合适的评价地位上，也无法充分发挥其评价价值，也就无法成就一个高质量的评价结果。

教师如何才能使用好评价证据？笔者认为，第一，教师应具备实施学业评价的基本素养。教师应掌握一定的学业评价知识和评价技能，掌握一些常用的学业评价技术工具，虽不能做到样样精通，但至少要掌握一些基本的评价工具和评价技能，熟悉实施评价的一般过程，并逐渐积累评价经验。第二，明确评价的目标。教师要理解评价目标，并知道如何才能达成该评价目标；知道哪些证据是最重要的，并知道如何获取这些证据。第三，制定学业评价标准。学业评价标准是学业评价目标的具体化，同时又是证据使用的直接"雇主"，学业评价标准在评价目标与评价证据之间建立起联系，为证据使用指明了方向，提出了明确需求，教师据此就可以确定使用什么样的证据以及怎样使用证据。第四，充分阐释证据的价值和意义。由于学习过程、学习结果的复杂性，大部分的学业评价证据是质性的、结构不良的证据，其评价价值具有内隐性，很大程度上需要依赖评价者的理论分析和逻辑推理来挖掘。这些证据具有怎样的评价意义、与评价目标存在怎样的关联、能在多大程度上预测或判断学生的学业成就等都需要评价者进行解释和阐释。能否很好地挖掘和阐释这些证据的内隐价值，评价者的评价素养起到了关键性作用。

（三）学业评价的最终成果及其应用

有评价活动，就有评价结果的产生，使用学业证据最终的结果也就是给出学业评价的结论。高校课程学业评价的结果一般包含学业成绩和学业质量报告两部分。学业评价结果可以用多种形式来表示，可以是学业成绩分数，也可以

---

① Stiggins R J. Assessment literacy for the 21st century. Phi Delta Kappan，1995，77（3）：238-245.

使用如 A、B、C、D 或优、良、中、差不同的等级来表示不同学生的学业质量水平，同时也可以是数字、等级（量化结果）和学业质量分析报告（质性结果）相结合的形式。学业评价并不仅仅是为了给学生打出一个成绩分数，抑或给出具有一定差异性的水平等级，其最终目的应是促进学生发展和教学改革。在学校教育教学中，使用学业评价结果的主体是学生、教师和学校。

1. 鉴定学生学业成就，促进学生学习与发展

学生是学业评价结果最直接的使用主体。首先，学生的课程学业成绩是学生学习该门课程的凭证，意味着学生是否按照课程要求完成该课程的学习、学习的结果达到了怎样的水平或程度。对学生学业表现进行成绩或等级鉴定体现了学业评价的基本功能：甄别和鉴定的功能。但评价不是给学生贴标签，对学生学习的优劣做出鉴定，而是要促进学生全面而有个性地发展。将学业评价结果反馈给学生，让学生知道自己学习的真实状况并有针对性地为学生发展做出指导或给出建议，才是现代学业评价的应有之举。学业评价报告在这些方面可以发挥得天独厚的优势。评价报告的内容不仅呈现了学生学习过程中的各类证据，还可以呈现证据的分析结果以及对分析结果的解释，并且还可以通过雷达图、树状图、饼状图等可视化手段更清晰、便捷地呈现。学生通过学业评价报告，首先是可以对自己的学业成绩做出客观认识，对其公正性进行判断或质疑；还可以了解自己的学习行为投入、学习认知投入、学习情感投入和学习产出的具体表现。通过与全班同学对比，学生可以明确自己各方面的相对水平，认识到自己的优势与不足。它有利于学生反思学习，从而激励学生自我调整，促进学习。通过对比自己各方面的表现情况，学生能够对自己形成正确的认识，了解自己的优势和劣势，进而确定未来努力和发展的方向。

2. 帮助教师反思教学，改进教学

教师不仅是学业评价的设计者、实施者，而且是学生学业评价结果的直接使用主体。学生的学业评价结果对教师来说同样具有重要的价值和意义，它是一种重要的教学反馈信息，可以帮助教师了解自己的教学效果，对教学进行反思，并依据这些反馈信息对教学做出调整，以便实施更有针对性、更有效的教

学。借助教学反馈，教师一方面可以确定学生的学习结果是否达到了自己的教学预期；另一方面，可以反思、检验自己的教学设计是否有效，还存在怎样的问题，还需要在哪些方面做出怎样的调整等。

3. 为学校对教师教学以及课程评估提供依据

学业质量是学校的生命线，学业质量评估是学校实施课程管理、保证课程教学质量的基本途径。课程学业评价报告不仅可以为学校管理部门提供有关课程学业质量的详细数据，还可以为学校管理课程、考核教师教学效果提供有力的证据。例如，学校可以使用这些证据对教师的教学进行综合评价、对课程质量进行评估，这些证据可以作为优质课程推荐的依据。同时，学校还可以向家长、教育行政部门、社会公众等利益相关者展示学生的发展情况，增强高等教育教学质量的透明性，回应公众对高校教学质量的关切。

第五章

高校课程学业评价实施现状及未来发展建议

　　学业评价不仅是课程教学的重要组成部分，而且是学校实现人才培养目标的重要保障，还是教师贯彻落实育人目标、保证人才培养质量的重要载体和手段。学业评价，从微观论，关乎学生课程学习的公正评价；从宏观论，则关乎培养什么人的问题。前四章主要是从学理的视角对什么是基于证据的学业评价、为何要实施基于证据的学业评价、如何实施基于证据的学业评价等进行了阐释，并具体探讨了高校课程学业评价的操作模式，给出了具体操作指南。高校学业评价现状怎样、如何使基于证据的课程学业评价真正在高校中发挥作用则是当前必须要面对和讨论的问题。本章主要针对我国高校学业评价现状进行分析，并对我国高校课程学业评价的未来发展提出构想。

第一节　高校课程学业评价实施现状

学业评价一直以来都是高等教育的薄弱环节，无论是从教育研究的角度还是从教育实践的角度，高校的学业评价一直是高等教育的软肋。随着高校混合学习模式的常态化，学生学习活动更加多样和多元，学生学习的评价更加复杂，学业评价面临的问题更加突出。近年来，虽然高校对学业评价有一定程度的重视，学业评价方式呈现多元化发展，过程性评价在学业评价中也有一定占比，但我国目前的高校学业评价并未能从根本上发生变化：高校实际学业评价体系中，仍然是以专业知识为主要评价内容、以考试为主要评价手段的学业成绩鉴定体系[①]；尽管近年来对过程性评价有所重视，但由于过程性评价比较复杂，需要教师投入大量精力，对教师评价素养和评价能力的要求较高，所以在实际评价中部分教师主要以出勤、平时作业等作为过程性评价的内容计入评价结构体系，占比为10%—20%。[②]这种评价不仅过程性评价占比小、区分度低，过程性评价特征不明显，而且欠缺科学性和有效性，缺乏基于依据和证据的规范化评价。随着高校教育信息化的转段升级，智慧教室、未来教室、人工智能等为高校教育教学提供了智慧化、高交互的数字化教育环境，网络学习平台、学习管理系统、自动化跟踪系统等为记录、存储、分析学习数据提供了便利条件和技术保障，大量学习行为数据变得极易获得，甚至有些软件还自带分析功能，能以普通数据形式甚至可视化方式提供数据分析的结果，并给出诊断和建议。但可惜的是，在一些高校中，这些数据被忽视、闲置，未能恰当地应用到学生学业评价之中：一方面是学业评价的简单化、经验化，另一方面又是

---

① 沈晓丽. 我国普通高校学生评价实践研究：以 E 大学为个案. 华东师范大学硕士学位论文，2008.

② 刘妍妍，王宪青，杨楠. 高校平时成绩评价现状及在积分式考核方法中的实施. 当代教育实践与教学研究，2015（3）：84-85.

大量宝贵的学习数据被浪费，这无疑是高校学业评价的一大损失。

为了系统、详细地了解我国高校目前实施学业评价特别是过程性评价的现状，诊断高校课程学业评价中存在的问题，为突破高校学业评价瓶颈寻找突破口，笔者的课题组实施了调查研究。在河南、山东、湖北、云南等省共选取 10 所本科院校（含独立学院）约 120 位高校教师进行问卷调查，问卷采用利克特五点计分法，每个题项最低分是 1，最高分是 5，理论上中等强度观测值是 3 分。为了弥补问卷调查的不足，采用访谈法作为补充，在进行问卷调查的基础上设计了教学管理者、一线教师的访谈提纲，并对他们进行了线下或线上的结构化访谈。访谈对象包括 25 位高校任课教师和 10 位教学管理人员。

一、我国高校课程学业评价已有成效

近年来，我国高校课程学业评价在课程评价改革大环境影响特别是近年来教育部狠抓高校教学质量并出台了一系列改革措施的引导下，较之以前发生了较大变化，并获得一定的成效。

（一）课程学业评价目标向能力和素养转型

我国几乎所有高校在课程学业评价中都不同程度地实施了过程性评价，坚持过程性评价与终结性评价相结合的综合评价模式。学校管理者和教师逐步认识到传统课程学业评价的弊端，开始从考查学生对课程知识点的再认和记忆转向考查学生的学习表现、问题解决能力及实践能力；由注重期末考试、卷面考试转向注重学生学习过程与学生能力发展。随着学业评价目标的转型，学生不再单纯依靠期末考试前的突击式学习，开始注重学习过程和每个学习环节，并花更多的时间和精力在平常的作业、项目、协作学习等方面。

（二）课程学业评价方式注重多元化

高校课程学业评价打破了纸笔考核一统"考试天下"的局面，开始提倡多样化考核方式，并鼓励任课教师积极探讨，尝试将"一张试卷定成绩"转变为

"综合、全程考核"。多数高校制订了多样化考核方案,几乎所有高校都采用过程性评价与终结性评价相结合的综合评价方式。过程性评价除了以往的平时作业、出勤考核之外,还增加了诸如综合性大作业、课堂专题讨论、团队协作、探究实践等多种考核内容和考核方式。多种形式的考核方式弥补了纸质评价的不足,丰富并完善了学业评价体系,更有利于促进学生全面而有个性地发展。

（三）课程学业评价结构呈现多样化、个性化

尽管大部分高校的过程性评价并未能真正体现过程性评价的特点与功能,但在调查中发现,部分高校的学业评价改革还是比较有成效的,且体现了一定的个性化特征,在学业评价的构成要素、占比等方面各具特色。学科类型、课程性质、对过程性评价的重视程度都会影响评价的结构要素和各要素的占比。例如河南某大学国际教育学院,由于与世界其他高校联合办学,受国外相关专业的课程体系及课程考核方式影响,不仅所有课程都采用过程性考核,考核形式多样,而且课程学业评价的结构与占比也是分门别类、各具特色。以计算机科学专业某课程为例,其课程学业评价总成绩（100%）=平时成绩（70%）+期末考试（30%）,平时成绩（过程性评价）主要包括练习、技能实践、机试、个人作业、小组作业、大作业等多种形式。其中,大作业流程包括预算（选公司）、制作表格（excel）、建立小数据库（access）、商业报告（word）、制作商业报告或演讲（ppt）等。另一门商科专业课程,则学业评价总成绩（100%）=平时成绩占比（50%）+期末考试占比（50%）。其平时成绩主要包括分析报告、论文、策划书、专业笔记、练习题、口头陈述、期中测试多种考核形式,其中,分析报告是小组作业,小组由3—5人组成,分为三轮完成。分析报告第一轮任务是选公司,每个小组说明分析公司内外部环境等;第二轮,设计公司规划和发展;第三轮,汇报,汇报过程中发挥每个小组的创新性,设计不同商标、商务礼仪、团队队服等。教师针对考核方式制定评价标准,然后根据量规,由教师和学生进行评价。多样化、个性化的学业评价结构体现了高校学业评价改革的生机与活力,为高校学业评价增添了一抹亮色。

（四）部分高校课程学业评价体现了多主体参与

课程学业评价归根结底是关于学生的评价，学生不仅是被评价对象，还是评价信息的产生者和提供者，学生有权参与对自己的学习评价。研究表明，学生参与评价将会更有利于评价结果的公允与公正，更能促进学生学习。虽然不是全部，但将近一半的课程在学业评价中考虑了学生因素，将学生纳入评价主体，鼓励学生参与到评价中，通过自评、同伴互评的方式，让学生参与到学业评价中。学生参与评价有利于学生监控和调整自己的学习，形成自我反思的意识，养成自我反思的习惯，增强自我认识和提高自主学习能力。

二、我国高校课程学业评价存在问题

虽然，我国高校在课程学业评价中取得了一定成效，但从本书的调查和访谈来看，也存在不少问题。这些问题在某种程度上制约了高校课程学业评价的改革步伐。

（一）过程性评价普遍占比较低，且基本上形同虚设

从调查和访谈数据可以看出，尽管几乎所有高校都开展了过程性评价，但近60%的高校过程性评价占比在30%及以下，甚至相当一部分高校的过程性评价占比为10%—20%。虽然，目前教育界还未对过程性评价占比究竟是多少更为合适下定论，但一般意义上的"过程性评价与终结性评价相结合"应足够体现过程性评价的特色与特点，如果过程性评价占比过低，则不足以视为二者的结合，最终不足以影响学业评价的总体结果，过程性评价的价值就不能得到充分体现。正如混合学习的概念，如果仅是在传统课堂教学中偶尔在网上查点学习资料或者在线提交一次作业等，则不能被视为真正意义上的混合学习。所以，目前来看，被调查的高校中，仍有一半以上未能真正意义上实施"过程性评价与终结性评价相结合"。再来看过程性评价的实施。访谈资料显示，部分高校教师的过程性评价内容仅限于出勤、平时作业，以是否出满勤、是否按时提交作业或完成项目为评价依据，来为学生评定过程性评价分数。这些评价关

注的仍是静态的结果，是阶段性、结果性评价，并未关注学习的过程和学习的投入，其性质仍是结果性评价，而真正意义上的过程性评价并未发生。这种评价只是冠以"过程"之名的虚假过程性评价，甚至成为一些教师送人情、照顾不及格学生的手段。

（二）缺乏学业评价整体设计和系统部署

调查发现，几乎所有课程，教师在第一次上课或者上课之前都会向学生告知或解释课程学业评价的评价标准，但这个课程评价标准只是向学生介绍课程将以何种方式结课，需要考查哪些内容以及将如何考查。最常用的方式就是介绍平时成绩包括对哪些内容的考查（如出勤、平时作业、实验报告等）、占比多少（如20%）、终结性评价如何评价（如卷面考试或者课程论文）、占比多少（如80%）等。学生和教师大都认为这就是课程学业评价设计，感觉已经很清晰、明了。所以，任课教师普遍认为自己对课程学业评价做了设计并给出了评价标准，对自己的这方面的表现还比较满意，以至于教师自评问卷在学业评价标准维度平均得分达到4.1，为各维度的最高分。但这一结果恰恰暴露了教师对课程学业评价标准和评价设计的误解甚至是无知。什么是课程学业评价标准？真正的课程学业评价设计应该包括什么？应该如何实施？这些其实是每个任课教师在教授课程之前首先要了解、思考、掌握的。早在2009年，崔允漷就提出"评估设计先于教学设计"的论断。他认为，教师的教学是从对学生必须完成的任务以及学生作业应有的质量的清晰构想开始，再到计划一系列的活动，以保证每个学生都有出色的表现，进而获得对学生达成目标的证明。为保证学生达成教学目标，教师必须清楚地意识到，要展示成就，学生必须知道什么，能做什么，达成教学目标应有怎样的表现质量。明确学生知道了什么、能做什么，判断学生表现的指标又是什么，并对学生做出解释，这是基于课程标准教学的起点。[①]但多数高校教师仅满足于向学生介绍或解释课程的评价方法和成绩构成，并未能对整个课程的学业评价做出清晰、系统的设计，包括评价的方法方式、评价依据、各评价项目的具体评价标准等。学业评价是一个完整

---

① 崔允漷. 课程实施的新取向：基于课程标准的教学. 教育研究，2009（1）：74-79，110.

的评价系统，只有从整体上把握并对系统的每个环节进行精细化设计，才能确保评价活动以及评价结果的客观、有效。缺乏严谨、系统的课程学业评价设计，缺乏评价方案的指导和规范，极易造成过程性评价的随意性与评价的间断，使过程性评价流于形式。刘声涛等认为，一个学业评价的整体设计应至少包括以下环节：①明确评价的目的。谁将使用评价信息？评价信息用于什么目的？评价工作能否达到该目的？②确立学业评价目标。从内容上看，在知识、技能与情感方面有哪些目标？从表现上看，期望的表现有哪些具体的要求？是否能让学生参与目标或子目标的提出与确立？学生是否充分理解与认同这些目标？学业评价目标的呈现选择何种支持性材料（如内容细则表、评价标准、评分规则、作业样例）？③选择学业评价的方法。评价方法与评价目的、评价目标匹配吗？选择的评价方法能为评价者提供足够的信息吗？选择的方法能否充分展示学生的学习成果，是否能为评价提供充分的证据？在方法使用的过程中，学生有没有学习的机会？④制定评分规则或其他形式的评分指南。不同水平的表现，其具体含义是什么？评分指南是否足够清晰、明确？是否有利于学生进行自我评价与自我改进？⑤管理评价信息与交流评价结果。评价结果以什么形式呈现（如表现性等级、作业样例、作业说明还是叙述性评语）？是否需要进行评价结果的综合，以体现个体现状、个体进步、整体现状、整体进步，或者对个体和整体进行比较？谁来储存信息？以哪种形式交流评价结果（分数、报告卡、评语、讨论会）？评价结果的交流有没有注意到对学生动机和自尊的影响？评价结果的交流是否能达到促进学生发展的目的？⑥对整体评价过程质量的评价。整个评价工作的质量如何？有没有更高效的方法？还有哪些需要改进的地方？[①]

（三）教师不重视过程性数据的收集与应用

教师缺乏数据意识和证据意识，未真正关注学习过程特别是动态学习数据收集，将过程性评价视为一个项目、一个作品的阶段性终结性评价。未能关注

[①] 刘声涛，刘慧兰. 发展性学业评价：高等教育质量保障的重要方式. 大学教育科学，2011（5）：35-39.

学生的投入、学习参与、学习交互以及知识建构、学习态度变化等的过程性数据收集，缺乏数据和必要的评价证据，就无法对学习做出科学、客观的价值判断。调查显示，关于学生"学习兴趣和学习态度""解决问题能力"等的评价比较薄弱，教师在"按照考核标准认真记录学生的表现"上，得分较低（3.94）。传统意义上的学习数据收集主要依靠人工，如教师的肉眼观察、对话交流，并通过手工记录、材料收集与整理等来获得。随着信息技术、人工智能的发展，平台学习管理系统、学习分析以及数据挖掘技术等为教师收集、整理与分析数据提供了便利，平台可以自动记录并获取许多学习数据，还可以自动分析学习数据，给出学习诊断和学习评价。但由于教师普遍缺乏收集数据和证据的意识，且对信息技术工具不熟练、不善使用等，近一半的高校教师没有尝试过借助网络平台、信息技术工具对学生进行评价。"君子生非异也，善假于物也。"（《荀子·劝学》）教师信息技术应用的意识和能力的缺乏，使教师无法"假借"信息技术优势，快速而有效地收集有价值的学习数据。没有大量、有效的证据支持，教师就很难做出客观、公正的学业价值判断，即学业评价结果。

（四）质性评价缺乏规范，评价结果可信度低

高校课程大都摒弃了"一张试卷定学业"、一"考"独大的学业评价模式，吸纳了表现性评价、档案袋评价、情境模拟、作品展示、论文写作等质性学业评价方式。质性学业评价是量化学业评价的有效补充，是在自然情境下，采用观察、访谈、记录等方式，收集学生在学习过程中的各种表现材料，对学生的学业成效以及在真实学习情境中的状态、学习态度、情感价值观等进行描述、分析、解释，进而做出价值判断的一种评价方法。质性学业评价注重对教育现象背后所蕴含的深层意义的解释，强调多元主体参与，强调评价利益共同体的沟通、交流，强调真实情景和动态生成，特别强调对学生非智力因素、个体差异方面的评价。

由于质性学业评价缺乏统一标准，更没有标准答案，其评价的方法和过程更为复杂，所以对评价者的评价能力和评价素养要求也更高。从被调查高校质性学业评价目前的实施情况看，质性评价的实施基本上流于形式，大多是花架

子、走过场。首先，这些评价大都是教师评价，有学生参与的学业评价占比不大，未能体现质性评价的主体多元、协商评价的特点；其次，质性评价大都缺少评价量规或观察量表，即便有所谓的量表也多是借鉴他人的量表，较少有教师能针对具体的课程学习任务编制专门量规。没有评价标准和评价量表的质性评价便会像脱缰的野马，仅凭经验评价、凭借好恶评价、随意评价、人情评价等便无法避免。刘声涛等的研究也证明了这一点：缺乏评价量规或评价量规不科学，特别是在对学生作品、小组合作、个人参与度等进行评价时，缺乏评价标准，或者评价标准粗糙，将导致无法评价或评价不准确。质性学业评价缺少规范评价，导致其评价结果的科学性、公信力受到质疑。[①]

（五）缺乏及时反馈，未充分发挥学业评价的功能

评价反馈是高校学业评价的重要环节。当前的课程学业评价未能给予或未能及时给予学习反馈，导致学业评价的诊断功能、促进学生发展的功能等无法充分发挥。调查结果显示，学业评价反馈题项的均值为3.606，不仅低于学业评价整体实施水平（3.814），而且是各分维度均值的最小值。41.52%教师认为评价反馈实施水平处于一般及以下水平。史静寰等的研究发现，我国本科生实际获得的学习反馈很少，只有25%的学生认为自己的学业表现可以得到及时反馈；半数学生认为自己的学业表现只是偶尔得到反馈；22%的学生认为自己的学业表现从未得到过反馈。即便有些教师进行了反馈，反馈形式也比较单一，只有分数或等级，缺少学习诊断和发展建议。[②]由此可以看出，高校课程学业评价结果缺乏及时反馈，是较为普遍的问题。

（六）传统评价工具仍占主导地位，评价技术有待更新

随着信息技术的发展，新技术在教学中的应用越来越广泛，为教学工作提供了便利。尤其在教学评价中，新技术的出现在很大程度上减轻了教师的负

---

① 刘声涛，刘慧兰. 发展性学业评价：高等教育质量保障的重要方式. 大学教育科学，2011（5）：35-39.

② 史静寰，涂冬波，王纾，等. 基于学习过程的本科教育学情调查报告 2009. 清华大学教育研究，2011（4）：9-23.

担，使教学评价工作更倾向数字化、网络化。其中体现较为明显的就是技术对评价工作在收集数据、存储数据等方面的强大支撑。相比传统的纸质测验、人工统计等评价工具的费时费力，新兴技术可以达到事半功倍的效果。比如传统的纸笔测验，教师要人工收集试卷，逐一批改，还要进行成绩统计与试卷分析，费时费力。当前，高校网络教学平台基本普及，平台技术功能全面，自带的试卷库功能就能快捷地解决试卷的收集、保存问题。教师只需要在线设计试卷，随时随地都可以发放试卷，平台会自动收集试卷，永久留存试卷，并允许教师随时查阅试卷。为更好地辅助教师教学，很多平台还提供自动阅卷、自动分析试卷的功能，将学生的试卷作答情况以直观可视化的形式展现出来，不仅可以避免教师大量的重复性劳动，还可以使教师直接获得试卷分析、评价报告等有关考试分析的有价值信息。尽管网络平台技术越来越成熟，功能越来越丰富，但它们在高校学业评价实践中的应用效果却并不显著。多数高校教师对平台及技术的使用不充分，往往只简单地将其作为上传课件、收发学生作业的工具，几乎不使用平台中在线讨论、协作学习、试题库等工具，更遑论对这些学习证据的采集与分析。

再比如学生的课堂出勤数据的收集，大部分教师依然习惯沿用传统的人工统计方法，制作相关出勤考查表格，在课上逐一点名记录学生的出勤数据，这种统计方法既费时又费力，教师在课上不仅要占用时间点名，课下还需对数据进行统计汇总等二次处理，处理过程中还难免出现差错。如果教师将在线签到技术引入课堂，就会大大提高教学效率。当前，很多在线签到软件、微信小程序可以免费使用，教师只需要设置出勤时间和打卡范围就可以轻松获得学生的签到时间、签到次数等精确数据。

（七）评价过程不透明，评价结果信效度不高

学业评价的实施不仅涉及学生个体的认知领域和非认知领域，还包括一门课程的前期、中期、后期，以及具体课堂教学的课前、课中、课后的不同学习阶段。评价任务量大，操作难度也比较大，特别是质性证据，其收集、分析和使用更是对学业评价提出了挑战。由于收集数据工作量大，且多数教师不善于

借助网络平台和技术工具，而人工收集难度大，所以在实际评价中，多数教师并不关注过程性数据的收集，而且其中的质性评价数据又不可避免地会掺杂评价者的主观意志和个人倾向，评价的客观性与公正性就很难得以保证。评价缺乏必要的数据和证据支撑，质性评价又不可避免地会掺杂一些个人臆断，如果再没有评价标准和评价量规加以约束，评价结果信效度就极易遭受质疑。

三、问题原因剖析

高校课程学业评价中存在的问题制约着学业评价改革的发展，迫切需要找准问题的原因，补齐短板，强化弱项。对存在的问题进行归因，不仅可以为后续问题的解决寻找突破口，也是探寻高校课程学业评价改革路径的逻辑起点。经过分析和思考，笔者认为诸多问题的原因可归结为以下几个方面。

（一）高校课程学业评价缺乏理论引领和实践指导

我国高等教育评价的研究大多是运用教育规律或现代管理理论提出宏观评价理论，抑或借鉴发达国家的经验、案例为政府及其他管理者提供管理建议，而微观层面的、指向教学实践的包括学业评价在内的评价研究却很少。在长期的学业评价实践中，高校教师多是基于传帮带，从学科带头人、有经验的老教师那里学习有关学业评价的经验，在不断的实践探索中形成对学业评价的理解并运用到自己的学业评价实践中。一些教师的学业评价缺乏新理念、学业评价理论的指导，仅从个人感悟、经验总结开展学业评价实践，尽管不断有教育评价理论成果出现，但因其太宏观、缺乏操作性而无法直接在教学实践中应用。学业评价是一个重要的理论问题，更是一个关键的实践问题。质性评价、表现性评价、过程性评价等新评价方式的优点与实施的必要性不难被理解和接受，但难点在于学业评价的技术和方法在实践中的正确使用。[①]学业评价着眼于学生的发展，需要借助评价手段收集学生学习行为发生变化的证据并致力于引发

---

① 刘声海，刘慧兰. 发展性学业评价：高等教育质量保障的重要方式. 大学教育科学，2011（5）：35-39.

学生学习行为及内部状态的改变。学生的改变是一个复杂而微妙的过程，受多种内外因素的综合影响，任课教师若不能获得有效的理论引领、实践指导，就很难达到预期目的。

（二）教师缺乏必要的学业评价能力和评价素养

评价不是凌驾于教学之上或游离于教学之外的孤立环节，而是教学过程的有机组成部分。学业评价的核心在课程，学业评价的主阵地在课堂，学业评价实施的第一责任人在教师，教师是学业评价正确实施的关键。教师的评价素养、评价能力既是实施学业评价的关键因素，也是保证教学质量的重要前提，教师学业评价素养和评价能力对学业评价具有直接、重要的影响。长期以来，我国的教师教育存在重教学、轻评价的倾向，将评价看成"无师自通""不学就会"的教学本能，无论是课程设置还是教学实践，都很少将关于评价的知识及相关技能列入其中，导致教师评价素养的集体缺失。[1]崔允漷呼吁：教师应先学会评价再学习上课，提升教师的评价素养是实施素质教育和推进课程改革过程中最为迫切的需求。[2]美国教育评价家斯蒂金斯曾这样定位评价：任何课堂教学的质量最终都取决于该课堂所运用的评价的质量。[3]评价能力和评价素养对教师而言，其重要性可见一斑。

新课程所提倡的评价是多元评价。就某种程度而言，对学生的行为表现、情感态度和发展潜能等的质性评价意义更大。面对质性评价，教师证据意识和评价素养的不足就暴露出来：相当一部分教师不具备制订学业评价标准的能力，不会对质性材料做判断[4]；缺乏证据意识，不会用过程性数据评价学生的能力提升以及学习的发生[5]；评价方法缺乏客观、科学的程序，评价内容带有

---

① 王慧君，赵紫薇，李宇婷. 基于证据的学业评价：观点、框架与实践路径. 中国考试，2022（2）：64-72.

② 崔允漷. 教师应先学会评价再学习上课. 基础教育课程，2008（11）：55.

③ Stiggins R J. High quality classroom assessment: What does it really mean? Educational Measurement: Issues and Practice，1992，11（2）：35-39.

④ 易凌云. "五唯"问题：实质与出路. 教育研究，2021（1）：4-14.

⑤ 余胜泉，吴斓. 证据导向的 STEM 教学模式研究. 现代远程教育研究，2019（5）：20-31，84.

明显的人为性和主观性①。相对于教考分离的考试评价，新课程评价特别是基于证据的质性评价因其情境性、瞬时性等特征，决定了它们只能是一种内部评价，在评价的设计、证据的收集以及证据的解释、使用等方面，教师必须亲力亲为。

评价能力是教师实施学业评价的前提，必须把课程评价改革深化到"评价能力"的提升上②，把评价素养作为教师学科素养的衡量标尺③。无论是职前培养还是职后培训，都要在课程设置和培养目标中体现评价的相关内容，包括评价的理念、对评价证据的认识、评价的知识以及实施评价的能力等。职后培训应加强评价指导与教学实践的联系，结合教师在实施评价时的具体问题情境，进行现身说法并提供跟踪服务，随时为教师实施基于证据的学业评价提供理论、方法和实践指导。

（三）学业评价制度不完善，学业评价改革表面化

关于"制约高校学业评价实施的可能因素"的调查显示，教师选择最多的影响因素是学校相关制度，占比为67.47%。一直以来，我国高校的课程学业评价都是处于边缘地位，高等教育质量保障的评价活动主要采用外部的、宏观的控制管理手段，大部分工作侧重于教育行政管理部门、具有影响力的社会团体的考核评估与社会排名，缺乏对课程、教学、课堂、教师、学生等教学系统内部因素的关注，忽视了关涉每位任课教师、每个学生的课程学业评价。④高校的每门课程都是高校实施高层次人才培养、实现育人目标的一个基本单元，课程学业评价则是保障高校教育质量的基本单元，一门门课程构成了高校结构化、系统性的课程育人体系，一门门课程的学业评价汇成了高校育人质量的一块块基石。课程学业评价直接影响高校育人质量的内涵、显性指标与评价证据，课程学业评价的重要性不言而喻。但不少高校却疏于对课程学业评价的管

① 牛瑞雪. 教学评价研究40年回顾、反思与展望. 课程·教材·教法, 2018 (11): 60-66.
② 李政涛. 把新时代教育评价改革深化到"评价能力"的提升那里去. 中国教育学刊, 2020 (12): 8.
③ 李孔文. 学会评价: 教师学科素养的衡量标尺. 课程·教材·教法, 2015 (2): 74-80.
④ 刘声涛, 刘慧兰. 发展性学业评价: 高等教育质量保障的重要方式. 大学教育科学, 2011 (5): 35-39.

理，将管理简化为一个学期末的结业考试和成绩填报系统，未对课程学业评价形成系统化、制度化管理，也没有相应的文件、政策出台，未能形成科学实施学业评价的环境。

由前文所述可知，学业评价特别是表现性评价、过程性评价等需要大量收集学生学习的数据和证据，不仅需要师生付出一定的时间和精力，而且需要师生具有一定的评价素养和评价能力，实施成本较高，能力门槛也较高，这就需要学校能实施一些助研计划或给出相应的激励机制，如一定的经费支持或在教学工作量上给予一定认可，来鼓励教师来研究、实践学业评价。学校缺乏与学业评价相配套激励机制、监督机制，缺乏对教师学业评价的规范和引领，高校师生在一种不完善的学业评价环境中，既缺乏动力，也缺乏约束和规范，不可避免会趋利避害，避重就轻，导致学业评价改革浮于表面，也未能使学业评价成为帮助师生提高教育质量的工具。

（四）未充分发挥新技术在学业评价中的作用

证据是质性评价的关键，学业评价改革、过程性评价、表现性评价之所以受到质疑和挑战，并非指向它们的理念和理论，而是指向实践。由于质性评价需要借助观察、交谈、调查、作品等多种途径和手段，需要收集大量系统、动态的多模态化数据，才能有望做出准确的价值判断。但鉴于教师、学生的精力和能力，在传统学习环境下，无法仅靠人力、人工来完成。而缺少大量证据、数据支撑的评价结果显然无法让人信服和接受。

一些教师不单单是缺乏证据意识，而且缺少有效收集证据的工具和技术。传统性评价多依靠课堂观察、测量量表、评价表等人工施测的方法收集数据和证据，不仅数据采集困难、烦琐，证据存储不便，而且数据分析复杂、分析结果也不易应用。证据获得费时费力，获得的证据零乱且鱼龙混杂，无法使证据有效支持评价结论，是广大教师在质性评价中面临的主要问题。如前些年在我国兴起的档案袋评价、同伴互评等，都是因此而搁浅。实施好质性评价是保证高质量学业评价的前提，基于证据的评价则是保证高质量质性评价的前提。要做好基于证据的评价，关键在于做好证据收集并合理化使用。

　　高校教育信息化已进入 2.0 时代，许多课程是线上线下的混合式学习课程，网络连接、网络提速、网络教学平台已经成为高校教师实施课程教学的标准配置。但调查却显示，一半高校教师在对学生实施学业评价时几乎从来没有借助过网络教学平台，通过电子档案袋对学生实施学业评价的课程还不足2%。这说明高校教师对新技术在学业评价方面的巨大潜能缺乏认知，未能重视人工智能等新技术的作用和价值，同时也间接反映出高校教师信息技术应用能力的薄弱。高校教育管理、教师教学发展中心等部门应充分认识到这一点，加强高校教师信息技术应用能力特别是在学业评价方面的应用能力培训，充分运用好信息技术这把利器，使信息技术在学业评价中发挥出应有的作用和价值，应用信息技术助推质性评价提质增效，进而促进高校课程学业评价改革向纵深发展。

第二节　高校课程学业评价未来发展建议

　　信息技术的飞速发展迎来了大数据时代的到来。大数据在给经济、文化、社会生活等领域带来变革的同时，也渗透到了教育领域，驱动着教育评价产生巨大变革。信息技术支持下的教育评价呈现出从以往"经验主义"向"数据主义"转变的趋势。2011 年，美国颁布的《国家教育技术计划》强调，各级教育系统都应使用技术来衡量和评估学习过程，教育管理者应该使用技术从学习过程中收集实时数据，并为持续改进学习成果提供基础。[1]《地平线报告（高等教育版）》连续六年强调了基于数据的学习测量的重要性。2018 年的《地平线报告（高等教育版）》将"日益关注学习测量"作为高等教育技术应用的首要短期趋势。[2]2019 年的《地平线报告（高等教育版）》将"学习测量"作为未来 3—5 年高等教育发展的重要技术之一。由此可见，基于数据和证据的评价

---

　　① 周由游，施建国. 技术推动学习的新模式——美国国家教育技术计划的启示. 中国电化教育，2011（10）：54-58.

　　② 李艳，姚佳佳. 高等教育技术应用的热点与趋势——《地平线报告》（2018 高教版）及十年回顾. 开放教育研究，2018（6）：12-28.

应是高校课程评价改革未来发展方向。[①]

基于证据的学业评价在我国才刚刚起步，任重而道远。

一、充分发挥高校教务管理部门的领导作用

近年来，教育部围绕本科教育质量提升出台了一系列文件，为高校教育评价改革奠定了基础。2018 年 10 月印发的《教育部关于加快建设高水平本科教育　全面提高人才培养能力的意见》提出，高等教育要"加强考试管理，严格过程考核，加大过程考核成绩在课程总成绩中的比重""健全能力与知识考核并重的多元化学业考核评价体系，完善学生学习过程监测、评估与反馈机制"。2020 年 10 月，中共中央、国务院印发《深化新时代教育评价改革总体方案》，对新时代教育评价改革做出了总体部署，强调要扭转不科学的教育评价导向，并制定了"到 2035 年，基本形成富有时代特征、彰显中国特色、体现世界水平的教育评价体系"的宏伟目标。该方案是新中国成立后由中共中央、国务院出台的第一个关于教育评价改革的文件，它充分显示了教育评价在新时代教育事业发展中的重要地位，在我国教育史上具有重大意义。

《深化新时代教育评价改革总体方案》对我国教育评价实践不仅是方向引领，而且树立了具体的发展目标，对未来高校教育评价、学业评价改革具有重要的指导意义。但具体应该如何做，才能实践并落实这些具体的发展目标，仍是高校学业评价实践面临的巨大挑战：①教育部、教育行政管理部门虽对学业评价给予了一定重视并出台了一些文件，但更多的是通过本科质量评估、达标等来贯彻和落实文件精神。通过本科质量评估、达标等措施在一定程度上规范并引领了本科教育的发展方向，提升了本科教育质量，但这种改革是自上而下的改革，评的是学校，看的是指标，高校更多的是做好文本工作，对标办事，对号入座甚至"编号入座"，评估考核、核查的是教学大纲、教材、试卷，甚至非常严苛，如一套试卷 A、B 卷重复率不能超过多少、三年试卷重复率不能

① 乜勇，穆萍，万文静. 2019 年高教版《地平线报告》的解读与启示. 信阳师范学院学报（哲学社会科学版），2020（3）：57-64.

超过多少，试卷批阅规范程度高，但却未对过程性评价做细致考核。整个评估，似乎管得多、理得少，甚至只"管"不"理"，导致学业评价统得过死，缺乏改革活力，未能真正触及课堂教学改革的深水区。②教育部、教育行政管理部门出台了一些与学业评价相关的文件，但这些文件都是从宏观育人的角度对学业质量进行规范和要求，从国家文件到高校课堂的课程学业评价还存在一定距离，国家文件直接作用于课堂教学的指导力会因为距离问题而减弱。在国家文件与高校课程学业评价之间需要高校教育行政管理、教务处等职能部门的上通下达，并制定具体的学校学业评价制度、创设宜于学业评价的氛围。

近年来，高校教务管理部门做了大量工作，在提升本科教育质量方面加大了工作力度，本科教学质量改革项目、教学质量工程、优质课、示范课等旨在提升教学质量的工程项目层出不穷，也使得本科教学质量有了明显提升。但就现状来看，对课程学业评价关注度、重视程度还不够，对学业评价的管理仍是粗线条的、重视学习结果的管理模式，未能真正重视过程性评价、表现性评价等质性评价，导致过程性评价作用不明显。学术论文、调研报告、项目作品等非标准答案式考核在高校实施仍困难重重，所占考核比重也较低。所以，目前高校的学业评价还未能真正触及课堂"深水区"。对高校课程学业评价改革而言，高校教务管理部门的作用举足轻重，是有效促进高校学业评价改革、激活高校课堂教学改革活力的关键部门。高校教务管理部门应依据国家文件、结合学校发展需求和自身优势，制定系统、切实有效的学业评价制度，并引领教师在学校大框架下制订每门课程的学业评价方案；有计划、有组织地对教师的学业评价理念、学业评价能力等实施培训，并给予教师一定空间，赋予教师和学生对课程学业评价的自主权，激发学业评价的潜能和活力。

二、构建"评价共同体"，实施"多主体"评价

1859 年，英国哲学家、社会学家、教育家斯宾塞在《维斯特明斯特评论》杂志上发表了《什么知识最有价值》的文章，掀起了关于知识价值的大讨论。一百多年来，这个问题早已超出了"知识价值"本身的范畴，而上升为一个引

人深思的哲学问题。20 世纪 70 年代，批判教育学的代表人物、美国学者阿普尔提出了"谁的知识最有价值"，将文化、政治、权力、伦理等引入教育学。批判教育学把实践理解为在民主授权的合法性前提下规范的政治活动，关注所有主体的历史、文化、声音、反省与行动，主张让那些居于弱势、沉默的学习者能够去创造生产，能更有机会参与实践行动来改造世界。从绩效技术的视域而言，致力于绩效改进就要尽可能考虑所有利益相关者的利益和需求，尽可能让所有利益相关者参与到决策中，以便获得利益相关者的最大支持。基于评价的视角，笔者从《什么知识最有价值》中可以获得这样的启示：学业评价是教学实施的指挥棒，有什么样的学业评价就会有什么样的教和学，对教学质量的要求应更多地从学业评价入手，重视学业评价的作用和价值；"谁的知识更重要"以及"绩效改进"理论，对我们的最大启示就在于：应尽可能使学业评价的利益相关者都参与到评价中，包括学生自身、家长及社会用人单位，实施多主体评价。

评价主体是指参与教育评价活动的组织和实施，并按照一定的标准对评价客体进行价值判断的个人或团体。所有学业评价活动的利益相关者都可以作为评价主体，评价主体包括评价活动的接受者（学生）、评价活动的策划与实施者（教师）以及评价信息的使用者（家长、用人单位、教育专家）。第四代评价理论主张要"识别在预计评估中处于风险地位的所有利益相关者"，并"引导每个利益相关者群体得出他们对于评估对象的建构以及他们希望提出的与评估对象相关的主张、焦虑和争议"。[①]简单地说，就是为了更好地制订、完善评价方案，让评价结果的信息被更多人认可和使用，让利益相关者在评价中获得各自所需要的反馈。评价主体多元化，不能仅仅由评价活动的教师和学校来组织实施评价而将其他利益风险群体排斥在外。构建评价共同体，多主体共同参与评价，将是未来高校学业评价的发展方向。

豪尔及哈丁在对英国六个地方教育当局管辖下的学校进行历时两年的抽样调查后，于 1998 年提出了"评价共同体"的概念。评价共同体是相对评价个

---

① 古贝，林肯. 第四代评估. 秦霖，蒋燕玲译. 北京：中国人民大学出版社，2008：5.

体而言的，豪尔及哈丁认为一个评价共同体必须具备这样的特征：①全体教师对国家课程评价及教师所实施的评价目标的一致性理解；②为追求上述目标而形成的一致性程序或过程；③一般所采用的评价工具，如分层描述、学校档案袋等；④将家长和学生纳入共同体，因为家长和学生也需要明晰评价的意义和结果。[①]评价共同体打破了"一元（教师）"评价格局，确立了利益相关者主体评价地位。多元主体评价体现了民主性，利益相关者通过对话、协商，使评价目标、评价标准、评价内容以及评价方式等更加合理、客观。评价共同体作出的学业评价结果更容易让人信服。刘本固认为评价的主体包括：①对教育管理具有行政监督权者（教育督导机构）；②对办学具有宏观决策权者（教育行政部门）；③对学校教育具有微观管理权者（中小学校长、高校各学院院长）；④对教育对象有直接评价权者（教师）；⑤对教育教学活动有亲身体验者（学生）。[②]这五种评价主体分别对应了五种不同的评价目的：为了保证国家教育方针、政策法规的贯彻执行和教育目标的实现，需要对各级人民政府、教育行政部门、学校的教育工作进行监督、检查、指导和评价，需要在中央各级人民政府设置相应的教育行政机构；为了保证教育目标的实现，各级人民政府下属的教育行政机构需要对其下属的教育职能部门或学校进行管理、指导和监督，也必须利用评价的手段；为了对学校教育教学工作实施有效管理，校长要对教学质量进行监控，也需要运用评价来实现；为了检查学生的学习情况或诊断教学中存在的问题，教师需要对学生的学习进行各种形式的评价；为了了解自己的学习状况和发展趋势，学生需要参与到各种评价活动中，利用各种评价结果进行自我反思，并在此基础上进行自我管理和自我规划。[③]

评价目的是决定评价主体的重要因素。[④]评价目的不同，评价主体或评价主体的结构就不同。对高校学业评价而言，评价的基本目的应是促进学生的发展。笔者认同刘永凤等的观点，认为高校学业评价共同体应该包括教师、学生、家长和社会人士（社会用人单位）。在高校学业评价中，社会人士、家

① 转引自王凯. 英国学生评价现状及发展趋势研究. 全球教育展望，2002（10）：67-70，62.
② 刘本固. 教育评价的理论与实践. 杭州：浙江教育出版社，2000：63-69.
③ 刘永凤，袁顶国. 高校学业评价. 北京：高等教育出版社，2021：14..
④ 吴维宁. 理科教师学业评价观研究. 华南师范大学博士学位论文，2007.

长、学生和教师这四类主体分别以不同的立场、不同的视角、不同的层次共同构成学生学业评价的整体。其中，教师是高校学业评价的第一主体，学生则是高校学业评价中最活跃的主体。

学业评价共同体并不等同于多种类型学业评价主体代表的集合，而是要构成一个具有共同体性质的组织。所谓共同体，是指社会中存在的基于主观上和客观上的共同特征而组成的团体或组织。

第一，学业评价共同体可以使校内的教师群体在共同参与的评价活动中逐步达成共同评价愿景，达成对课程目标的一致性理解，并在共同目标下形成评价的一致性程序，从而保证学业评价结果的信度和效度。目前，在高校，作为课程学业评价者的教师在评价活动中往往是独立的、各自为政的，不仅很少与社会人士、家长建立联系，甚至教师彼此之间也缺乏必要的合作。由于缺乏合作，一些评价者更倾向于凭借自己的经验实施主观评价，这就容易导致他们所形成的成绩报告缺乏信度，而且难以在平行年级、同头课班级进行参照。

第二，在传统评价中，教师和教育管理者具有绝对的权威，表现为一种自上而下的管理模式、控制与被控制的关系，学生仅作为被评价的对象，处于评价活动的边缘地带，无权参与对自己学习的评价。促进学习的评价观认为，学生是自己学习的见证者和经历者，最有权力对自己的学习做出评判。将学生纳入共同体，让学生对自己和同伴的学习进行评判，能够使学生意识到自己在评价中的主体地位，改变以往被动反应以及不能对评价过程提出疑问的状况，有利于提升学生的责任感，促进学生对自己的态度、行为等进行反思。苏林琴在一项研究中指出，大学生学业参与行为是学生发展的关键，学生的学习收获可以通过加强学生对课堂内外有效教育活动的参与而获得改进。[1]山东财经大学杨慧琴教授开展的一项实证研究亦表明：学业评价体系与学生学习积极性之间存在显著的因果关系，学生评价者对课外学习和课内学习的积极性均有较大的正向影响。[2]学生进入评价共同体，并参与关于评价内容、评价标准、评价结

---

[1]　苏林琴. 适应·参与·评价·收获：高等院校学生发展质量评价研究. 北京：人民出版社，2018：124.

[2]　杨慧琴. 学业评价对学生学习积极性的影响：比较视角下的实证研究. 比较教育研究，2012（9）：54-58.

果解释的协商和讨论，便于利用切合自身的方法对学习过程与结果进行反思；学生借助共同体其他成员的评价及同伴互评，能全面、准确地认识自己取得的进步，欣赏自己在诸多方面的发展。①刘永凤等认为，大学生作为学业评价的主体，在评价活动中可以进行自我评价，弥补了外部主体评价的不足。大学生的自我评价可以更加准确地把握学业评价中的情感态度与价值观等维度，这些内容往往是外部主体难以依靠评价工具做出判断的。与此同时，大学生通过参与自身的学业评价活动，能够更加清楚地了解评价的标准，从而制定更加合理的学习计划，改进自己的学习方式与方法；在与其他评价者进行合作评价的过程中，也更容易接受来自外部评价的意见，对评价结果产生认同感，从而更加合理地利用评价结果进行自我发展与完善。②

第三，家长、社会用人单位等的介入，将更有利于学业评价趋于完善，其评价结果的可信度和应用性也会大大加强，有利于打破高校、家长和社会用人单位之间的壁垒，成为联系学业评价各方利益相关者的一条纽带。家长是教育的投资人，同时也是修身的监护人，将家长纳入评价共同体：①有利于家长更好地了解自己孩子的学习情况，并针对自己孩子的情况做出合理的决策和回应；②有利于家长与学生、教师、学校的有效沟通，增加相互之间的了解，能使家长更好地与学校、教师的评价目的达成一致；③家长能够在学生校外学习情况以及学习的过程与方法、情感态度价值观等维度上提供更多的评价信息。进入评价共同体的社会用人单位将会带来新的评价理念，给出对人才培养的明确需求，他们会从非教育的视角来审视学业评价，打破传统教育系统的闭环，使学业评价真正与社会需求接轨。如何构建高校学业评价共同体，如何才能更好地发挥高校学业评价共同体的作用，是将要解决的重要课题。

目前来看，构建学业评价共同体、实施多元主体评价还面临一定困难，学业评价主体的评价素养和评价能力还需要进一步提升。朱铁成认为，评价共同体应在以下几个方面做好充分准备：①评价共同体要具备新的教育评价素养，共同体成员要意识到传统评价范式的缺陷，要意识到新评价范式的优点，要意

---

① 朱铁成. 论我国教育评价范式及其转型. 浙江师范大学学报（自然科学版），2007（4）：476-480.

② 刘永凤，袁顶国. 高校学业评价. 北京：高等教育出版社，2021：16.

识到评价的根本目的是什么。②评价共同体要具备新评价知识，包括评价目的、评价内容、评价标准、评价阐释等概念，共同体成员具备了这些新知识，就会以新的视角来审视和实施评价。③评价共同体要具备新评价能力，包括教师、学生、家长等评价主体。学生是评价的重要主体，然而学生普遍缺乏应有的评价知识和能力，在评价中缺乏评价话语权，他们不仅不能在评价中发挥作用，还往往成为不公平评价的受害者；家长也是学业评价的主体，而多数家长传统评价观念根深蒂固，以分数论英雄、以成绩分优劣，并不了解正确的评价知识和方法；社会评价者，更不乏唯"学生考试成绩""升学率、考研率"来评价学业优劣者；教师相对其他主体而言，评价能力似乎高了一些，但实质上教师拥有更多的是传统评价的知识和能力，对重视过程性、多元化的发展性评价仍是比较陌生的。①总之，目前整个学业共同体的评价素养是不高的，除了提高教师的评价素养外，提高共同体其他主体（管理者、家长、学生）的评价素养同样重要。

三、提升高校教师的评价素养和评价能力

关于评价素养的讨论可追溯至 20 世纪 50 年代。从 1955 年美国心理学会制定《关于心理测验和诊断技术的技术建议》到 1966 年修订成为《教育与心理测验标准》，关于评价工作者的素养探讨就已开始，对教育测验的编制者和用户提出了知识、技能、伦理等方面的素养要求。评价素养概念正式提出，是在斯蒂金斯于 1991 年发表的一篇名为"评价素养"的文章中。②

帕泰尔诺将评价素养定义为：拥有关于合理的评价实践的基本原理的知识，包括术语、评价方法、技术的开发和运用，熟悉评价质量标准，熟悉不同于传统的学习测量的另类方法。③韦伯将评价素养定义为：关于评价学生所知、所能的方法类知识，怎样解释评价结果的知识，以及如何运用评价结果去

---

① 朱铁成. 论我国教育评价范式及其转型. 浙江师范大学学报（自然科学版），2007（4）：476-480.
② Stiggins R J. Assessment literacy. Phi Delta Kappan，1991（7）：534-539.
③ 转引自邓亮，李媛. 教师评价素养问题的反思与展望. 教育导刊，2015（4）：9-12.

改善学生学习和课程效果的知识。①斯蒂金斯则从一个有评价素养的人所具有的特征来描述评价素养：有评价素养的人知道可靠和不可靠的评价之间的区别；他们在进入评价领域时知道自己评什么、为什么要评、怎样最好地评价学业成就、如何生成良好的学生表现样例；知道评价可能会出现什么错误以及如何防止这些错误；知道不准确的评价的潜在的消极后果。②

教师作为学生学业评价的第一评价主体，其评价素养更加令人关注。1990年，美国教师联盟（American Federation of Teachers，AFT）、国家教育测量委员会（National Council on Measurement in Education，NCME）和国家教育协会（National Education Association，NEA）联合开发"教师的学生教育评价能力标准"（Standards for Teacher Competence in Educational Assessment of Students），给出了教师评价素养的结构框架（即七个方面的能力标准）：①教师应能熟练地选择适合于教学决策的评价方法；②熟练地开发适合于教学决策的评价方法；③熟练地管理、评分和解释外部评价与教师自身评价的结果；④熟练地运用评价结果以做出对个别学生、教学规划、课程发展和学校改善的决策；⑤熟练地开发有效的、用于学生评价的评分等程序；⑥熟练地与学生、家长、其他非专业的对象和其他教育者交流评价结果；⑦熟练地辨别不合伦理的、不合法的、不适当的评价方法以及运用评价信息。③1999年，针对上述结构框架的不足，斯蒂金斯又提出了新的教师评价素养框架：①将评价与清晰的目标相连接；②明确成就期望；③运用适当的评价方法；④适当地开发高质量的评价任务、评分标准以及抽样；⑤避免评价中的偏见；⑥有效地交流学业成就；⑦用评价促进教学。④我国学者钟启泉教授认为教师的评价素养应该包括评价的概念、评价的意识、评价的规划、评价的解释、评价的描述、评价的评估、评价

---

① Webb N L. Assessment literacy in a standards-based urban education setting. A paper presented at the American Educational Research Association Annual Meeting in New Orleans，Louisiana，April，2002：1-5.

② Stiggins R J. Assessment literacy for the 21st century. Phi Delta Kappan，1995，77（3）：238-245.

③ AFT，NCME，NEA. Standards for teacher competence in educational assessment of students. Educational Measurement Issues and Practice，1990，9（4）：30.

④ Stiggins R J. Evaluating classroom assessment training in teacher education programs. Educational Measurement：Issues and Practice，1999，18（1）：23-27.

的改进、评价的伦理等诸多要素。①崔允漷等认为，教师评价素养应该表现为：坚持育人理念、确定清晰的目标、设计与目标相匹配的评价任务、获取与目标达成相关的学习信息、解释这些信息并做出反馈或进行指导。②

自 20 世纪 40 年代泰勒开启教育评价的先河到 20 世纪 90 年代末斯蒂金斯的教师评价素养框架，学生的学业评价一直是教育评价的核心要义。但因为种种原因所致，学业评价一直在教学外围打转甚至游离于教学之外，外部评价成为学业评价的主流，教师的评价始终处于边缘化地位，教师的评价素养一直未能引起教育领域的高度重视。20 世纪 80—90 年代，美国出现了关于"州教师入职资格认证与教师教育项目是否开设了评价或测量课程"的调查热，大量的调查发现：大部分州的资格认证与教师教育项目没有提出评价方面的课程要求，即便有，很多课程所教的内容与教师所应知道与所需实践的评价也不匹配。③也就是说教师在进入工作岗位之前并没有作好评价方面的准备。④斯蒂金斯在有关教师课堂评价培训项目的调查中也发现，教师在课堂中实际所需的和教师所接受的评价培训内容很不匹配。⑤因此，学者呼吁：评价是教师教学中最复杂、最重要的任务之一，必须为教师提供符合其实际需要的评价知识和技能，教师教育机构应增设相关的评价课程，并在教师资格证考核中增加关于教师评价能力等内容。⑥

由于教师学业评价能力不足，在教师教学设计与教学实践中评价缺失的现象屡见不鲜。在我国，尽管新课程改革已实施多年，但"重上课轻评价"现象仍然普遍存在。崔允漷认为：教师的评价素养及其发展是一个被忽略太久的话题，关于教师评价素养，我们的路还很远很远。他强烈呼吁：教师应先学会评

---

① 钟启泉. 课堂评价的挑战. 全球教育展望，2012（1）：10-16.

② 崔允漷，夏雪梅. "教-学-评一致性"：意义与含义. 中小学管理，2013（1）：4-6.

③ Schafer W D，Lissitz R W. Measurement training for school personnel：Recommendations and reality. Journal of Teacher Education，1987，38（3）：57-63.

④ 郑东辉. 教师评价素养发展研究. 华东师范大学博士学位论文，2009.

⑤ Stiggins R J. Relevant classroom assessment training for teachers. Educational Measurement：Issues and Practice，1991，10（1）：7-12.

⑥ Stiggins R J，Conklin N F，Bridgeford N J. Classroom assessment：A key to effective education. Educational Measurement：Issues and Practice，1986，5（2）：5-17.

价再学习上课，应像关注上课一样关注评价，让评价引领自己的教学。①从某种程度而言，高校教师的学业评价素养和能力与中小学教师相比较，似乎更差。一是因为基础教育对学生学业评价的关注相对而言比高校高，由于有升学压力，加之期中考试、期末考试、统考、综合素质评价等，教师或多或少对评价有一定认知；二是因为中小学教师传帮带的优良传统在一定程度上弥补了教师在培养和培训中关于学业评价的缺失，尽管与新课程期望的教师学业评价素养还有一定差距，但并不是完全缺失。

对于高校教师而言，由于高校教学质量更多的是从宏观、管理层面的评价，对课堂教学中的课程学业评价关涉甚少，加之高校教师大都从事专业课教学，一门专业课程对应一个专业教师，缺少传帮带氛围，缺少自动形成"评价共同体"的土壤和条件，因此，一些高校的教学多表现为任课教师的单打独斗，学业评价更是"三不管"地带，只要保证期末考试有成绩，课程能正常结业，一些教师在学业评价上几乎不会受到其他任何约束。这就导致部分高校教师在学业评价上养成了懒散、自以为是的作风，部分教师不愿意将时间和精力花在学业评价上，不仅将学业评价简化为期末考试和平时偶尔的签到，而且认为学业评价就是个人全权做主、不需要接受他人监督的一件教学之外的事物。他们在学业评价上需要做的就是期末编制 A、B 一套试卷、评阅试卷并给出成绩。所以，无论从学业评价理念、学业评价知识以及技能等方面，都或多或少存在不足。目前的高校学业评价已经成了高校教学质量进一步提升的桎梏，提升高校教师学业评价素养和能力势在必行，如何发展和提升高校教师的学业评价素养和能力是亟须解决的关键问题。

第一，需要更新高校教师的学业评价理念，树立促进学生发展的评价观。要加强教育引导，通过理论学习、培训指导，引领教师了解中国学生发展核心素养框架，理解立德树人的任务内涵，以促进学生全面而有个性地发展为己任，理解学业评价的意义和价值，使他们具备正确的评价意识和评价态度，形成评价设计先于教学设计、评价有助于教学目标达成、评价能助力教学变革、

---

① 崔允漷. 教师应先学会评价再学习上课. 基础教育课程，2008（11）：55.

评价需要证据和数据支撑、评价能促进学生发展以及评价有助于育人目标实现等思想和观念。观念决定思维，理念支配行动，态度决定高度，只有树立了发展性评价观，才有实施新评价的动力和信念，才有望将时间和精力投入学业评价中。新的评价观是高校教师评价素养的关键性构成要素，也是其他构成要素形成的先决条件。

第二，通过系统化评价课程培训、教学团队及优秀基层教育组织校本研修以及构建研究共同体等策略和途径，培养和提升教师的评价素养和评价能力。按照斯蒂金斯的理解，不同的教育评价利益相关者需要不同层次或类型的评价素养。[1]相对而言，高校学业评价中的教师是学业评价的第一责任人，所需要的评价素养层次更高。

第三，为了提升学业评价质量，充分发挥评价结果的使用价值，除了高校教师评价素养和评价能力提升之外，所有学业评价利益相关者包括学生、家长及社会用人单位等都应具备一定的评价能力和评价素养。特别是学生，作为一个特殊的评价主体，其作用不可忽视。

四、形成良好的学业评价支持环境

基于证据的学业评价虽然主战场在课堂，但课堂小文化环境必然受到外界大文化环境的影响和制约。[2]实施基于证据的学业评价需要有适宜的评价环境，如果得不到学校的支持、缺少基于证据实施学业评价的土壤和条件，即便教师具有先进的评价理念、过硬的评价能力，也仍然无法进行科学的学业评价。教师的评价素养和能力能否发挥作用，还要看外部大环境及其主流价值取向。我国历来崇尚考试，具有悠久的考试传统，并在长期的探索与实践中形成了强劲的考试文化。考试始于隋朝，盛于唐朝，并绵延至今。考试文化在人们心目中根深蒂固，在高校学业评价中也有很深的影响。比如，高校的评优评先、研究生的推免等，只要存在竞争的地方，就免不了甄别和选拔。特别是随

---

[1] Stiggins R J. Assessment literacy. Phi Delta Kappan, 1991（7）：1-7.

[2] 王慧君，赵紫薇，李宇婷. 基于证据的学业评价：观点、框架与实践路径. 中国考试，2022（2）：64-72.

着高校本科教育质量评估等，高校的考试之风颇盛，一些过程性评价由于支撑材料不易保存、缺乏结构性、在评估检查中程序烦琐等，一些高校对实施过程性评价的课程（特别是过程性评价占比较大的课程）开始限制，终结性考试的评价方式又开始占据主要地位。

由考试文化转向评价文化，用基于证据的综合性学业评价替代试卷类的终结性考试并非易事。斯蒂金斯认为在学校与学区层面应营造一种好的评价环境，包括良好的学校评价文化、学区的评价政策、教师和学区管理者之间的伙伴关系、整体的专业发展规划、支持优异课堂评价的可支配的资源等。[①]高校的学业评价环境、学业评价制度、支持优异学业评价的可支配资源等对高校课程学业评价的影响是最直接的，也是最为关键的。实施基于证据的学业评价，实现促进学生发展的评价理念，需要继续深化新时代教育评价改革，持续推动社会全领域转变评价观念；需要社会人士、用人单位、家长等对高校人才质量有清晰的认知，不以分数论成败，不以成绩论英雄，将一个人的综合素养、解决问题的能力放在考核的重要位置，用综合的、发展的眼光看待高校人才培养和人才培养质量；更重要的是，高校领导层、教育管理部门的人才质量观及评价理念。

对于那些最终被证明有价值的改革理念一般都会被人们合理地嵌入制度设计之中，并通过制度的成功运转使人们更好地认可、接纳和践行新理念，进而实现改革的成功。高校教育行政部门应树立正确的教育评价观，坚持把"立德树人"作为根本标准，在全校范围内，形成以评促教、以评促学的良好风气，引领全校师生认识学业评价、参与学业评价，让学业评价成为教师教、学生学的重要组成部分。制定完善的学业评价制度和激励机制，既要放权，让任课教师和学生在学业评价中有一定的自由度，以便充分发挥师生在学业评价中的创造性，为学业评价注入活力；又要有集中和约束，把学业评价规范在正确的轨道和方向上，为师生实施学业评价提供理论和实践引领，通过制度、方法层面的约束和引领，让师生在学业评价中有"法"可依。高校还可以通过学业评价

---

① Stiggins R J. Professional development: The key to a total quality assessment environment. NASSP Bulletin, 1995（573）: 11-19.

教研立项、学业评价案例评比等激励措施吸引更多的教师开展学业评价的研究与实践探索，培养师生在学业评价方面的探索兴趣和实施能力，创建适宜学业评价的良好环境。

五、充分发挥新技术在学业评价中的积极作用

考试只能测量学生的部分智能而不是全部，试卷是一种测试工具，由于教师在编制试卷上具有一定的经验（多是师徒在教学实践场域的言传身教），加之学校一直以来对试卷编制、考试及试卷评阅比较重视，试卷信效度比较让人信服，评分相对比较公正，而且分数作为测量的结果被人自然地赋予了科学性，又因其结构性、直观性使人易于做出判断与选择，所以，不管是在中小学还是在高校，考试都是最容易让人接受和认可的评价方式。综合素质评价、过程性评价等质性评价之所以难以实施，关键就在于其科学性和公信力被质疑。人们并不否认这些评价的积极意义，但质疑操作过程的规范性和评价结果的科学性。做好质性评价的关键在于证据，在于证据的合理化收集和使用。证据是否系统、是否完整、是否能构成证据链，是衡量评价结果可靠与否的重要指标。部分教师不仅缺乏必要的证据意识，而且在证据收集、分析和使用方面也缺乏足够的知识和经验。不会收集证据、不知道如何更便捷地收集证据、不知道如何系统化收集证据等，是部分教师目前在学业评价中面临的主要问题。

随着人工智能、大数据、区块链等现代智能技术的迅速发展及其在教育领域的广泛运用，教育评价变革在面临挑战的同时也迎来了新的发展机遇，智能技术与教育评价的深度融合已成必然趋势。[1]用智能技术武装的现代课堂，实现了线上线下无缝衔接，使教学互动网络化、数据采集自动化、学习分析智能化成为可能[2]；通过传感器、跟踪记录仪、网络平台日志等可以实时记录学习行为数据，借助智能测评软件及智能化分析工具等，对动态学习过程中学生的行为投入、表现、结果等进行数据追踪和分析，并结合定性、定量等评价对学

---

[1]　刘志军，徐彬. 新课标下课程与教学评价方式变革的挑战与应对. 课程·教材·教法，2022（8）：4-10，24.

[2]　付晓冰. 教育信息化环境下的中小学智慧课堂建设研究. 教学与管理，2020（36）：6-9.

生学习实施全过程的动态课堂评价①。信息技术将教师和学生从烦琐的表格中解放出来，不用再复读学习过程；利用智能评价系统可以设计和开发对复杂能力的测评，可以实现对学习过程的可视化监控，可以采集多模态数据和证据，不仅可以避免人工操作所产生的误差，可以进行全程化、不间断地记录，还可以对大数据进行自动分析。信息技术使证据收集变得方便快捷，而且使获得证据更加系统和完整，加之借助于算法、学习分析技术等，也使得评价结果更令人信服。智能技术在评价方面的巨大潜能逐渐凸显，教师应该用好新技术这把利器，尽快补齐质性评价的短板。

六、利用评价反馈切实促进学生学习与发展

基于证据的学业评价最终目的是促进学生的全面发展。基于证据的学业评价如果止步于对学生做出科学的评判而不进行评价反馈，促进学生全面发展的目的就会大打折扣。

评价反馈是指评价者（方）将评价结果以适当的方式告知给被评价者的过程。评价结果的呈现方式包括百分制、等级制、通过或失败、目标评定量表或验核表、文字描述、给家长的信、学生作品档案、亲师座谈会等八种形式。②评价反馈包括如何得出评价结果、如何呈现评价结果、选择何种形式反馈、在什么时候反馈、反馈到什么程度等一系列内容。古贝等认为，评价反馈不仅仅是关于评估对象和内容，它必须使读者明白建构者的态度以及原因。③仅仅告知学生一个学业评价的分数或等级，而不告知学生存在哪方面的不足以及如何改进，也就无法更好地促进学生发展。

评价反馈是评价工作中非常重要的一环，没有评价反馈，甚至反馈不及时，都不能算作一个完整的学业评价。传统的评价缺少反馈一方面是因为缺乏反馈的意识，另一方面的原因则在于：除了分数和试卷，无法给学生更多、更

① 魏非，樊红岩，宋雪莲，等. 信息化促进基础教育公平的国际研究——基于美、日、印三国的政策和行动分析. 电化教育研究，2020（7）：114-121.

② 李坤崇. 学业评价：多种评价工具的设计及应用. 上海：华东师范大学出版社，2016.

③ 古贝，林肯. 第四代评估. 秦霖，蒋燕玲译. 北京：中国人民大学出版社，2008：163.

有价值的反馈信息。传统的质性评价多是基于教师主观判断的经验性评价，往往无据可考、无迹可查，自然无法给学生反馈更多的信息。基于证据的学业评价，以证据为基础，以逻辑推理为准则，结论有依据，证据公开，评价透明，评价标准公开，可考证、可申诉，经得起质疑。因此，基于证据的学业评价应充分发挥证据优势，运用好评价反馈，使学生借助充分的证据，认识自己，反思自己，发现自己的长处和不足，并对自己的学习做出调整。学生还可以依据证据和评价量规，审视对自己的评价，对自己获得的评价质疑或提出申诉，这不仅能充分体现学生的主体地位，有利于树立学生的自信心和学习责任感，还能在一定程度上培养学生的自主学习能力。效果是最有说服力的证据，用好学业评价反馈，让学生和教师从中获益，形成评价的良性循环，将有利于基于证据的学业评价为更多的人所接纳，获得家长和社会的认可，从而成为我国学业评价的主流范式。

参 考 文 献
REFERENCES

陈卫东. 谢佑平证据法学. 上海：复旦大学出版社，2005.

陈文远. 教育转型视角下的高校学生评价. 教育发展研究，2012（9）：76-80.

杜世纯，傅泽田. 基于 MOOC 的混合式学习及其实证研究. 中国电化教育，2016（12）：129-133，145.

冯翠典. 促进学习理念背景下对 NRC 评价观及评价模型的发展研究. 教育测量与评价（理论版），2012（11）：33-39.

冯宜. 本科生学业评价信息系统的研究与设计. 现代教育技术，2008（6）：93-97.

高凌飚. 普通高中学生学业评价体系的重构. 华南师范大学学报（社会科学版），2006（3）：98-102，160.

高瑞利. 混合学习中的学业评价体系的设计与实践. 中国成人教育，2010（15）：2.

韩晓燕，张彦通，李汉邦. 美国高等教育认证制度中的"实证文化". 中国高等教育评估，2003（4）：27-30.

何亮. 高中思想政治课学业评价改革的探讨. 课程·教材·教法，2006（11）：5.

何毅，潘玉驹. 试论当前高校学生评价体系改革的必要性. 高等工程教育研究，2010（3）：114-117.

胡子祥. 学生参与高等教育质量评估机制研究. 成都：西南交通大学出版社，2015.

黄德群. 基于高校网络教学平台的混合学习模式应用研究. 远程教育杂志，2013（3）：64-70.

黄海涛. 学生学习成果评估：美国高等教育质量保障研究. 北京：教育科学出版社，2013.

黄牧航. 论高中历史科学业评价体系的建构. 课程·教材·教法，2009（10）：65-70.

黄荣怀，马丁，郑兰琴，等. 基于混合式学习的课程设计理论. 电化教育研究，2009（1）：9-14.

贾莉莉. "学生学习结果评价"：美国高校教学质量评估的有效范式. 高教探索，2015（10）：63-67，97.

教育部基础教育司. 走进新课程——与课程实施者对话. 北京：北京师范大学出版社，2002.

冷静，郭日发. 在线协作平台中批判性思维话语分析研究. 电化教育研究，2018（2）：26-31.

李海刚，李振，高振坤，等. 混合教学模式下《药剂学实验》学习评价体系研究与实践. 中国教育信息化，2018（9）：46-49.

李红梅. 在线学习的过程性评价设计. 河北大学硕士学位论文，2008.

李克东，赵建华. 混合学习的原理与应用模式. 电化教育研究，2004（7）：1-6.

李爽. 基于学习分析的在线学生支持. 北京：中央广播电视大学出版社，2016.

李爽，喻忱. 远程学生学习投入评价量表编制与应用. 开放教育研究，2015（6）：62-70.

李艳，姚佳佳. 高等教育技术应用的热点与趋势——《地平线报告》（2018 高教版）及十年回顾. 开放教育研究，2018（6）：12-28.

李艳华. 电子书包环境下学生学习过程评价指标体系构建研究. 东北师范大学硕士学位论文，2018.

林杰. 问责与改进·高等教育评估与质量保障. 济南：山东教育出版社，2015.

刘晶晶，郭元祥，Ian Westbury. 美国学生学业质量评估联盟 PARCC 与 SBAC 述评. 中国考试，2015（6）：23-29.

刘声涛，刘伟香. 我国高校学业评价研究文献分析. 理工高教研究，2010（6）：56-60.

吕林海. 国际视野下的本科生学习结果评估. 比较教育研究，2012（1）：39-44.

吕啸，余胜泉，谭霓. 基于发展性评价理念的网络教学平台学习评价系统设计. 电化教育研究，2011（2）：73-78.

潘懋元，车如山. 做强地方本科院校——地方本科院校的定位与特征研究. 中国高教研究，2009（12）：15-18.

沈晓丽. 我国普通高校学生评价实践研究. 华东师范大学硕士学位论文，2008.

覃美珍. 网络环境下学生学习评价的研究. 广西大学硕士学位论文，2005.

孙海民. 个性特征对网络学习行为影响研究的关键问题探究. 电化教育研究，2012（10）：50-55，63.

孙新，彭征. 中学物理学生学业评价标准的研制. 课程·教材·教法，2010（9）：80-86.

唐雅慧. 网络环境中项目式学习评价指标体系研究. 西南大学硕士学位论文，2013.

田富鹏，焦道利. 信息化环境下高校混合教学模式的实践探索. 电化教育研究，2005（4）：63-65.

汪涛，张秋东，李惠青，等. 新型混合学习模式下微信公众平台学习资源设计. 现代远程教育研究，2016（5）：105-112.

王佳利，李斌峰. 基于网络教学平台校本混合课程教学效果的实证研究. 电化教育研究，2016（3）：101-107.

王江. 网络学习过程性评价的研究与设计. 华中师范大学硕士学位论文, 2017.

王岩. 中国基础教育的范式革命——创新教育再解析. 社会科学论坛, 2001 (8): 44-46.

王永花. 翻转课堂教学模式的学习评价研究. 教学与管理, 2015 (5): 86-88.

魏顺平. 在线学习自动评价模式构建与应用研究. 中国远程教育, 2015 (3): 38-46.

魏顺平. 在线教育学习分析研究. 北京: 中央广播电视大学出版社, 2016.

吴晓威, 陈旭远. "大数据"理念的教育应用与中国教育改革——从数据分类到证据转化的机遇识别. 内蒙古社会科学, 2016 (11): 168-171.

向闫祯. 自主性评价: 高校学生评价的一种新趋势. 教育理论与实践, 2004 (16): 14-16.

肖金芳, 施教芳. 混合学习模式的研究和探索. 中国远程教育, 2013 (5): 64-67.

邢蓓蓓, 杨现民, 李勤生. 教育大数据的来源与采集技术. 现代教育技术, 2016 (8): 14-21.

徐晓雄, 桑新民. 地方本科院校慕课建设的困境与出路. 教育发展研究, 2016 (9): 39-43.

许国志. 系统科学. 上海: 上海科技教育出版社, 2000.

杨宝山. 网络技术支持下的学业评价问题探究. 中国远程教育, 2011 (9): 39-41.

杨立军, 韩晓玲. 基于 NSSE-CHINA 问卷的大学生学习投入结构研究. 复旦教育论坛, 2014 (3): 83-90.

杨现民, 田雪松. 互联网+教育中国基础教育大数据. 北京: 电子工业出版社, 2016.

杨卓. 网络教学评价系统的研究与实现. 华东师范大学硕士学位论文, 2010.

余长江. 基于 Sakai 平台的网络学习评价工具设计与开发. 西南大学硕士学位论文, 2014.

余胜泉. 基于互联网的远程教学评价模型. 开放教育研究, 2003 (1): 33-37.

俞佳君. 以学习为中心的高校教学评价研究. 华中师范大学博士学位论文, 2015.

俞显, 张文兰. 混合学习的研究现状与趋势分析. 现代教育技术, 2013 (7): 14-18.

查卫平. 美国联邦教育部资助教育协会研究大学生学习成果评价方案. 世界教育信息, 2008 (5): 38.

张华, 卢江. 小学数学学业评价标准的研究与开发. 课程·教材·教法, 2011 (10): 53-59.

张萍. 网络环境下协作学习评价模型的探究. 科技情报开发与经济, 2010 (34): 101-103.

张琪, 武法提. 学习行为投入评测框架构建与实证研究. 中国电化教育, 2018 (9): 102-108.

赵士果. 促进学习的课堂评价研究. 华东师范大学博士学位论文, 2013.

周红春. 基于 Blackboard 学习平台的混合学习模式的探索与实践. 电化教育研究, 2011 (2): 87-91, 98.

周由游, 施建国. 技术推动学习的新模式——美国国家教育技术计划的启示. 中国电化教育, 2011 (10): 54-58.

朱铁成. 论我国教育评价范式及其转型. 浙江师范大学学报 (自然科学版), 2007 (4): 476-480.

Black P, Wiliam D. Assessment and classroom learning. Assessment in Education: Principles,

Policy and Practice，1998（1）：7-74.

Black P，Wiliam D. The Formative Purpose：Assessment Must First Promote Learning. In Wilson M.（Ed），Towards Coherence between Classroom Assessment and Accountability. Chicago：University of Chicago Press，2004.

Boelens R，De Wever B，Voet M. Four key challenges to the design of blended learning：A systematic literature review. Educational Research Review，2017（1）：1-18.

Dwyer C A，Millett C M，Payne D G. A culture of evidence：Post secondary assessment and learning outcomes. Recommendations to Policymakers and the Higher Education Community. Educational Testing Service，2006.

Ewell P T. Accreditation and Student Learning Outcomes：A Proposed Point of Departure. Washington DC：Council for Higher Education Accreditation，2001.

Gowri G B. Using reflective journals in a sustainable design studio. International Journal of Sustainability in Higher Education，2009（1）：96-106.

Heritage M. Formative Assessment：Making it Happen in the Classroom. Thousand Oaks：Corwin Press，2010.

Hrastinski S. A theory of online learning as online participation. Computers & Education，2008（1）：78-82.

Kerres M，Witt C D. A didactical framework for the design of blended learning arrangements. Journal of Educational Media，2003（28）：2-3.

Liang X，Creasy K. Classroom assessment in web-based instructional environment：Instructors' experience. Online Submission，2004（7）：71-84.

Lim D H，Morris M L. Learner and instructional factors influencing learning outcomes within a blended learning environment. Educational Technology & Society，2009（4）：282-293.

López-Pérez M V，Pérez-López M C. Blended learning in higher education：Students' perceptions and their relation to outcomes. Computers & Education，2011（3）：818-826.

Millett C M，Dwyer P D G，Stickler C A. A culture of evidence：An evidence-centered approach to accountability for student learning outcomes. Educational Testing Service，2008.

Millett C M，Stickler L M，Payne D G，et al. A culture of evidence：Critical features of assessments for post secondary student learning. Educational Testing Service，2007.

Mislevy R J. Evidence and Inference in Educational assessment. Psychometrika，1994（4）：439-483.

Mislevy R J，Haertel G. Implications for evidence-centered design for educational assessment. Educational Measurement：Issues and Practice，2006（25）：6-20.

Morest V S. Accountability，accreditation，and continuous improvement：Building a culture of evidence. New Directions for Institutional Research，2009（143）：17-27.

Oburn M. Building a culture of evidence in student affairs. New Directions for Community Colleges，2010（131）：79-84.

Pellegrino J W，Chudowsky N，Glaser R. Knowing What Students Know：The Science and Design of Educational Assessment. Washington D.C.：National Academy Press，2001.

The CHEA Chronicle. Student Learning Outcomes Workshop. Washington DC：CHEA，2002.

Volkwein J F. Implementing outcomes assessment on your campus. The RP Group Journal，2003（5）：36-48.

后记
POSTSCRIPT

撰写本书的起因要追溯到 2016 年甚至更早一些的时候。当时河南大学教务处倡导过程性评价，鼓励任课教师在学业评价中增加过程性评价、适当提高过程性评价的占比，并启动了教学评价改革实验。2016 年，我所教的一门本科生课程进入教改实验；第二年，我所教的三门本科生课程全部进入教改实验。在过程性评价的教改实验中，我倾注了大量的时间和精力，而且不能自拔。从了解什么是过程性评价，到对过程性评价信度和效果的担忧，再到想方设法寻找评价证据，我经历了困顿、迷茫和觉醒，似乎找到了一条光明之路。2017 年，将近两年的实践以及一些懵懵懂懂的想法，形成了"基于'证据'的混合学习课程学业评价研究"项目书，并在同年获批国家社会科学基金教育学一般项目（编号：BCA170076）。课题研究的过程，同时也是教学实践探索与改革的过程，一轮轮地实践、一次次地调整，不断地总结与反思，使我们关于高校课程学业评价的理念、观点逐渐明晰，逐步形成了基于证据的高校课程学业评价的理论体系，并获得了一系列的研究成果。2019 年，随着研究的深入与研究的拓展，团队还申报了河南省高等教育教学改革研究与实践项目"'双一流'背景下地方高校线上线下混合课程学业评价改革的研究与实践"（编号：2019SJGLX215）。以河南大学部分混合学习课程为实践对象，重点开展了基于证据的学业评价实践研究。该研究既是全国教育科学"十三五"规划课题的拓展和延伸，也是全国教育科学"十三五"规划课题成果的应用和检验。同样是在 2019 年，课题组成员、河南大学教育学部教育技术学硕士研究生张念完成了她的毕业论文《基于证据的高校混合学习课程学业评价模型构建》，该论文重点对基于证据的高校混合学习课程学业评价模型进行了研究，并获得2020年河南大学优秀硕士学位论文。

终于，这些研究及研究的成果汇聚成了面前的这本书。这本书是团队集体智慧的结晶，是团队辛勤劳动的见证，体现了团队成员致力于提升过程性评价、学业评价科学性与公信力的一份执着。团队成员包括河南大学原教育科学学院院长汪基德教授、美国南密西西比大学终身教授王淑艳、河南大学梁林梅教授、华北水利水电大学王桂秀副教授、河南大学教师教学发展中心主任郝兆杰教授、美国南伊利诺伊大学助理教授钟琳博士、新乡医学院孙锦老师、河南夏邑县一高张念老师，以及河南大学在读研究生赵紫薇、李宇婷、袁亚喆、郭敏、王梦格等。本书由课题组负责人、河南大学王慧君教授策划，王慧君、张念共同撰写，在读研究生赵紫薇、李宇婷、袁亚喆、郭敏、王梦格等提供了部分参考文献并参与了书稿的校对。

本书得以付梓，需要感谢所有支持的人！首先，要感谢我们课题组，是大家的精诚合作、不懈努力，才最终完成了课题研究，没有大家的共同努力，就没有这本书的成形。感谢本书所参考和借鉴的国内外大量文献资料的作者，他们的工作是本书的基石，对前行于学业评价、过程性评价、教学评价改革的专家学者致以最崇高的敬意。感谢河南大学教育学部给予优势学科建设经费资助。感谢科学出版社崔文燕编辑对本书出版所做的工作及给予的支持！

王慧君

2022年11月8日